我的配音生涯

苏秀／著

（增订版）

上海译文出版社

我常常想：观众的喜爱，就是对我们当年工作最大的回报。
有你们的存在，才有这一切。（摄影 / 马岭）

一九四二年，哈尔滨女子高等学校的毕业照。

正式毕业前夕，与要好的同学合影留念。

永嘉路 383 号上海电影译制厂旧址。左首是录音棚和放映厅，对面小楼底层是演员候场室和排练间。二楼是剪接组和录音组。

一九五一年，与姚念贻在上译厂里。我胸前别的可能是当时的厂徽，也可能是团徽。

一九五二年，与丈夫和一双儿女摄于上海照相馆。

一九五四年的全家福，摄于襄阳公园。

一九五四年,《广场奇遇记》的译制演员在梵皇渡路老厂小花园合影。前排左起:舒适、于鼎、凌之浩、姚念贻。后排左起:陆英华、寇嘉弼、徐曼、林彬、陈述、马骥、苏秀。

一九五四年，翻译片组部分演员与来配音的故事片演员合影。前排左起：胡庆汉、柯刚、姚念贻、张同凝、苏秀、陆英华、陈述。后排左起：刘琼、高正、毕克、周伯勋、董霖、关宏达、张捷、邱岳峰、杨文元、傅超武、程引、周起、富润生、潘康、程之。

上世纪六十年代上译的伙伴们，在梵皇渡路618号老厂院子里。
前排左起:李梓、潘我源、苏秀、刘广宁、赵慎之、张同凝、王颖。
后排左起：胡庆汉、于鼎、富润生、毕克、尚华、程引。

上世纪八十年代初，上译厂演员组合影。后排左起：杨晓、杨成纯、曹雷、胡庆汉、严崇德、翁振新、毕克、杨文元。中排左起：程晓桦、周瀚、苏秀、王建新、丁建华、尚华、施融、陆英华、富润生。前排左起：孙渝烽、刘广宁、伍经纬、赵慎之、于鼎、乔榛、童自荣。

一九八二年，在永嘉路录音棚配音。

上世纪八十年代，录制广播剧，左起：苏秀、胡庆汉、丁建华、尚华、乔榛。

上世纪八十年代初期一次春节聚餐，左起：赵慎之、曹雷、童自荣、陈叙一、程晓桦、尚华。老厂长陈叙一很少与我们拍照片，这张难得。（摄影 / 程玉珠）

一九八一年，译制《姿三四郎》工作照。我右边是当年的剧组制片人黄其，我一辈子的朋友，站在后面的是小辰，《姿三四郎》的导演助理。

一九八二年，给《少林小子》的演员讲戏。曹雷、程晓桦也要配少林小子。笑眯了眼的男孩是汪译男，现在是体育频道节目主持人。（摄影 / 程玉珠）

二〇一四年，在北京国家大剧院演出《辉煌年代》时，
崔永元是我那档节目的嘉宾主持。（供图 / 魔笛文化）

二〇一四年，赵慎之为我过生日。寿面上来的时候，我说吃不下了。她说那不行。我说“吃两根”，她就搛了两根。（摄影 / 朱朝晖）

目录

2　我的前辈，我的伙伴

3　我的每一次“人生”——我扮演的角色

4　我的每一片新天地——导演札记

5 余音袅袅

增订版序

有你们的存在，才有这一切

二〇〇五年《我的配音生涯》在上海书展面世以来，转眼快十年了。

这十年来，有一个很奇特的现象。那就是译制片在现实生活中，越是受排挤，受冷落，译制片的爱好者就越是热情。

那些粉丝平时隐藏在茫茫的人海之中，谁也无法分辨他们的存在。可在某些时刻，他们就会像淋过了春雨的秧苗，从土里钻了出来，绿油油一片，无边无际。

二〇〇八年，邱岳峰的墓自苏州迁回上海，我们原想，几个老同事、老朋友举行一个小小的落葬仪式。没想到，有些观众和媒体不请自来，第二天，还在报刊上发了消息。邱岳峰一九八〇年去世，快三十年了，观众对他配音的无论是小偷还是罗杰斯特，仍那么津津乐道。

二〇一一年，《我的配音生涯》有声版《余音袅袅》在上海影城做了场影迷交流会，四百本一抢而光，余下的三百本也在网上瞬间售罄。

今年初，李梓逝世。她退休离厂已二十多年，近几年又由于身体不好，绝少在公开场合露面。我原担心观众会忘了她。可她五日下午去世，六日一早媒体来向我邀稿的和采访的电话就铃声不断。因为从五十年代和她一起走过来的也只有我和赵慎之了。我接触的各报都连续以整版篇幅发表了悼念她的文章。可以说，是从未有过的隆重。而就在去年，我却听说，上海市区今后不放译制片了，只有二、三线的城市才放译制片，这真是个绝妙的讽刺。

还有一件更加不可思议的事。今年四月，北京几个译制片爱好者，策划了一台晚会。内容就是要我们几个至今仍健在的配音演员（平均年龄七十八岁），跟观众见见面，说说话，一块儿回忆一下过去的录音片断。在国家大剧院九百人的戏剧厅里，竟然卖了满座，票房超过预期。尽管内容有些拖沓，我们所受到的欢迎，掌声和欢呼声，我想应该是空前绝后的了。

最近，《文汇报》的记者来采访我，只有三十岁出头，还特别强调，随行的两位新媒体摄像都是九〇后，主要的，他们都是译制片的忠诚粉丝。他们意在告诉我：老一代的粉丝，已经培养出了新的接班人。

我想，这一切都明白无误地说明了一点——

老厂长陈叙一带领我们上译厂这个团队毕生所追求的“还原原片”的目标，是选对了的。

我们一生呕心沥血译制的作品，是人们所需要的。

尤其令我们欣慰的是，很多作品被你们珍藏在记忆中。

正如我的好友施融寄自纽约视频对观众所言：“有你们的存在，再加上中国电影市场对外的更加开放，译制片也许有朝一日，会再度辉煌。”

我想，这大概也是我的书《我的配音生涯》和我的碟《余音袅袅》能再版的原因所在吧。

苏　秀

二〇一四年五月二十八日

初版序

你们的喜爱就是对我们最大的回报

一九八四年我退休离厂，随即在上海电视台译制部又工作了差不多十年。九五年我老伴做心脏手术以后，我就基本不再工作了。后来我们迁居杭州女儿家，就彻底淡出了配音圈子。

那时，偶尔看一部译制片，总是质量很差。与朋友相聚，难得谈起译制片来，也常常是不如人意。可是，这与我们又有什么关系呢？“不在其位，不谋其政”，又何必“皇上不急，急死太监”。所以当我听到朱军在《艺术人生》中，当着童自荣的面，不客气地说“反正我现在是不看译制片的”，我也觉得“理当如此”。

二〇〇三年，在离开配音圈多年之后，我看到《中国电视报》谈及《虎口脱险》：“感谢上海电影译制厂，感谢配音演员，感谢八十年代”，我真的被触动了。我完全没想到，在二十多年以后，居然还有人以这样热情的语气谈到我们。

再以后，陆陆续续有更多的报纸、杂志以及电视、广播谈到了我们，采访了我们。知道了，时至今日，仍有那么多观众怀念着我们，爱着我们，把我们当年的作品一遍遍地拿出来看，一遍遍地拿出来听。他们说：“从来不需要想起，永远也不会忘记。”看到此，我不禁热泪盈眶了。

观众孙洁说：“并未走远的八十年代，那些美好的声音回旋于我们生活的每一个角落，响彻我们的灵魂。那时候，神秘的上海电影译制厂是一个存放我们无穷想象和美丽期许的港湾，因为那里有世界上最动听的声音。”

我还在中国配音网上看到网友为邱岳峰和毕克建立的“墓碑”和“纪念馆”。有的网友在上面写道：“很多明星随着时光的流逝而失去了光华。可是他们的光辉却渐渐被后人发现，这就是他们的魅力。”

还有一位叫“塞上春风”的网友，给我写了一首藏头诗：

苏醒寒冬惟春意，
秀美乾坤可叹时，
大气堪把山河画，
师法天然能自知。
风华不任沧桑改，
采撷群芳趁露湿，
依稀仍忆韶光曲，
旧日琴筝意迟迟。

我看了，首先感到非常愧对这位网友，不是媒体和网上对译制片的怀念和赞誉，我早已淡出这个圈子，不再关心这一切了。我总说是观众朋友们又把我从坟墓里挖了出来。尽管我对将来信心不足，对现状又深感无能为力，我还是非常感谢朋友们的厚爱。因为，译制片到底是我们为之耗尽了一生心血和精力的事业。

观众史航曾在中央台《记忆》节目中说：“上译那帮人，也买大白菜，骑脚踏车，打月票上下班，开小组会，读报纸，他们活得跟每个中国人一样，为什么他们能进入《简·爱》的空间、《战争与和平》的空间、《悲惨世界》的空间？他们读过的小说，其实大家都读过。那帮人脚跟站在中国土地上，但另外又过着属于云上的日子。”这样的夸奖，真叫人受宠若惊。

去年夏天，施融回沪时，配音网为他召开了一个“施融见面会”，同时也是“配音艺术家与网友联欢会”。我和富润生、曹雷、童自荣、狄菲菲等人都参加了。沈晓谦专程从哈尔滨赶来了。尚华因当天早上心脏病发作未能来和大家见面。小狄因工作繁忙只和大家一块吃了一顿饭，拍了两张照，也未能和大多数人见面。许多网友不远千里汇聚到上海，有的来自河南，有的来自江西，还有的来自深圳……一些不能亲自到会，只能通过手机与现场联系的朋友更是遍布全国各地——沈阳、大连、海南岛、天津、北京……还有远在法国和英国的。他们既是我们的影迷，也是我们的知音，更是我们事业的坚定的支持者。尽管他们知道，目前的译制事业正处于前所未有的低谷，但仍然表示要把译制事业当作自己的事业，永远爱护它，为它尽自己的一份力量，哪怕剩一个人也不放弃。

有的朋友为施融搜集了他所有配主角的电影海报；有的朋友特地从海南岛赶来参加童自荣的朗诵会；有的朋友因为尚华去年冬天做了心脏手术，今年春节特地约好了从天南地北一块来到上海，其中一位叫刘毅的朋友，从伦敦回国探亲，也专程从青岛赶来，只为看尚华手术后是否恢复了健康。他们利用周六、周日两天假期来到上海，只来得及跟尚华以及我们几个老演员吃一顿饭，就匆匆赶回去了。

网友们知道我和刘广宁有联系，寄了许多怀念她、赞美她的文章，要我转交。文章的总标题，就叫“献给我们的公主”。

他们不仅怀念邱岳峰、毕克、李梓、刘广宁，也没有忘记配戏不多的周瀚、戴学庐等人。他们不仅对《简·爱》、《尼罗河上的惨案》、《虎口脱险》等影片珍爱有加，即使对《天鹅湖》这样一部小小的动画片，也那么念念不忘。他们说：“看了童自荣、刘广宁配的《天鹅湖》，才知道王子和公主的声音是什么样的。”还有的说:“那两个小松鼠,简直可爱得没法形容。”

网友“怀念上译”写的有关我厂为《少林寺》配音的文章,是那样细致入微,几乎把每个配音演员都谈到了,从杨文元的方丈、于鼎的僧值、盖文源的师傅、童自荣的觉远直到没有几句话的众武僧。连哪个小和尚是施融配音的,哪个是杨成纯配音的……她都分辨得一清二楚。她还说到我们为打斗配的喊声,从单人练武,二人对打,到群殴场面,都有不同的层次,而且那么逼真。她说:“我真怀疑,他们这些人是不是平时就是经常在街上打群架的。”我在电话中跟她说:“我们当年一点一滴的努力,你都体会到了。我们当年喊哑了嗓子,真没有白喊。”

由于越来越多的观众想看我们当年配音的老片,引发了一场淘碟的热潮,反过来又促使碟商出了更多的老片。很多碟片还特别标明了“上译经典”。甚至过去从来没有上演过的内参片,也以碟片的形式跟大家见面了。成都的一位观众朋友把自己拥有的六十几张影碟称作他的“无价之宝”。一些留学生和长期在海外定居的华侨,也都会在离开祖国时带上一大批碟片,以便到国外和朋友交换着看。所以我认为,近年译制片走向低谷,和大多数人提高了英语水平是毫无关系的。

观众喜爱我们的作品,就是对我们最丰厚的回报。那是多少金钱也买不来,任何奖项也代替不了的。我们曾经的辛苦,曾经的委屈,都不值一提了。

苏　秀

二〇〇五年五月

1

往事趣谈

第一次领奖

一九五七年的春天，对我来说，恰似一切都沐浴在春风之中，周遭一片葱茏。我们一行六人——领队柯刚、翻译陈涓（苏联片《列宁在一九一八》、《伟大的公民》、《乡村女教师》、《第四十一》等片的翻译）、导演寇嘉弼（也是以上影片的译制导演）、演员姚念贻、胡庆汉和我——喜滋滋地登上了去北京的特快列车，去参加文化部为表彰一九五〇年至一九五五年的优秀电影工作者而召开的授奖大会；同时也作为当然的代表，参加中国电影家协会的成立大会。除了柯刚（她是我们当年的厂长），我们都是被评选出来的优秀电影工作者。那时我和胡庆汉刚满三十岁，姚念贻稍大一点，都是新中国成立后才踏入电影界的年轻一代，能有这样的荣幸去参加如此隆重的大会，真有说不出的喜悦。一九五七年的春天，那也是我们生命中的春天。

赵丹教我玩扑克

在去北京的卧铺车厢里，姚念贻和我恰巧跟赵丹睡对面铺。赵丹带了一副扑克牌，可凑不齐四个人，他跟我说："小丫头子，你来和我打对家吧。"

可我那时从来没玩过扑克，一点儿也不会。他说："没关系，我来教你，一学就会了。"他一面明着教我，一面暗中挤眉弄眼地用眼色指挥我出牌。不料被在一边认真观战的姚念贻发现了，她大叫起来："哈，他们作弊，我看见赵丹向苏秀眨眼睛了。"她这一喊，我们的"阴谋"败露，几个人一齐开怀大笑起来。

赵丹是名扬海内外的大演员，解放前就已经是大明星了，可他没有架子，一点儿也不像个大演员，倒像个最最普通的调皮而亲切的大哥哥。

在北京期间，我们从旅馆坐大巴去开会，那时赵丹的妻子黄宗英刚怀头一个孩子。他们一上车，赵丹就喊："快让个座，孕妇上来了。"引起大家一阵哄笑，弄得黄宗英非常尴尬，骂他"十三点"，可他愿意逗大家开心。

还记得"四人帮"刚倒台不久，我和邱岳峰、赵慎之在我们演员休息室教乔榛、刘广宁、程晓桦等人跳交谊舞。赵丹来了，他穿了一件对襟的中式棉袄，一双中式家做的棉鞋，就这身打扮，也立刻兴致勃勃地跟我们一起跳了起来。

如今，距一九五七年已经四十多年了。赵丹和姚念贻早已离开了人世，我已记不得那次在火车里一块玩牌的其他人，但赵丹那神采飞扬的样子和我们大家一齐开怀大笑的声音，依然鲜明地留在我的记忆里。那时，我们是多么年轻，又是多么无忧无虑啊！

生活的顶峰

在北京开会期间，下榻的旅馆叫什么名字我已经想不起来了。但那是我们第一次住进房间里铺着地毯摆着沙发、卫生间二十四小时有热水供应的高级宾馆。

一天晚上，熄灯很久了，我们都还没有睡着。姚念贻忽然跟我说：“你不觉得吗？这恐怕是我们生活中的顶峰了。”当时我很奇怪她怎么会有这种想法。照我想，我们的生活、事业才刚刚开始，今后只要努力工作，前途正未可限量呢。可我没说出来。然而，事实却不幸被她言中了。

她于一九五八年因医疗事故死于难产，她的预言是不折不扣地在她自己身上应验了。至于我，在那以后的二十年中也由于不停地参加各种政治运动——反右、下放劳动、四清、“文化大革命”……把大好时光差不多都消磨在非业务性的折腾中了。待到“四人帮”倒台之后，已是疾病缠身，年过半百，恰似一抹西下的夕阳，尽管看上去还有一片红光，可不知什么时候，一下子就会坠落下去，完全黯淡了。因此，她的预言，在我身上也可以说应验了。

毛主席接见

开会以来，大家一直在猜测，在盼望，毛主席会不会接见我们。

终于，有一天，会议的组织者通知大家，明天大家不要请假外出，穿得整齐一点，有重要活动。大家心里都明白，毛主席要接见我们了。

第二天，几辆大巴一直把我们送进中南海的一个院落。院中摆着一排长凳和几排阶梯式的踏脚板，看来，主席是预备跟大家合影留念了。我们按规定排好队，站在长凳后面。长凳是给首长们和电影界知名人士坐的。这次被接见的人当中，除了来领奖和参加中国影协成立大会的人之外，还有全国的优秀放映员。

我们站好后，有人宣布了几条规定：“主席来了，大家站在原地不许走动，不许叫喊，也不许主动与主席握手。为了表达对主席的热爱，可以鼓掌。”

毛主席终于在很多中央首长的陪同下出现了，他在远处站了下来，把王人美（三十年代影星、《渔光曲》主角）叫了过去。我们听不见毛主席跟她说了些什么，只见她歪着头，满脸喜悦，像个孩子一样幸福地笑着。后来，毛主席走了过来，和我们站在第一排的人一一握了手。他和你握手时，只把手伸给你，并不主动握你的手，眼睛也不看你。

随后，他坐下来和大家照了相，那是一张用摇镜头拍的很长的照片，上面有总理、彭真等很多党政领导，还有电影界的很多领导以及白杨、舒绣文、赵丹等前辈。

这张照片，我曾挂在厅里。“文化大革命”来了，彭真、夏衍等人都被打倒，我自己也被审查，我就把它摘了下来。去年搬家，无意中把它翻了出来。它已泛黄，上面还有好几个洞，但是那上面，不但有我们电影界的老领导，还有那么多的同事和前辈，我倒舍不得丢了。就放在抽屉里，留个纪念吧。

周总理的招待会

总理开舞会招待电影界人士，我们译制厂的几个人围坐在角落里的一张小圆桌周围，静静地欣赏着节目，欣赏着总理和白杨、夏梦（香港影星）等人跳舞。没想到，过了一会儿，总理由影协的一位工作人员陪同特意来到了我们面前。他神采飞扬，满面微笑地和大家握了手，又非常认真地听影协那位同志把我们逐一介绍给他，好像要把每个人的名字都牢牢记住似的。当介绍到寇嘉弼的时候，总理像遇到老朋友似的高兴地说：“我记得你，我在重庆时看过你演的戏，你不是在《棠棣之花》里演瞎子老头的吗?”真没想到，寇嘉弼在抗战时演的戏，十几年后总理居然还记得。有那么多国家大事要操心的总理，竟然还记得他这么一个普通的演员，也许这就是周恩来的魅力所在吧。难怪总理逝世的时候，十里长街那么多的老百姓为他送行。* 总理曾提倡在译制片片头放上配音演员头像，不知为什么始终未能实现。

* 二〇〇五年，我的书出版，恰巧施融回上海探亲，他说："总理未见得真的还记得寇嘉弼，可能是事先做了功课。"但我觉得即使是他事先做的功课，也还是让人感到亲民。

为「四人帮」唱堂会

自一九七一年开始，我们陆续译制了一大批日本描写第二次世界大战的影片，如《日本海大海战》、《虎！虎！虎!》、《日本最长的一天》以及《啊，战友》、《啊，军歌》等。据当时周总理的电报称：译制这些影片，是为了无产阶级司令部研究国际阶级斗争新动向做参考的。后来，又译制了好莱坞上世纪三四十年代的大量作品，如《魂断蓝桥》、《鸳梦重温》、《琼宫恨史》、《音乐之声》、《春闺泪痕》、《农家女》、《巴黎圣母院》、《简·爱》、《化身博士》等等，有数十部之多。其间还有意大利、德国与罗马尼亚合拍的《罗马之战》，墨西哥拍摄的《生的权利》，日本拍摄的《绝唱》，苏联拍摄的《红莓》，英国拍摄的《铁道儿童》。据说，这些影片是给样板团在艺术上做参考的。

当时还有几条纪律：第一，我们做的这个工作不能跟任何人说，包括自己家里人。第二，任何情况下不许提影片名字，只能说它的代号，如《罗马之战》叫十七号片。第三，剧本不许带出厂，要念台词只能在厂里念。三楼是翻译、演员、录音工作的地方，也是录音棚所在地，因此，在二楼的墙上就贴着“非工作人员请勿上楼”。像中叔皇、达式常等人曾参加过某些内参片的配音，但即使他们以后再到厂里来，也不会随便上三楼的。搞得非常神秘。

某些内参片会在厂内放映一两场，这种票有钱也买不到，连我们自己也很难得到。那真是弥足珍贵呀！

有时，王洪文、徐景贤等人会坐着小车来看片。那时，我们也还没有怀疑什么。有一次，一部谈不上有什么艺术价值的好莱坞影片到了我们厂。我问坐在我边上的伍经纬“这部影片有什么参考价值”，他调侃道“中影公司发错片子了”。后来才知道，江青喜欢好莱坞影星泰伦·鲍华，凡是他主演的都要拿来译制。再后来，《红都女皇》面市，我们这才明白，原来我们是在给人唱堂会呀。

不过，虽说我们给人唱了六七年的堂会，但是，也确实译制了一些很有艺术价值的影片。而且，锻炼了队伍。在这长长的六七年当中，大家的业务并没有荒疏。像六十年代进厂的刘广宁、伍经纬，来了没几年就“文化大革命”了，他们和七十年代初进厂的童自荣、程晓桦等人都是在这些年得到锻炼的。这也为八十年代演员班子的齐整，准备了条件。

内参片正式开工

一九七一年初，我们译制厂，不，整个电影界，其实是整个文艺界，都在干校劳动。有一天，我忽然“刮”到一个消息，说我们厂来任务了，我们将立即回厂工作。

我和录音师小李睡铺挨着，她是支部委员，有消息她一定知道。我诈她说：“咱们厂来任务了吗?”“你怎么知道?”“我听你昨天夜里说梦话说的。”她有时真的会说梦话，但从来都是含混不清的，可她自己不知道，所以她吃不准我说的是真是假，便看着我不说话了。果然不久，我们全厂就“班师回朝”了。

我和尚华一九六三年被借到海燕电影制片厂拍摄《牛府贵婿》，差不多有一年时间。一九六四年批判《早春二月》和《北国江南》，对照之下，我们觉得《牛府贵婿》难逃被批判的命运，就被我们自己抢先“枪毙”了。然后就是“四清”，再然后就是“文化大革命”。大约有七八年没正经配戏了。

这次回厂，是我多年来首次回到话筒前，也是我们厂正式生产内参片的开始（之前，曾零星生产过几部内参片，如《红菱艳》、《日本海大海战》

等）。这次正式开了会，会上还宣读了周恩来总理的电报，大意是：“译制这些日本宣扬军国主义的影片，是为无产阶级司令部研究国际阶级斗争新动向时做参考。”我们当然信以为真。而且对于在内参片生产中所规定的纪律，我们也一直信守不虞。

我们搞的第一部影片是《战争和人》，一共有长长的三大集，表现了伍代一家在侵华战争中每个人不同的命运。伍代的一家之长伍代乔介（卫禹平配音）是个大财阀，和军界、政界都有勾结。他自己没有孩子。第二代都是他哥哥伍代由介（好像由富润生配音）的孩子。长子（尚华配音）是个流氓，在东北还强奸过一个中国姑娘（栗原小卷扮演，李玲君配音）。我配长女由纪子，是个娴雅的姑娘，是第一集的女主角。她爱上了一个有正义感的年轻军官拓植（乔榛配音）。那时我刚认识乔榛，我们是初次合作。那时他还没有调来我厂。拓植和由纪子非常相爱，他们还曾到北海道去，有过短暂的同居。可拓植必须到前线去，他们被迫分手了。这也是由纪子个人的不幸。

这部影片人物众多，就从故事片厂借来了大批演员。我记得除了乔榛、李玲君之外，还有康泰、达式常、冯奇、周以勤、吴鲁生、仲星火等等。

小女儿是第三集的女主角（吉永小百合扮演，刘广宁配音）。由于由纪子已经没有什么戏，所以我连故事也记不起了。只记得伍代家的小儿子，好像叫俊介吧，因为在中国的战场上看到了日军的侵略兽行，最终投奔了八路军。

这部影片的导演山本萨夫是日本共产党党员。他后来还拍过许多进步影片，如《金环蚀》、《华丽的家族》、《啊，野麦岭》等。所以我想，他的《战争和人》应该不会是为军国主义张目的吧。

气死「日活」

在《战争和人》之后那一批影片，则多半是讴歌二战中日本军人的，如《啊，战友》、《啊，军歌——樱花攻击队》等等。这批影片都是日本日活电影株式会社出品的。其中很多背景音乐都是人声唱的日本军歌。这些歌声和对白叠在一起，不能借用原片，惟一的办法，是我们重新唱一遍。

因为我懂一点日文，就由我来做临时教练了。由伍经纬记下歌的旋律，由翻译赵津华记下日文字母。她也来不及告诉我每句话是什么意思，反正我就按照日文字母念给大家听，随便大家用英文、拼音还是汉字，只要把音记准了就行。好像有十几个人参加这个歌队，我记得我们厂的有伍经纬、杨成纯，故事片厂的有乔榛、达式常、康泰、仲星火，还有些什么人已经记不清了。因为大家配音的时间是不一致的，所以人很难凑齐，只能利用大家休息和吃饭的短暂时间来练歌，以至戏多的人刚出录音棚就来唱歌，连上厕所的时间都没有。但是我没办法不抓紧，时间紧迫。大家不懂歌词，记下的音又不一定准，不多练练，怎么唱呢？大家因此管我叫“No. 1”（拿摩温），说我就像旧社会的工头一样，连工人上厕所的时间都不给。

可我们终于按时完成了任务。日文翻译说我们发音挺准，还很有“日本武士道精神”。大家于是得意起来，说我们唱的，一点也不比“日活”那帮人差。我们可以气死“日活”了。

别开生面的「政治学习」

“文革”后期，大家对“四人帮”的倒行逆施早已深恶痛绝，谁都不愿意为他们当吹鼓手，去重复他们的那些谬论。可是大家又不能说真话，因为谁要提出和他们不同的看法，轻则会遭到批判，重则还会被打成“现行反革命”呢。所以每个星期六上午的“政治学习”就成了大家难以打发的时间。

那时，我和我们厂的年轻导演伍经纬坐对面，我们都觉得这种“学习”实在无聊。大家既不敢说真话又不愿说假话，就东扯西拉地开无轨电车。我们思量着，与其胡扯，还不如做点有趣的消遣。

我们搞译制片的，不知哪部戏会遇上什么时代背景或什么样的题材，如果平时不多一点积累，到时候遇到问题，想找本参考书，都不知道该找哪一本。例如“文革”前我担任译制导演的《冰海沉船》，是根据英国一艘豪华客轮“泰坦尼克号”首航美国不幸撞上冰山沉没的真实事件编写的；《警察局长的自白》讲的是世界上活动最猖獗的意大利黑手党；《罗马之战》描写的是初世纪古罗马与拜占庭以及哥特王国之间的斗争；至于《未来世界》，出现的则是机器人，《卡桑德拉大桥》牵涉到的是细菌战……真是五花八门，无奇不有。因而我们认为自己最好是一个杂家，什么都知道一点，特别是当译制导演的，更需要知识面广一些。我们平时很注意报章杂志上和其他国家有关的各种报道，当然，读翻译小说更是我们的必修课。这样，无意中就记住了不少国家首都的名称。

有一次，“政治学习”的时候，我和小伍忽然想出了一个游戏，在中午十二点“学习”结束前想出五十个国家首都的名称。于是，我们就认认真真地开始“工作”了。

开始，欧美几个大国的首都，像巴黎、伦敦、罗马、华盛顿，一下子就想出了十几个。再就是前社会主义国家的首都，莫斯科、布拉格、索菲亚、布达佩斯、华沙……又是十来个。然后想亚洲的邻国，东京、新德里、曼谷、金边、仰光……再以后则是北欧、南美、非洲。快到吃中饭了，我们已经想好了四十九国首都的名称，两个人搜索枯肠，却怎么也想不出第五十个国家的首都了。忽然，我脑子里跳出了一个名字：“有了，太子港！”小伍忘情地欢呼起来：“海地！”太子港正是海地的首都，我们终于按计划完成了“任务”。本来，大家并不知道我们俩那么认真地思索啊记笔记啊，到底在“学习”什么，这下可露馅了。

另一次“政治学习”时，我们想试试能想出多少《水浒传》中一百零八将的外号。开始也是我和小伍两个在想，后来邱岳峰凑过来问：“你们在干什么?”结果，他也起劲地参与进来。本来还是悄悄地想，然后写个小条子递过来，后来竟忘乎所以地大声讲了。这一来，全组都参加了。最有意思的是，连跟我们组一起学习的支部书记也和大家一样七嘴八舌地嚷着“我又想起了一个”。我们这位平时极其正经八百的支部书记还想出了两个非常冷门的外号，引起了全组一片欢腾。

演员组的体育比赛

体育比赛

那可能是上世纪七十年代中期吧，反正我们演员组的男士们——如严崇德、伍经纬、戴学庐等人还正当壮年，平时空下来也常打打乒乓球，但都水平有限。而放映组的几员大将就比我们组的水平高多了。仗着优势，他们给我们组下了一道战表，提出每组各出五个人进行一场对抗赛，至于双方出场人员的比赛顺序，可以由我们随意排定。那种盛气凌人的架势，完全没把我们看在眼里。

于是我们全组一致，不分男女，共同密谋策划。双方第一局的比赛，要用我们最差的对他们最好的，这是心理战的需要。我们确实技不如人，只能智取，不能强攻。

到比赛那天，我们演员组倾巢而出，女同胞更是一个不落，因为我们是对比赛胜负起关键作用的“主力”呀。

轮到我们的人开球，我们就大叫加油，对方稍有失误，我们就一齐高喊：“噢！”我们赢一分，大家就又是鼓掌又是喊好，搞得对方心慌意乱，第一局就败下阵来。

听说当年我们中国女排跟日本女排比赛时，日本球迷就是利用这种狂喊加油来扰乱我们军心的，所以后来女排训练时，都放着录音练球，以便习惯这种噪声。放映组的人当然从没受过这种训练。

我们赢了第一局以后，士气大振，啦啦队也喊得更欢了。而他们的主帅竟被我们的无名小卒拉下马，心理上已经溃不成军，一口气输了个零比五。

他们越想越不服气，又提出跟我们比拔河，自认为这次必胜无疑。我们力气确实没有他们大，但我们节奏感好，真正是“大家劲往一处使”，又赢了他们。

这下震动了全厂，各组提出要成立联队再跟我们一比高低，可我们知道自己的招数都已经露了底，再用就不灵了，所以决定见好就收，高挂起了免战牌。

临场出错

录音的时候或者演出的时候出错，往往非常可笑，以至多年以后还忘不了。

在录《阴谋与爱情》时，富润生就出过一次洋相。影片中，德国各诸侯国的统治者骄奢淫逸，挥霍无度，竟把百姓卖出去当炮灰。老富配一个老兵，他满腔悲愤地来质问王爷，本该说“你把我们卖了多少钱一对”，可他却说成了“你把我们卖了多少钱一斤”，录音棚里的人笑得人仰马翻，只有配王爷情妇的赵慎之忍住了笑，以后一提起这事她就特别得意。可她自己出的错更精彩了：她的台词本该是“客人们吃完饭都到客厅去了”，她却一本正经地说成“客人们吃完饭都到厕所去了”，马上有人接上来对老赵说：“你以为人家都像你那么没出息，刚吃完饭就上厕所。”

有一次，李梓大概中午还没睡醒，跑进棚里看到一句台词，随口就说：“我开的枪。”实际是应该她问：“谁开的枪?”伍经纬回答：“我开的枪。”录音师小李就提醒她：“谁开的枪?”她又马上答道：“我开的枪。”这一下，大家都受不了了，笑作一团。小伍说：“你开的枪，我怎么办?”

还有个笑话，是我自己闹的。我在胡庆汉导演的影片里配一个群众角色，只说一句“再见”，可我觉得那个口型说“再会”更合适。如果我说“再会”，我的对手就也得说“再会”。但是我还没来得及跟老胡讲，他就喊录了。我一时措手不及，受原片演员腔调影响，竟把两个去声字，都念成了平声。以至今天大家分手时，还有人学我那洋腔洋调的“再会”。

最令人难忘的，是一次在工人文化宫的演出。为了宣传抗美援越，我们排了一个朗诵剧，内容是讴歌越南抗美英雄老觉的。胡庆汉扮演老觉，参加朗诵的还有于鼎、刘广宁、童自荣，我负责排演。在文化宫演出时，我看舞台很小，就临时安排他们四个人分两组从两边侧幕同时出场，然后也这样退场。

演出还比较顺利，最后老觉壮烈牺牲，全场一片肃穆。该退场时，站在两边的小刘和小童都转身朝靠近自己的侧幕走下场了，而老于和老胡却都朝相反方向转了过去，他们两人就变成了脸对脸。尤其可笑的是，他们还不马上转身走，而是彼此望着，僵立不动，活像斗鸡。全场观众笑开了锅，悲壮的气氛早已荡然无存，我在台下又好气，又好笑，这个大洋相真是空前绝后。他们两人那副样子，至今仍留在我的脑海里。

录音棚中的「鬼打墙」

我记得小时候听大人们讲，有时候人们走夜路迷了路，转来转去又转回到原来的地方，老人们就说碰到“鬼打墙”了。

也许有些观众朋友以为我们配音演员的工作不过是站在话筒前“说说话”，用不着费多大的劲儿。殊不知我们在配音的时候，由于一方面要强记台词（我们的工作周期特别短，一部影片的录音最多四五天），而且一个字都不能说错，多说一个字或少说一个字口型就可能不对了；另一方面还要掌握好人物的感情、节奏以及与对手的交流，努力使自己进入戏的规定情境等等，实际是个劳动强度很大的工作。正因为如此，有时候一个演员由于精神高度紧张，突然会像中了邪一样，一个字念错了竟怎么也改不过来，或者为了某件可笑的事笑起来竟怎么也控制不住……我觉得这种情况真像从前老人们说的碰到“鬼打墙”，怎么也转不出来了。

机灵如邱岳峰者，竟然也曾陷入了一场“鬼打墙”之中。那好像是一部纪录片，由老邱解说，台词中有一句说：“得克萨斯州……”“得克萨斯州”的“州”应该念平声，可老邱却把它念成了去声。

这样就成了一句天津话。他虽然在天津生活过，可平时却从无天津口音。可是那天怎么也改不过来了，以致录成的也还有天津味儿。

还有一件事，是在录日本电视连续剧《血的锁链》时，发生在大名鼎鼎的《国际瞭望》节目主持人晨光身上。晨光和丁建华在戏中配一对小夫妻。小丁台词中有一句"妈妈如何如何"的话，剧务小冯跟她开玩笑说，"还是大演员呢，连妈妈两个字都念不准，都念成'骂骂'了"。晨光在一旁也凑趣地嘟囔着"骂骂、骂骂"。过了一会儿，晨光台词中也有妈妈这两个字了，他却真的念成了"骂骂"，而且改也改不过来。见此情景，小丁忍不住捧腹大笑，到后来，还没等晨光开口，她就先哈哈笑了起来，这一来，晨光就更要说错，弄得戏也录不下去了。我只好板起脸来说，"你们俩再这样下去，今天的录音计划也完不成了"。小丁拼命咬着嘴唇连说，"对不起，对不起，老苏"。可还不等晨光开口，她就又忍不住笑弯了腰。不得已，只好提前休息。第二天再录这场戏的时候，尽管晨光念的"妈妈"还介乎"妈妈"与"骂骂"之间，我也不敢要求他纠正了，因为我看到小丁还在那里努力强忍着笑呢。他们好容易从"鬼"打的墙中转出来了一只脚，可不能让他们再转回去。

另一次是电台少儿节目主持人梅梅笑场。也与晨光有关，但这次却一点也不怪他。那是录英国电视连续剧《尼古拉斯·尼克尔贝》时，晨光配男主角，梅梅配他的妹妹。有一段戏，晨光只有一个"噢"字，但他"噢"得很"傻"，其实原片演得也很"傻"。本来，晨光、梅梅、王建新同站在一个话筒前，可是晨光一"噢"，她们俩就要笑。我说，"晨光，你站到这边这个话筒前面来，离她们俩远点。"可晨光站过来了，她们俩一到晨光开口还大笑不止。有了上次丁建华笑场的经验，我知道碰到爱笑场的人笑开了头，我再发脾气也是没用的。于是我平静地说，“好吧，现在停下来，让你们笑五分钟，等你们笑够了咱们再录”。我这一招完全出乎大家的意料，整个工作真的停了下来，录音棚的气氛有点僵，她们俩的笑声也马上停了下来。我说，“你们不能停，还没笑满五分钟呢”。可这时她们一点笑意也没有了。我乘着她们俩还没回过神来之前赶快喊，“录!”录音师领会了我的意图也立刻手脚麻利地开动了机器，赶在这两位“笑星”再次发作之前把戏录完了。

恍恍惚惚的一群人

当年一部影片大约录三到四天，包括对口型在内，也就五六天的时间。这就是我们创造一个角色的全过程。而那时是不能听耳机的，台词必须背得滚瓜烂熟，如果你想一秒钟，两个口型早过去了。而且你还必须顾到情绪、与对手的交流以及导演临场给你提的意见，所以，也许录音的那一刹那，就把你半个月司职记忆的所有细胞都用光了。

在这五六天里，你可能无时无刻不在琢磨：原片演员所表达的内在感情是什么，什么地方自己的表达还不到位，导演的提示是否做到了……而译制导演所要考虑的问题就更多了：演员提出某句台词有问题，需要再与翻译商榷；要问一下剪接，素材短缺的问题解决了没有；如果录音进行得顺利，可以把下个班次的哪几段戏提上来录；等等。

也许是背台词太费脑子，也许是那时候工作就那么投入，我们很多人有的时候就会表现得恍恍惚惚，心不在焉，做出很多可笑的事。

那些年，每年春节，一家才有两斤鸡蛋。戴学庐一大早就洗好菜篮子，把鸡蛋买好了放进篮子里往回走。忽然，菜篮子滴下了一滴水，他想，早晨已经把菜篮子晾过了，它怎么还滴水？一面想，一面把菜篮子翻过来看看。当然，两斤鸡蛋全碎了，无一幸免。

杨成纯一大早起来，手表就找不到了。可今天要录音，导演得掌握好时间，没表怎么行？他于是枕头底下、褥子底下、写字台上四处翻寻，怎么找也没有。忽然想到，昨天晚上到壁橱找过东西，会不会落在壁橱里了？他一面打开壁橱一面想，找了这么半天手表，可能要迟到了，下意识地抬起手，手表就戴在手上。

大概是录制《罗马之战》的时候吧，天特别热，李梓抽个空当去洗澡。她一向做事快，当年没有洗衣机，人家一个礼拜天能拆洗三条被子。我总说她"这小娘们可能干了"。那天也是，洗澡之前，三下五除二，她先把换下来的衣服洗好了，可洗完澡一看，这可坏了，干净衣服没带来，只好把湿衣服再穿上。

施融早起下楼去推脚踏车，可脚踏车不见了。他想了半天也没想明白："为什么昨天没骑脚踏车回家？"既然没骑回来，就坐车去上班吧。到了厂里就开始工作，也没去看脚踏车到底在不在。直到派出所打电话来问："你们厂有个施融吗？他的脚踏车在我们这里。"他这才想起，昨天他下了班，顺路去买菜，然后拎着菜就回家了。是菜场把他的车送到派出所去的。有一次，我想给朋友寄两张电影票，正好施融要出去，我就把信交给他了。我还打电话告诉朋友："我送你两张电影票，已经寄出了。"一个礼拜后，朋友打电话来问："我怎么还没收到？"我赶紧问小施，他打开书包一看，我的信还在他书包里。票早就过期了。

我一生工作绝少出错。偶尔出一次错，竟让金琳高兴得手舞足蹈，幸灾乐祸地说："你也会出错。"可我在电影票问题上却屡屡出错，而且是屡错屡犯，不可救药。有一次，我拿到一张非常难得的内参片的票，赶快打电话给我儿媳，叫她赶快请假回家，拿了票去看电影，还告诉她我把票放在写字台上。她匆匆赶回家，在台子上抓起票就走。到新光电影院一看，根本没有人，仔细看了看票，原来是第二天的。旁边还有两个小青年调侃道："阿姐，侬明朝中班没空来看，送把阿拉算了。"

"文革"期间，我们家东零西散，老公支援三线，儿女插队，我常常一个人在家。有时生起病来，都是楼上邻居家的女孩照顾我。过春节的时候，我跟那女孩说："阿宝，某日某时，阿姨请你看电影。"到了那一天，阿宝打扮得漂漂亮亮地下楼来了，我们一起去了电影院。离电影院还有一段路的时候，我就觉得不对了，还有十分钟开场，电影院门口怎么会那么冷清？一个人也没有。原来电影票是昨天的。

有一年五一节前夕，上海人艺请我们看话剧，有三十号晚上的票，也有一号的。李梓问大家要哪一天的，我说："三十号干脆吃了晚饭去看戏，一号放假就不再出来了。"好几个人都说"对对，我们都要三十号的"。李梓拿回来票以后，先把三十号的给了我们，又把一号的票给了另一些人。当天晚上，我们五六个人都准时到了长江剧场，包括李梓本人。居然没有一个人看一眼手里的票是哪天的。其实，根本没有三十号的票，所有的票都是一号的。

第二次领奖

一九七九年，我们国家百废待兴，很多在十年“文革”中被中断的传统，也在逐步恢复。从一九五七年我和姚念贻、胡庆汉一起第一次到北京领奖以来，已经二十二年了。现在，文化部又开始给各片种颁发奖项了。我们厂有两部影片得到优秀译制片奖。毕克代表日本片《追捕》，我代表朝鲜片《安重根击毙伊藤博文》，再次到北京来领奖。

“四人帮”倒台以后，我们曾讨论过应建立哪些制度来使译制片得到更好的发展。我记得刘广宁提出的一套方案特别令人起劲。她认为：我们应该有自己的进片权，可以挑选一些有品位的影片。我们还应该有发行权，有自己的影院，专门放映我们译制的影片。当时我们就知道，她的想法虽然美妙，实际是完全不可能的。所以马上就有人说：“你做梦去吧。”但我至今记得她这套方案，也许有一天，真的会实现吧！

在北京开会的时候，我在小组会上提出：在领导选片的时候，能不能让我们在一线工作的人参加；我们可以带来直接从观众那里听到的意见。我记得在小组会上做记录的人对我的意见简直是“嗤之以鼻”，他说“我连记都不给你记”。当然，他是对的。我也知道没有这个可能，不过是“姑妄言之”罢了。

那次评奖给我印象最深的有两点。一是，由于“四人帮”原因，一切都被耽搁了十年，所以青年要算到四十五岁。二是，由于多年没有进行过评奖了，所以方方面面都要照顾到：军事题材的、工业题材的、农业题材的，年轻导演拍的、老导演拍的，上影的、长影的、北影的……以至原定十几部得奖片，一加再加，一直加到二十多部。当时我想，得这个奖有什么光荣？不过是被照顾的。

回厂后，正赶上每百人有两个晋级名额。有些人说我和毕克“你们两人总归笃定（有份）了”。事实倒并非如此，晋级的既不是我，也不是他。我想厂里也许考虑，你们两人既然得到了荣誉，就该把实惠让给别人了。这也是摆摆平啊。要怪就怪“四人帮”吧，他们把一切都搅乱了。

电视译制片专业座谈会

一九八五年三月，在北京，召开了一个全国性的电视译制片专业座谈会。那时我已退休，和黄其一起，是作为上海电视台译制部的代表参加的。我们厂的代表有陈叙一、毕克、李梓、杨成纯，还有录音师龚政明。

我到现在还保留着参加人员的花名册以及小组分组名单。这次几乎集合了全国所有的译制工作者。单我熟悉的，就有当年属于长影的李真、孙敖、王澍、张桂兰，广东电视台的缪燕飞，中心译制部的吴珊、车适、张文琴。有些是我早已知道名字没有见过面的，如冯宪珍、田二喜、封锡钧、冯明义等等。还有我今天才知道的同行，如张云明、张涵予。可惜当时都不认识。不过，那真是个盛会啊！

那时我以为，“四人帮”倒台了，祖国门户开放了，译制事业必将更为兴旺发达。大家看片，开小组讨论会，大会发言，一片热气腾腾。

虽然我已退休，但是觉得我和黄其仍可在电视台大干一场。那时，我们正在准备译制日本电视连续剧《血的锁链》。它是《血疑》的姐妹篇，仍由山口百惠主演。

我不记得我在大会上谈些什么了。我只记得当我离厂以后，才更深切地感到，我遇到陈叙一这样一位老师是何等幸运。我的一技之长，全是陈叙一老师所赐。所以我在大会发言的结尾，说了一段专门对老陈的话。我说：“我之所以有今天，全是陈叙一老师一手培养的结果。可是，我在厂里工作的三十多年间，从未叫过他一声老师，从未说过一声谢谢，甚至也从未在春节时给他拜过年。我要在今天的会上说一句：‘老师，谢谢！’”

九十年代初，我曾打算为庆贺他的生日写一篇文章，讲讲他对译制事业所做的巨大贡献。可惜我的动作慢了一点，我的文章尚未完稿，他就溘然长逝了。

尤其没能料到的是，译制事业自八十年代后期以来，日益陷入了低谷，似乎复兴无望了。可是近一两年，又有越来越多的人关注起过去的经典译制片来，施融说“二十年一个轮回”，但愿他说得有理吧。

上视译制部创业伊始

早在一九五〇年，我和黄其就认识了。那时，她是上海人民广播电台的播音员，我是业余广播剧团的演员。后来，我虽然到上海电影厂翻译片组工作了，但还是常到电台去演广播剧，所以我们没断了见面。特别是一九八一年一起译制了《姿三四郎》，彼此就更了解了。一九八四年，她听说我要退休了，就先来找到我，要我退休后到电视台去和她一起搞译制片，创办译制组。

台里要她负责，她就想大干一场。首先，她要在译制片的业务上样样成为行家里手。她跟我一块搞剧本，数口型，推敲台词，给我做了一年的口型员。修改剧本是做译制导演最基本的业务。她很快掌握了。录音时，她又顶班倒带子，成了出色的录音助理。不惟如此，其实她是一边倒带子一边在关注我的工作，研究我是如何引导演员的。有一次，她忽然跟我说："今天我又向你学了一手。"我好奇地问："学了什么?"她说："你跟演员说，把这句话带过去。如果是我，绝对不敢让演员把哪句话带过去。"她就是这样的一个有心人。所以半年后日本电视剧《血的锁链》录完了，她也能独立担任译制导演了。

她不满足于单纯借用外单位的演员来配音，极力主张建立自己的演员班子。老实说，要不是她的积极、热情打动了我，我是不肯参与这事的。首先，招考演员本身就得耗费大量的精力和时间，而且要把一个完全不熟悉表演业务的新人培养成一个熟练的配音演员，一般也得两年左右，实在是个非常吃力的工作。如果没有一个长远的抱负，是不会肯干这种傻事的。

如今，我们在当年（一九八五年）招考的计泓、魏思芸、陈兆雄、林栋甫等都已成为圈内的佼佼者了，译《姿三四郎》时工作过的张欢、刘彬也都成了能手。他们构成了译制部的骨干力量，黄其是功不可没的。

声音的运用——与新演员打交道

配音演员由于是在话筒前表演的，所以特别需要声音放松、语气自然，稍有做作，便会被完全暴露出来。最好要像平时说话那样来念台词，这个要求看似简单，做起来却不那么容易。

林栋甫是声音很厚的男低音，这是他得天独厚的一项优势。可在他刚参加配音的时候，却不懂怎样使声音放松。有一次，他和我厂施融同场配戏，施融是属于声音单薄的，可是录出来的戏，他们的声音却差不多。我对小林说："你的声音比他厚得多，但是他比较放松，所以录出来的声音就显得厚实、好听，而你声带绷得紧，声音就变窄了。"他说："那让我再录一次吧。"我告诉他，今天再录，他也放松不了，要慢慢去领会、练习，才能掌握。他很聪明，也很用功，终于熟练地掌握了其中的诀窍，能够使自己的嗓音像大提琴一样浑厚优美，独具一格。

贝倩妮从很小的时候就跟我合作，可以说是一名经验丰富的“老演员”了。由于她一直配很小的孩子，反而不习惯用本色的声音讲话了。在配《生活在继续》时，她总习惯把声音吊起来，需要时时提醒她“声音放松”。金琳现在已是一个成熟的译制导演了，可刚进译制圈时还是那样稚嫩。金琳说：“从配孩子到配少女，这一改变是很困难的。你不记得我是挨过你多少骂才改过来的。”我说记得。金琳在配《龙子太郎》时，声音总是不放松，我突然问她：“你今天骑车了吗？”她莫名其妙地望着我说：“骑了。”我赶快告诉她：“就用你刚刚回答我的声音说话。”后来我对很多新演员都说过，如果你准备戏时，念词声音放松不了，你就随便和边上的人说两句话，马上就能找到放松的感觉了。

张欢由于在儿艺长时间扮演孩子，再加上译《姿三四郎》演的又是少女，所以也有一段时间念词喜欢把声音吊起来。那一阶段，我总在她还没开口时就讲：“张欢，声音放松。”有一次我刚想讲，她就抢先说：“我知道了。我会放松了。”果然，从那以后，她成了运用声音的专家，不但能配声音娇美的少妇，还能配成熟的中年妇人，甚至能配声音沙哑的乞丐……在《天使爱心》中，她配一个性格男性化的女医生，我开玩笑说：“向林栋甫看齐吧。”她的声音真的粗得都叫人听不出来了。

配音演员是靠声音来表演的，确实应该善于运用自己的武器，使自己的嗓音既能发出明亮的高音，又能发出厚重的低音，以丰富自己的表达手段。

魏思芸是话剧演员出身，一九八五年刚来投考时，既不会提高嗓音配少女，又不会放低嗓音配老妇，而《血的锁链》中角色已基本排定，所缺的就是少女和老妇类的角色。她又不会改变嗓音，不能配主要角色，就只好配群众角色了。但在工作中，我发现小魏领悟能力极强，虽然所配的角色戏都不多，但她配的人物却各具特色，很有味道。因而《血的锁链》配完，我和黄其都对她建立了信心，立刻给了她下部戏的女主角——一个善良的母亲。小魏也是属于戏路很宽的一个，能配中年，也能配老年，能配贤惠善良的正面人物，也能配凶狠刁钻的反面人物，而且配面貌丑恶的人物时也从不吝惜丑化自己的声音。

引导演员入戏

新参加配音的演员在话筒前往往容易紧张。在录制《血的锁链》时，人艺演员罗若兰有一段戏台词又长口型又难找，丁建华还要插在当中大喊大叫，她几遍找不准口型就越发紧张了起来，还觉得让小丁一遍遍陪她很过意不去，就更增加了心理负担。其实，我看出来，她准备得很充分，之所以越试越乱套，完全是情绪紧张造成的。我就说："小丁，你先在边上歇歇吧，让小罗自己试几遍，等她试好了再录。"这样，她的紧张情绪解除了，口型也准了，戏也顺了。我悄悄地向录音师打了个实录的手势，又向小丁做了个眼色，小丁会意，慢慢地凑到了话筒前面来，罗若兰还以为在试戏，一点也没紧张，戏就顺利地录成了。

陈兆雄在刚配戏时，不知道向远处的人喊着说话该是什么分寸。我只好让他站到大棚的角落跟我对话，帮他找到喊的感觉。还有一次，他配一个由于妻子终于怀孕而欣喜万分的丈夫，可他配得一点不起劲。我说："想想你得到儿子时的喜悦，你得高兴啊。"他说："儿子都叫我烦透了，我还高兴?!"我于是狂喜地大叫一声："兆雄，你中头彩了。一万块!"他听了哈哈大笑。受了我情绪的感染，那段戏他终于很好地表达了即将成为父亲的喜悦。

林海是九十年代招考的新人中进步最快的一个，但他毕竟没受过表演专业的陶冶，表达手段还不丰富。有一次，我让他在《包法利夫人》中配包法利夫人的情人，我跟他说："这次不让你配纯洁的天使了，换换戏路，配个纨绔子弟吧。"但他不知道纨绔子弟该怎么表达，录音时只会把台词说得有腔有调的。我只好彻底推翻了他的准备，干脆教他台词该怎么说。事后，我和金琳议论起这事，她说："你还不如事先什么也别和他说，免得他走弯路，干脆现场教他。"我常跟一些新演员说，必须注意平时的积累，记住自己在各种情况下的感受，并留心观察各色人等在各种场合是怎样表现的，然后才能各种货色齐备，配戏时导演要什么有什么，而且质量上乘。

今天，无论是陈兆雄还是林海，都可称得上是上视译制片演员中的佼佼者了。

《血的锁链》与「黄埔一期」

《血的锁链》是我到电视台工作后第一部大戏，一共有二十多集，是日本“赤色”系列电视连续剧中的一部，跟广东台译制的《血疑》是姐妹篇，女主角都是山口百惠，但内容却毫不相干。《血疑》是一部家庭伦理剧，《血的锁链》则是一部社会问题剧。

这部电视剧之所以叫“血的锁链”，是因为剧中主要人物都被某种血缘关系连接在一起，他们之间既有摆脱不开的骨肉之情，又有无法解决的矛盾与恩怨。作品就通过这些错综复杂的人物关系，展示了上世纪七十年代日本社会的多侧面。

这是上海电视台译制部成立后的第一部大戏。其中的主要角色都由有经验的演员担任：丁建华配女主角惠子（山口百惠扮演），陈燕华配另一位女主角真砂子，宏霞配惠子的生母志津子，电视台的晨光配男主角信夫，尚华配一个海运公司的专务理事清川……而所有“黄埔一期”的演员也都在这部连续剧中得到了很多机会，尝试了各种角色，提高了配音业务。所谓“黄埔一期”是陈兆雄给他们一九八四年考进译制部的配音演员起的名字，因为他们是第一批考进来的。计泓声音柔美、大气，她刚考进来的时候，我就跟黄其说："这是个配女主角的材料。"那时，计泓还住在莘庄，常常为了几句话录得很晚。有一天，录音胡师傅跟我说："你快让计泓走吧，再晚，她要赶不上末班车了，她住在莘庄。"我觉得非常抱歉，埋怨她："你怎么不早说?"她笑笑说："没关系的。"为了学习别人怎么配戏，有时候她自己没戏也大老远赶来，因此进步很快，第二部戏就与我厂施融搭档在《缉私行动》中配了女主角。进了电视台译制部以后，成了专业配音演员，她也没有停下脚步，又去了上海戏剧学院进修。直到成为译制部的主力之一了，还在业余时间去学习。真是好样的。

魏思芸本来就是东海舰队话剧团的台柱子，她在配一些零零碎碎的角色中，居然配谁像谁，有的还配得很有味道，所以在接下来黄其导演的《幸福雪》中，她配了女主角。她配戏有灵性，可正可反，戏路非常宽，而且特别敬业。

至于陈兆雄，本来大家还摸不清他适合配哪一类人物。有一次，原定由程玉珠配的角色，小程临时来不了，我叫兆雄试试，一试，还真不错。从此，陈兆雄就成了配有点"戆"（上海方言，傻的意思）的人物的专家了。他儿子看到这段戏的时候说："这是谁配的？怎么这么'戆'。"他没好意思说是自己配的，不过心里倒也暗暗得意，因为他创造了角色，而不是配的陈兆雄自己。

在九十年代中期，我曾搞过几部法国片，其中有一部《高老头》。我跟录音师说："上海几个能配老头的，林栋甫太高贵，张名煜太有力度，倪康太精明……这个人物还是陈兆雄最合适。"

这些人现在也仍然是我的好朋友，简直就是我的"家人"。几年前，我就与计泓夫妇相约一起去欧洲旅游，可由于她生孩子，我生病，始终未能成行。

他们还会参与我的家事。前年，我想一个人去海南，小魏立刻说“我不同意”，第一个投了反对票。兆雄甚至管起了我儿子的事。当然，他们的家事，我也会参与的。

2

我的前辈， 我的伙伴

陈叙一——上天赐给我们的礼物

大多数译制片爱好者都知道毕克、邱岳峰、李梓；在七八十年代，每天都有影迷从全国各地寄信给丁建华、刘广宁和童自荣等人——上海电影译制厂的译制片受到全国观众的青睐，但是直到上个世纪末也很少有人知道陈叙一的名字。他从来不肯出头露面，有媒体采访，也总是把演员推到前面来。因而大家不了解，正是因为有了他，才有上译厂影片的高质量，正是因为有了他，才有我们上译厂一代又一代为观众喜爱的配音演员。

只是近两年，由于各种媒体对我们的采访多起来了，大家都众口一词地提到老陈，提到他的贡献、他的敬业、他的执着，他才广为人知了。

新中国成立前并没有译制片。我进厂之前连听也没听到过什么是译制片。翻译片组创建之初甚至连怎么对口型也不知道。曾经用掐秒表的办法来记录原片每句话的长短，再按那个时间长度来确定中文字数，当然这是行不通的。因为每个人说话的语速不同，同样的五秒钟，语速慢的只来得及说十来个字，如果让体育解说员说，说不定可以说十五六个字。现在想起来，那些办法又笨又不合理。可当时没人知道该怎么办。是老陈带领大家一点一滴去摸索，逐步认识了译制工作的特点，才逐渐形成了一整套工作程序。经过多年培养，才造就了翻译、导演、演员、录音、剪接一整套班子。

除此之外，当时有些领导以为会说普通话就能当配音演员了，因而派来了一些人，既没演过戏，也没什么文化，根本无法胜任工作。当然，这些人很快就被淘汰了。不过有些领导对译制片工作到底是不是艺术创作，译制片的工作人员到底是不是创作干部，好像始终心存怀疑，甚至认为我们抢了国产片的风头，而把我们与国产片对立起来，以致连我们自己，有些人也自觉低人一等。我就曾有过在翻译片工作被大材小用了的想法，那时曾计划：在翻译片干个五六年学些本事，然后去故事片厂学做导演。至今，我仍然不觉得这个想法有什么错。错的仅仅是我对翻译片工作太缺乏认识了。事实是，我工作得越久，越感到，我的这点学识，远不足以应付工作对我的要求。

而我觉得老陈好像从来不曾怀疑过译制工作的价值，从来都是那么全身心地投入。可能他早已认识到译制工作这片天地是无限宽广的了吧。

老陈曾就读教会学校，而且从小就会讲一口流利的英语，他能一面看原版片一面口译，讲得清楚、生动。他告诉我们，解放前，他曾在“苦干剧团”师从黄佐临先生学过导演。那时大家都很穷，买不起票看美国电影，于是就大家凑钱给他一个人去看，看回来再讲给大家听。他确实非常会讲。五十年代初期，社会上不放美国电影了，但电影发行公司却常常借一两部美国电影给我们看。一到这时，我们便围住他，要他一面看一面讲给我们听，他真是讲得好啊。也许上影厂领导正是考虑到他外文好又懂戏，才派他到翻译片这块处女地来拓荒的吧。

一九四六年，二十八岁的陈叙一不满于国民党政府的腐败，决心离开上海。他说："当时我有两条路可以选择，一是去美国，一是去解放区。"结果他去了解放区。那时他姐姐在美国，至今仍在美国定居。

他一生在译制片开拓者的岗位上兢兢业业，不断地钻研，不断地探索，从未停步。

开始，他说翻译片就像北京的"荣宝斋"（那是一家专门仿制中国历代有名书画家作品的店），是原片的仿照者。后来又觉得这样的提法容易导致大家从形式上模仿原片，又提出"忠实原片"这一准则，要我们对原片"上天入地，紧随不舍，拐弯抹角，亦步亦趋"；但又告诫我们忠实原片并非忠实于原片的一字一句，而是首先要忠实于原片作者的意图，忠实于原片的主题思想，忠实于原片的风格、样式……这就是说，翻译片的翻译、导演、演员不单要熟悉自己的专业技巧，还应该有一定的文化素养。为此，他淘汰了一些人，同时又招收了一批新人。像尚华、富润生等在旧社会演过舞台剧但没念过多少书的人就纷纷去读夜校，补修了高中语文。我们没机会到国外去体验生活，读外国小说是我们取得间接经验的重要手段。但老陈说这还不够，他要求我们最好读一点外文，并在五十年代初送杨文元、张同凝等人去读了俄文夜校。我则先跟广播读了俄文，六十年代初又去夜校读了英文。那时正赶上三年自然灾害，吃不饱，没有精力，每次读书，上头一节课尚能集中注意力，上第二节课眼皮就抬不起来了。七十年代又跟广播读了法文。尽管每种外语都只学会了一点，但确实给工作带来了一些方便。他说唐诗宋词都很讲究意境，这对演员是很有帮助的，又主张我们有空去听听评弹，去学学评弹艺人的说表功夫。他还特别提出翻译、导演应该读读《圣经》，因为西方影片中经常会涉及圣经典故。西方人熟悉《圣经》，就像我们中国老百姓熟悉《三国演义》和《红楼梦》一样。八十年代我退休前回顾自己的过去，我说我的知识和技能百分之八九十都是在工作中学来的。我的同事伍经纬说："我的知识和技能百分之百是到了译制厂才学到的。"他原是唐山一个工厂的工人，到厂时尚不满十八岁。他说的情况确实如此。

经过了几年的摸索，老陈悟到"剧本，剧本，是一剧之本"。这一道理对译制片来说也同样适用，因此我们厂开始有了"编辑制"，就是说由甲翻译的剧本，由乙担任编辑对口型进行修改。如果原翻译的水平较低，则配备一个水平较高的编辑。这不但能使我厂投入生产的剧本都可保证在一定水平之上，而且还会使翻译的业务水平迅速得到提高。编辑在银幕上是不挂名的，但要和翻译、导演一起参加初对，要负责剧本的修改，要负责回答导演的提问，所以也必须做充分的准备。那一阶段，老陈把主要精力放在抓剧本的质量上，常常亲自担任编辑。即使翻译和编辑水平相当，大家都不愿在对方面前出错。编辑虽不挂名，也照样是一丝不苟的。这样就促使双方都更加努力了。我至今还记得那时大家对工作是何等认真。有一次，我的一部戏已经录音了，翻译朱人骏还打电话给我，问我某一段戏录了没有，如果尚未录，请我把某句台词再改一下，他说经过反复思考，觉得原来的译法还不够恰当。慕容婉儿原是四十年代的电影演员，五十年代初由香港回沪后调来我厂担任英文翻译。她一个外甥看了她担任翻译的影片说："舅妈翻译的剧本真好，没想到舅妈的英文水平这么高。"婉儿赶紧解释说："这不是我一个人的力量……"还没等她说完，她外甥又说："舅妈现在不但业务好，思想也好，这么谦虚。"婉儿说："你们看看，我越解释倒越变成给自己贴金了。"当然，婉儿的剧本也经过了编辑的加工，确实不是她一个人的力量。可外人怎么想得到呢？

老陈抓了剧本之后，第二步就开始抓导演了。一九五八年，全国各省都成立了电影厂，我厂的一些老导演也纷纷支援外省和其他厂去了。除了原来的时汉威，又从演员组抽调了四个人——胡庆汉、张同凝、尚华和我组成了新的导演组。为了促使我们尽快地掌握业务，他又建立了导演讲戏的制度。他总是反复强调译制导演的基本功就是理解原片，搞清原片的编剧、导演想通过他的影片表达什么，又是通过怎样的方式表达的。例如，日本影片《砂器》就是通过一名青年音乐家沦为杀人犯的故事控诉了日本社会对男主人公的摧残以及命运的不公平。影片作者理解作曲家把音乐视为自己生存的全部价值所在，他的种种罪行也给他本人带来了极大的矛盾和痛苦，因而作者对他充满了同情和惋惜。这是原片作者的意图。无论他是对是错，我们都必须按照他的思路去工作，去还原原片。

老陈要我们像分析一篇文章一样去分析影片的起、承、转、合。怎样开的头，怎样结的尾，哪儿是大段落，哪儿是小段落，哪儿是高潮，哪儿是转折……他还要我们谈戏必须结合"实战"的需要，不许空谈。例如谈人物就要结合具体的配音演员谈，演员哪些方面和角色是接近的，哪些方面有距离，要结合人物性格和人物关系去谈台词的处理……这样谈戏，往往也能激发起演员探讨戏的兴趣。有人会说："根据导演对这场戏的解释，我认为我这句台词无法表达人物的心态。"或者："根据导演对人物的阐述，我觉得某句台词不符合人物性格。"于是大家就会七嘴八舌一块出主意、想点子，这样的讨论自然也帮助导演加深了对戏的理解，演员和导演之间也就更加默契了。

他强调导演也必须对剧本负责，不能借口不懂原文有问题就不去深究。他总说："你不懂原文，可以去问翻译嘛！越是不懂的地方越要多问几个为什么。演员也要看一场戏能不能顺下来。不能稀里糊涂去配。"

他抓住导演不放，审片时，若演员哪场戏配得不好，他很少直接责怪演员，总是质问导演："你怎么通过的？"他还喜欢当众考导演，越是有外人在场越来劲。如有外请翻译或是有故事片演员来参加配音，他就会突然提出一场戏或一句台词说："请导演讲讲这场戏（或这句话）是什么意思。"如果你心中无数，那就要当众出丑了。我当时对他的这种做法非常不满，觉得我们也都是三四十岁的人了，他还像对待小学生一样对待我们。可他这样，也就逼着我们不能不同样严格地去对待工作。首先就得请翻译讲清楚每场戏每句台词，其次也不能放过连我们自己也不满意的戏，同时我们也随时准备回答演员提出来的"这句话是什么意思"或"他（指角色）为什么这样说，他想达到什么目的"等等。也许他当年可以使用更好的办法来培养我们一丝不苟的责任心，可不管他的方法好坏，他用这种办法抓了导演，并抓出我厂影片的高质量，他就是有功的。

他参与导演讲戏，审片，有时还亲自担任导演，那就等于在给我们上业务课了。

记得六十年代初我们译制《索拿大》时，有一场男主角和他的情妇的戏，老陈指着为男主角配音的毕克说："你在与她（指着为情妇配音的赵慎之）谈话的时候，眼前应该出现她（指着为男主角初恋情人配音的我）的形象。"他这就把书本上关于演员内心视像的问题具体地教会了我，成了我日后诱导演员入戏的一个重要手段。我在导演《砂器》时，田所小姐问："什么是宿命？"和贺回答："它是非常强大的。"我就提醒童自荣："你眼前要出现三木的尸体。"以表达他受命运摆布的巨大痛苦和无奈。

在我们译制《噩梦》时，有人说这部影片揭露了美国当时还存在着严重的种族歧视。老陈说："这种看法是不全面的。影片没有说在全美国都是如此。影片中的黑人女大学生在假期和白人女同学一起乘着小轿车出游，从她的精神状态和她的一言一行都反映出，她从未因自己的肤色遭受过歧视。而且她还对南方黑人那样甘心忍受不公正的待遇表示不可理解。所以说明在美国北方，特别是加利福尼亚这种有大量外来移民的城市并不存在种族歧视，至少并不普遍。”

他谈简·爱为什么爱罗杰斯特，因为他对她以知己相待，他给了她最重视的平等和信赖。他不恭维，不温柔，甚至是尖锐而粗暴的，这是他的求爱方式。

他在《水晶鞋与玫瑰花》审片时赞扬富润生配的国王昏庸、愚蠢，配出了喜剧效果。但王子应该有自嘲，对王族那一套不满又无能为力，但小童没有态度，因此在王子谈到时钟、大臣以及墓地的戏时叫人看不懂，观众不知道他为什么要说这些。后娘有时用“温柔”的语气说好听话，但内心是恶毒的，所以她由表面的温和转变成凶狠时有其内在的联系。而小潘配的后娘缺少了内在的坏，因此显得不接戏……他要求导演、演员必须好好研究剧本，原片具有的哲理性和潜在含义都要反映出来，光让观众看懂故事不行。

老陈对待工作一向勤奋，八点钟上班，他总是七点半就到厂了。他也不能容忍别人拖拖拉拉。他要求一切准备工作必须在八点以前准备就绪，八点钟上班铃声一响，放映员就要立刻放出片子来。要录戏的导演和主要演员也应该在前一刻钟就到录音棚，好让自己定下心来投入工作。

有一次，胡庆汉只提前五分钟拿着剧本端着茶杯从休息室走了过来，老陈站在录音棚的大楼门前不高兴地数落道：“你摆什么导演臭架子？就不能早点过来？”

香港著名导演张鑫炎曾于八十年代初来我厂为他的影片《少林寺》

作后期配音工作。工作结束之前，他盛赞我厂是“日本效率”，以后又多次来我厂搞后期配音。他后来看了我厂配的日本片《海峡》，说“内地的译制片真是配得太好了，让人感觉就像看懂了原片一样”。

由于多年养成的习惯，我至今仍不能容忍有人误场。一九八一年初我到上海电视台担任日本连续剧《姿三四郎》的译制导演时，我提出，七点录音，工作人员必须在六点三刻到场做好准备工作，七点就要正式开始录音。我自己也一定提前到场。有时棚门未开，我就立在棚外等。后来有人告诉我：“老苏来录音的时候，大家都是一路小跑的。”还有人说：“跟老苏合作要小心点，那老太婆可凶啦!”有次我跟老陈的女儿小鱼说：“我现在恶名远扬，这都是跟你爸爸学的。”她笑了，说：“毕克叔叔也说过这一类话。”

老陈爱才，我们每个人都经过了他的悉心培养，可以说都是他的得意门生。他为什么要冲我们发无名火，我们当时还不太懂，可后来我终于悟出了其中的缘由。他为译制片耗去了一生的心血，这个厂是他生命价值所在，在他退居二线时，他身体还健壮，足以胜任工作，可政策规定他必须退，因而心理不平衡吧?

我们平时总是提倡具体问题具体分析，可有些政策却喜欢采取一刀切的做法，这不仅浪费了人才，也损害了事业。当一九八四年我自己也被“一刀”切出厂时，我终于理解了他的失落。幸而有上海电视台译制部收留了我。

他在译制厂工作，翻译过剧本，也亲自导演过很多译制片，如《王子复仇记》、《孤星血泪》、《简·爱》、《猜一猜谁来赴晚宴》以及《战争和人》、《罗马之战》和《化身博士》等许多内参片，可他从来没有配过音。早在我们配苏联片《巴甫洛夫》的时候，让他配一句话，可在正式录音时还说错了，以后便再也不肯配戏了。七十年代，我们在译制《巴黎圣母院》时，由于他嗓音浑厚，跟原片旁白的音色很接近，大家一致建议由他担任旁白。他说他的字音不准，李梓说：“这没问题。你录音时我和苏秀去替你把场纠正字音，总行了吧。”大家也起哄道：“行，就这么定了。”到录旁白那天，他把胡庆汉拉进棚去录旁白，还锁上了棚门，惟恐我和李梓进棚去逼着他录。

他创立了上译厂的品牌，培养了一批又一批深受观众喜爱的配音演员，培养了一代又一代热爱译制片的电影观众。至今，观众仍念念不忘上译厂，全国到处都在出我厂译制的影片的碟片……他在天之灵，应该感到不虚此生了！

我的考官卫禹平

卫禹平出身于天津一位著名医生的家庭，从小家境优裕。他原在上海音乐学院学大提琴，可他却喜欢演戏，后来就到“苦干剧团”当了话剧演员。我在他家看过他和黄宗英一起拍的剧照，好像是演的一对情人或是夫妻，可能是《甜姐儿》的剧照。解放前，他又和白杨搭档在影片《新闺怨》中扮演男主角，一个拉大提琴的青年。解放后，他又和白杨搭档拍过影片《春满人间》，他扮演邱财康。但他工作得最多的地方却是我们翻译片组。他语言好，声音洪亮，有力度，特别适合配那些苏联片中的英雄人物，如《怒海雄风》中的舰长，《伟大的公民》中的沙霍夫，根据果戈理原著改编的《钦差大臣》中的假钦差，苏联拍摄的《牛虻》中的牛虻，描写俄国音乐家的音乐传记片《莫索尔斯基》中的莫索尔斯基。他和高博可能是来我们厂最多的。也许因为他和陈叙一都在“苦干剧团”工作过，是老相识，也许因为他的妻子张同凝是我厂配音演员，因此他对翻译片也有了特殊感情吧。

他是我考进上影时的考官，后来在工作中我们也曾多次合作。早在五十年代初期，他配沙霍夫，我就配过沙霍夫的母亲，我那时刚二十四五岁，而沙母却是个白发苍苍的老布尔什维克，还有大段演讲，揭露孟什维克的阴谋。当时我觉得一点没把握，他鼓励我说："没问题。根据你考试时的表现，你一定能配好。"有了他这些话，还真给我增添了信心，录音时我自我感觉不错，我抓住了老年人说话的两个特点，一是气短，二是高声说话时声音有些颤抖。影片放映后客观评价也不错。从那时起，我就会配老太太了。

"文革"时期，在日本片《战争和人》中，他配大财阀五代乔介，是个军国主义分子。我配他的侄女由纪子。那是一部大戏，涉及军界、政界，还把戏发展到了我国东北，影片中还出现过张学良。五代家也是个大家庭，由纪子是长女，她还有妹妹（第一集中妹妹还是小女孩，第三集时妹妹成了女主角，由吉永小百合扮演，刘广宁配音）、哥哥（由尚华配音）、弟弟（由吴鲁生配音）。我把配我们父亲的人忘了，好像是富润生吧。

《罗马之战》是一部人物众多的大戏。老卫配罗马城防官策特古斯，他的戏最多，也最吃重。参加这部戏的还有中叔皇配拜占庭国王，林彬配王后，邱岳峰配一个侏儒宰相，程引配哥特老王，我配老王长女，曹雷配次女。那是个突击任务，大家不分昼夜地干，连导演陈叙一的嗓子都哑了，却没听见老卫抱怨过。在法、意合拍的影片《警察局长的自白》中，他配警察局长，也是他的一部重头戏。在好莱坞影片《春闺泪痕》中，他则配我的前夫（著名演员奥逊·威尔斯扮演）。影片由孙道临担任译制导演，孙渝烽做道临助手。因此，老卫还饶有兴味地跟我说："你看我们这个组的导演和男女主角都和猴有关，道临、渝烽和孙大圣同姓，我属猴，你嫁了个姓侯的。"他那一阵子心情还真不错哩。

“文革”以后，不知道为什么他没有回故事片厂。一九七八年，我在他担任译制导演的日本片《华丽的家族》中配女主角相子，那大概就是我们的最后一次合作了。

他本来很活跃，喜欢打乒乓，好像还和舒适、刘琼等人一块打过篮球，也很会侃大山，工作之余，我们都很喜欢听他吹牛。可他晚年却变得很孤独，很忧郁，和妻子关系也不太好，可能在“文革”中彼此伤了对方的心。不久，他就突然中风了，虽然经医生全力抢救保住了性命，但半身瘫痪，眼睛看东西双影，由于半边脸麻痹口齿也含混不清了。真是人事沧桑，一个那样活跃而有造诣的演员，竟变成了一个什么事也不能做的废人了，不能读书，不能看报，甚至连电视也不能看，只能听听收音机，真不知道他活得该有多么沉重。我们每年总去看他几次，给他讲点厂里的或是社会上的新闻，希望能给他的生活增加哪怕一丝丝的欢乐。就这样拖了九年，在一九八八年逝世了。他终于走完了他坎坷的人生之路，愿他在天之灵宁静地安息吧！

故事片的前辈们

在翻译片组创建之初，组长陈叙一，也许为了能在高起点上推出上海的译制片，也许为了使我们这些没有表演经验的后辈受到表演技巧的熏陶，他利用解放前在“苦干剧团”的老关系，不断地请一些故事片演员来参与我们的配音工作，像孙道临、舒绣文、高博、卫禹平等等。

由他们来带领我们，使我们可以一面工作一面学习，这样的做法确实起到了非常好的效果。例如，由高博配米丘林、我配米丘林妻子的《米丘林》，由孙道临配王子哈姆雷特、张同凝配王后格楚德的《王子复仇记》，由舒绣文配安娜、邱岳峰配卡列宁、韩非配渥伦斯基的苏联版的《安娜·卡列尼娜》，由温锡莹配彼得大帝、我配叶卡捷琳娜王后的《彼得大帝》，由高博和赵慎之配男女主人公的《一个人的遭遇》，以及张瑞芳配瑞典女王克里斯蒂娜、毕克配西班牙使节的《琼宫恨史》等等。还有五十年代后期经常来我厂的林彬、中叔皇、程之等人。他们都有很高超的台词功夫，也有很深厚的表演基础。如一九五七年由尚华和我配匹普和艾司黛拉的《孤星血泪》，就有中叔皇、程之、路珊等人替我们把场。

由张同凝配黑妈妈的《生的权利》，则有中叔皇、林彬等与之合作。

陈厂长的这种做法，也启发了我。在我以后做导演的工作中，也经常采取这种以老带新的搭配。在《砂器》中，让施融配年轻警察吉村，由毕克配老警察今西来带领他。在《奴里》中，由于起用了施融、程晓桦两位新人配男女主角，特意安排了尚华、富润生两位老演员来为他们保驾。

一九八四年，我到电视台译制部担任译制导演时，也请来了尚华、曹雷、丁建华、施融、宏霞等人来带领新考进来的林栋甫、计泓、魏思芸、陈兆雄等一班人。而张欢、晨光、刘彬这些人，因为经过了《姿三四郎》的锻炼，也可以算做老人了。事实证明，这样做不但可以保证影片的质量，也可以使新人更快地成长起来，达到事半功倍的效果。

邱岳峰——我们配音演员的骄傲

邱岳峰网上纪念馆观众留言：

当我真正意识到你在我生命中的地位时，
你却离去了。
但我终于发现你还活在我心中，
永不磨灭！

对他的思念犹如被陈封的酒，
不打开不知道，
一旦有人打开，
还能闻到二十年前思念的醇香。

每当我遇到陌生人，对方知道我是配音演员时，就会说一句“你们厂邱岳峰的声音真好听”。其实邱岳峰的声音一点也不好听，可是为什么几乎所有人都觉得他的声音好听呢？我想，可能因为他配的人物都那么贴切、那么鲜活，给人一种艺术上的美感，让人觉得他声音好听吧。

邱岳峰无疑是我们配音演员中最受观众爱戴的了。他生于一九二二年，父亲是福建人，母亲是白俄。他自幼被送回福建老家，没有在母亲身边生活过，所以他不会俄文。但是他中文水平却很不错，知识面也很广。解放前，他在北京、天津一带演过话剧，被称为“表情圣手”。所以他也是我们演员组中最有表演基础的。

他配的人物鲜活、有灵气，所以能引人入胜。他在《警察与小偷》中配的小偷，为了养活一家老小，不得不骗人，不得不讨好别人，但又不甘示弱……于是就有了影片中那种令人心酸的幽默。老邱把原片演员那种语速很快、说话脱口而出的感觉配得那么入味。我跟朋友们说：“邱岳峰的小偷都配出意大利味儿来了。”

除了小偷，《白夜》中的幻想者、《漫长的路》中的十等文官、《凡尔杜先生》中的凡尔杜、《大独裁者》中的犹太理发师……这些林林总总的可怜的小人物，他无不配得出神入化。于是，大家就认为：邱岳峰是最擅长配小人物的。

且慢，他在早期苏联片《列宁在一九一八》中配的托派卡尔达绍夫、在《悲惨世界》中配的小店主德纳第耶、在《巴黎圣母院》中配的神父、在《金环蚀》中配的奸商……也无不入木三分。于是，他又被认为是最擅长配坏人的。

可是，谁又能忘了他配的罗杰斯特呢?！他配的那个英国上层社会的绅士，多么有教养，多么有贵族气，对简又多么深情！哪里还有坏人或者小人物的痕迹！这个怪僻的英国绅士对简·爱表面粗暴，内心又把她视为知己。他极富教养又盛气凌人。老邱把人物这些相互矛盾的表现都配得丝丝入扣。《简·爱》无疑是他最成功的一部作品，是他的代表作。

《红菱艳》也是他的一部杰作啊！他配的雷蒙托夫，是一个把芭蕾事业当作生命的人，因此他不能容许一个有天赋的演员为了爱情放弃自己的事业。他的做法看似不近人情，可这正是因为他对芭蕾事业的执着。有人说雷蒙托夫就像老邱自己。诚然。他们同样执着，同样对事业全身心地投入，所以他配得特别出彩。

还有一部不大为人关注的影片《猜一猜谁来赴晚宴》。其中那个为女儿婚姻操心的父亲（由好莱坞著名演员斯宾塞·屈塞扮演），是一位学者，是美国上层社会的成功人士。他聪明，自信，思想开明，一向反对种族歧视，可是当他的独生女真要嫁给一个黑人的时候，他却无法坦然面对了。他为此生自己的气。那一大段在晚宴上的演讲，其功力与精彩，决不亚于毕克在《尼罗河上的惨案》中分析案情的大段独白。只是由于《猜一猜谁来赴晚宴》曲高和寡，没有那么广泛的观众群，使得邱岳峰也被埋没了。

邱岳峰节奏感极强，和他一起跳舞，被他带着前进、后退、旋转，会使人感到自己和音乐完全融为了一体，所以他是最抢手的舞伴。我曾跟他说："你也应该像舞会皇后那样，手腕上挂个小本子，记上哪个舞该跟谁跳。免得为了抢你，大家打起来。"和他一起配戏也是如此。他从来不是一字一句地抓口型，而是完全掌握了人物的节奏，所以他曾开玩笑说："我可以背对银幕配戏。"

他除了舞跳得好，还会说相声，会唱京戏，他还曾教会我一段《霸王别姬》中虞姬的唱段。他其实是个性格开朗、兴趣广泛的人，性格并不内向，只是有些事，他是不能随便跟人说的。

我这一生多次和邱岳峰演对手戏，演恋人，演夫妻，而且这些戏多半是我的主要作品。像五十年代的苏联片《漫长的路》，那是一个发生在沙皇俄国时代的故事。他配一个懦弱的青年瓦西里，我配一个富于幻想、敢作敢为的姑娘拉雅。这部影片是一九五七年译制的。我几乎连拉雅和瓦西里的容貌都记不清了，可是那马拉雪橇在雪雾中渐行渐远的画面，仍清晰地留在我的记忆中。我记不清是这部影片在前还是《警察与小偷》那部在前，那就是我和邱岳峰的初次合作，都在一九五七年。

《警察与小偷》，他配小偷，我配小偷妻子。但是小偷妻子的戏并不多，只能算女配角吧。

《第四十一》，我配女红军玛柳特卡，他配白军中尉。扮演这个角色的原片演员斯特里席诺夫是个英俊小生，曾主演过《牛虻》。邱岳峰的声音虽不漂亮，却配出了人物的潇洒和魅力，他的声音也不年轻，可人物却配得很年轻。

《修女院院长约安娜》是一部内参片，于一九六一年译制，是波兰拍摄的。这是一部非常怪诞的影片，因约安娜有魔鬼附体，苏林神甫是来驱鬼的。由我配约安娜，邱岳峰配苏林神甫。约安娜是个圣洁的修女，虔诚的教徒，但是一旦魔鬼附体，便立即变得轻佻、放荡，判若两人，把整个修女院都带领得疯狂了。她向苏林倾诉了她的痛苦和愿望，苏林为了救赎约安娜的灵魂，竟用斧头砍死了两个人，以便把魔鬼引到自己身上。整部影片的氛围阴森、诡秘，给人以异样的感觉。

一九七五年，我们译制了好莱坞名片《化身博士》。男主角杰柯大夫由斯宾塞·屈塞扮演，邱岳峰配音。女招待艾维由英格丽·褒曼扮演，由我配音。在这部影片中，邱岳峰一会是善良的杰柯大夫，一会又变成了狰狞、恶毒的海德先生。两个人物代表了一个人善恶的两面。这两个人物，老邱用了不同的声音和语调。照道理一种声音录完了，再录另一种是比较容易掌握的，但是导演陈叙一为了照顾我有哮喘病，每个班要给我留一点休息时间，只能把老邱的戏全都打乱了。我觉得很对不起他，可他一点都不在意。也许在他看来，这种语调和声音的转换，根本就不算一回事吧。

一九七五年，我们合作了另一部电影《红莓》，也是一部内参片。邱岳峰配舒克申演的囚犯，我配农村妇女柳芭。

我们合作的六部影片，倒有四部没有上映过。好在《第四十一》和《化身博士》已经出了碟片。《红莓》可能也有希望出碟片吧。这已经够叫人欣慰了。

自从我厂有对口型工作以来，邱岳峰可以说从头到尾都在做这个工作。“文革”以前，一直是他、张同凝、姚念贻和我四个人轮流做。姚念贻一九五八年去世后毕克和潘我源加入了进来。对口型工作要念翻译的初稿，而且念的节奏必须与原片演员完全一致，这样才能知道译本的台词字数是否有长短。所以担任对口型的人，第一要阅读能力强，要能熟练地读出翻译的初稿；第二要有节奏感，要严格地跟着原片演员的节奏走，他停，你也要立刻就停，他说下去，你也要跟着说下去。当年，孙道临做配音导演时，我给他做口型员，他说我是“残酷的一二三”。因为，如果翻译的字数多了，不管念到哪里，我都会立即停下来。例如，翻译的台词是“只要你生活得幸福”，可口型只有七个字，我就会念成“只要你生活得幸”，不管话有多么不通，只要口型没有了，我都会“残酷地”停下来。如果翻译的字数少了，不能接着念下句，也要在这一句中加出来。例如，“只要你生活得幸福”少三个字，我便会念成“只要你生活得幸福一二三”，然后再根据这样的口型本去修改台词。我们几个做口型员的从来都不是单纯地数口型长短，而是积极参与修改台词的。法文翻译李成葆说：“有时候老邱说我翻错了，我一查，果然错了。他说，可能是这个意思，就是这个意思。他真神了。”我说：“他虽不懂法文，但是他懂戏。他说你错了，是因为戏顺不下去。他说可能是这个意思，他是从上下文推断出来的。”陈叙一创立了编辑制，除了翻译、译制导演的努力之外，口型员的努力也是功不可没的。七十年代，乔榛、杨成纯接替我们做了口型员，再以后，又有了程晓桦、翁振新和施融的加入，我和毕克便不再做口型员了。但是，邱岳峰却一直做到他死。

那是一九八〇年初，有一天，演员休息室好像没什么人，老邱把我拉到阳台上，兴奋地告诉我："我的同案犯平反了。"我也高兴地说："那你赶快跟领导说一声，把材料调过来就行了。"

后来，陈叙一厂长召集了我们四个人——我、伍经纬、杨成纯和邱岳峰开了一个会。老陈说："有两部戏，一定要搞好。一部是《雾之旗》，这是文代会放映过的，大家印象很深，人家会对比着看，看我们是不是能够还原，所以一定要搞好。这部影片交给苏秀和伍经纬。另一部是电视片《白衣少女》，是我们给中央电视台搞的第一部片子。也一定要搞好，才能占领这块阵地。这部片子交给邱岳峰和杨成纯。"

我一直认为，邱岳峰是我们当中业务最好的，早该让他做导演了。可能就因为他的历史问题，才没让他做。现在忽然让他搞重点片，大概他的问题真要解决了。但是不知为什么，最后并没有解决。

一九八〇年三月，那是一个星期一的早晨，我一走进演员休息室，就感到气氛不对。没有往日的说笑声，甚至大家脸上也没有笑容。我忙问坐在我对面的伍经纬出什么事了。他说，你先坐下。我听话地坐了下来。他说："邱岳峰死了。"我一听，全身的汗毛都竖了起来，我叫道："怎么死的？什么时候？这怎么可能？他星期六不还好好的吗？"小伍说："他星期六和妻子吵了一架，就吃安眠药自杀了。虽然很快就被家人发现，送进医院，厂领导也立即赶往医院，要求不惜任何代价进行抢救，可终因他服的药量过大，未能抢救过来，星期天下午不幸去世了。"

厂里因为他是自杀的（那个时代，凡是自杀的，全被看成自绝于革命），不愿出面为他举办追悼会。我们演员组富润生、李梓等三人组成了“治丧委员会”。在全厂大会上，厂领导表示，如果治丧委员会请他们，他们将以私人身份参加。老富立即站起来说：“我现在代表治丧委员会邀请全厂同志参加。”

我们决定大家亲手为他做花圈。小丁说：“老邱活着的时候说过，将来他死后，不要五颜六色的花圈。要一色白的，或者一色蓝的。”我们做了三个大大的花圈，一个白的、一个蓝的、一个淡黄的。有人跟我说，厂领导想要那个淡黄的。我说：“太好了。他们想要哪个，就给他们哪个。他们肯送花圈，对死者家属，将是个安慰。”但是，厂里还有一个规定，没有工作的可以去参加追悼会；有工作的，工作不能停下来。所以我未能参加他的追悼会，未能最后再看他一眼。但是我听大家说，观众闻讯赶来，把一间中厅挤得水泄不通。龙华殡仪馆的人说，从来没见过哪个追悼会有这么多自发来的群众。有一位观众，送了一只全部是白色康乃馨扎成的花篮。几个经常来我们厂配音的孩子，金琳、梅梅、王东、李晶兵、刘小庆，每人手里拿了一朵小白花，把花瓣一片一片撒在他的遗体上。

我至今也无从知道他究竟为什么要死。

我决不相信他会因为和妻子吵架就自杀，虽然他的妻子文化水平不高，可能缺少一些共同语言。但是夫妻感情还是不错的，七十年代彩色电视还很稀奇，那时老邱常常在晚饭后领着妻子到厂里来看电视。西瓜难买时，老邱偶尔买到西瓜也会冒着中午的大太阳骑车给妻子送回去。

老邱死后，我专程去看望过他的妻子靳雪萍，她告诉我：“那时老邱作为牛鬼蛇神扫马路时，回到家里，我也还是把他当作一家之主，恭之敬之的。”

他死后我曾问过当时的支部副书记："邱的同案犯平反了，为什么他没有平反?"他说"他的同案犯是因为小偷问题平反的，和老邱的问题无关。"尽管他回答我的理由很牵强，但是他不能把有些情况跟我讲，我也能理解。

当年听到他的死讯时，我没有哭过。二十五年来，无数次地提到他，想起他，我也从来没有哭过。可这次不知为什么，在补充、修改这篇文稿时，我却一直忍不住，一面写一面泪流满面。也许今天，我对他的痛苦和渴望更多一些理解了。也许，因为我自己老了，容易伤感了。我觉得我能体会到一个中国知识分子是那样渴望得到党领导对自己政治上的肯定，渴望领导还自己政治上的清白，甚至把这看得比生命更贵重。

不过我认为，他这一生在配戏上，并没有受过歧视。相反，他在陈叙一手下是受重用的。他遇到陈叙一是他不幸中的大幸。如果我当年有我今天对人生的感悟，如果我当年有机会和他谈心，我会劝他："对有些事，其实不必看得那么重。"但是人生是没有如果的。值得欣慰的是，作为一名配音演员，他留下了那么多作品，受到观众那么深的爱戴，上苍待他不薄。他该瞑目了。

他去世的那天晚上，中央台播出了《白衣少女》。

二〇〇五年三月二十五日

于邱岳峰二十五周年忌日前夕

姚念贻与张同凝

她们两人都是我厂第一批配音演员，是一九五〇年二月进厂的。第一批进厂的还有邱岳峰、尚华、富润生、陆英华等人。姚念贻也是我厂第一部译制片《小英雄》的主角，那是个小男孩。

姚念贻曾配过很多影片的主角，如《怒海雄风》、《废品的报复》、《货郎与小姐》、《远离莫斯科的地方》等等。她在北京长大，并毕业于北京辅仁大学，能说一口流利的普通话，声音也很好听，而且，配戏有激情，领悟能力也强。

一九五七年，我，她，还有胡庆汉曾一起去北京领奖。那是政府首次颁发的“优秀电影工作者”奖。姚念贻得到的是金质奖章，我是银质奖章，胡庆汉是铜质奖章。当年，正好译制法国影片《红与黑》，由胡庆汉配于连，姚念贻配德·瑞那市长夫人，我配玛季德侯爵小姐，因此，胡庆汉得意地说：“我们是得奖剧组。”我认为，那是姚念贻配得最为出色的一部戏。她把德·瑞那夫人的矛盾与痛苦都极为准确地表达出来了，而且非常富有激情。此外，邱岳峰配市长，尚华配德拉·木尔侯爵。可惜，这部影片未能上演就被撤下来了。幸好现在出了碟片，使我又能跟这些老朋友在影片中相聚了。

姚念贻的另一部重要作品是苏联版的《奥赛罗》。由高博配奥赛罗，姚念贻配苔丝德蒙娜。之后不久，她就因难产去世，年仅三十八岁。

张同凝是我们当中最年长的，又因为她是个女中音，所以多数配一些中老年妇女，较少配独当一面的女主角，如《警察与小偷》中的警察妻子等。她配得最出色的，应当首推《王子复仇记》中的王后格楚德。她跟孙道临配的母子对话一场戏，更是常被当作经典播放。其次，就是阿根廷影片《生的权利》中的黑妈妈，那也可以称作她的杰作。那是一部非常受观众欢迎的影片，五十岁以上的观众可能还会记得。还有一部讲墨西哥工人家属罢工的影片《社会中坚》，也是她配的主要角色。可能记得的人就不多了。

不过，她在我导演的一部译制片《带阁楼的房子》中配的一个改革家，是个比较年轻的角色，性格很冷漠、刻板，她配得也很精彩。

一九五九年她也被调入导演组。她担任译制导演的影片有苏联片《驯虎记》、英国片《罪恶之家》以及《塔曼果》等。

七十年代中期，她便退休了。

毕克——装龙像龙，装虎像虎

这是老舍称赞赵丹的话，借此转赠毕克

毕克是一九五二年考进翻译片组的，同时考进组的共有十个人。后来，有的改行到故事片厂做了录音师，有的做了故事片演员，还有的去做了商人，而好几个人却成了右派，被送去劳改。他们是闻兆奎、温健、邹华……闻兆奎曾为《孤星血泪》的少年匹普配音，也是《雾都孤儿》的主要配音演员。温健曾在《警察与小偷》中配小偷父亲。还有一个潘康，在《不同的命运》等多部影片中配过男主角，后来好像是因为开黑灯舞会而被捕的。最后就只剩了毕克一个人。二十二年后，闻兆奎右派问题改正后，没有回演员组，做了后勤工作。温健在劳改农场自学了德文，做了德文翻译。至于潘康和邹华，就完全不知道他们的消息了。

感谢上苍，给我们留下了毕克。

毕克开始并没有大放光彩，他杂七杂八地配了两三年群众，好像是悄悄地成长起来的。我开始对他有印象的，是他在《孤星血泪》中配的铁匠。他把铁匠的老实、正派、宽厚以及乡下人的手足无措都恰到好处地表达出来了。

一九五九年，他在我们给文代会的献礼片《阴谋与爱情》中，配男主角菲迪南。那是我作为导演跟他的首次合作。那时才发现他的声音是那么好听而富有魅力。他配的爱情戏，感情细腻又深沉多情，因此，他几乎成了六七十年代大多数爱情片的男主角。六十年代初，我曾在影片《索拿大》中配他的初恋情人，那是首次和他配对手戏。之后，我们又在印度片《两头牛的故事》中配一对恩爱夫妻。我配一个泼辣能干的农村妇女，他则配一个处处听老婆调遣的老实丈夫（这两部影片均未曾上演）。

我在六十年代担任译制导演的《狼窟》、《锁链》、《达巴契上尉》等影片都是请他配的男主角。他的配音风格稳重、深沉，非常适合配有内涵的成熟男人。

在“文革”中，他配了多部内参片，都是各种类型的爱情片，像讲述西班牙使节安东尼奥（毕克配音）与瑞典女王克里斯蒂娜（张瑞芳配音）爱情的古装片《琼宫恨史》。安东尼奥热情、潇洒，与女扮男装的克里斯蒂娜，邂逅在一家荒村野坳的小店中，由于客人爆满，他们被店主安排在一间客房中，产生了一夜情。克里斯蒂娜为了爱情，情愿放弃王位，追随情人去西班牙。但是，安东尼奥却死于情敌挑起的决斗中，克里斯蒂娜只有独自前往西班牙了。克里斯蒂娜站在即将起航的西班牙帆船上，木然地望着远方。这个镜头被影评家称为不表演的表演。她这种木然的神态，反而给了观众更多的遐想。克里斯蒂娜由三十年代好莱坞巨星葛丽泰·嘉宝扮演。《琼宫恨史》是她的代表作之一。

《巫山云》（又名《一个陌生女人的来信》）是讲一个有才华的音乐家，生活态度却颇颓废，对一心爱他的女孩也不当一回事。直到多年以后，他接到那位陌生女人的来信才意识到，自己错过了人生最宝贵的一切。影片由毕克和李梓配音。

《鸳梦重温》讲的是一个在战争中失去记忆的男子，不记得自己的家在哪里，也不认得自己的妻子了。他一时清醒，一时恍惚。妻子应聘做了他的秘书，他又重新爱上自己的妻子并向她求婚。妻子领他回到原来的家，他从口袋里摸出了一把钥匙，那正是他家门的钥匙。他终于把一切都想起来了。这部戏由毕克和曹雷配音。

再一部则是后来公开放映过的《音乐之声》。这部戏的男主人公男爵是个军人，阳刚、爽朗，甚至在家也以在军营那一套来对待孩子，与前几部影片的男主角完全不同。他与修女玛利亚的爱情，也是经过种种矛盾、磨合，逐渐互相产生好感的，因此也要求演员的配音必须富有层次。影片中有很多插曲，唱与对白的衔接就显得尤为重要了。我特别欣赏为男女主角配音的毕克和李梓，都掌握得那么好，简直就像是他们自己唱的一样天衣无缝。这一点，我认为也是这部译制片成功的一个关键。

《春闺泪痕》由孙道临担任译制导演。我和毕克多年之后再次联手配夫妻。那就是我们最后的合作了。

随着“四人帮”的倒台，上译厂迎来了前所未有的辉煌。毕克也迎来了自己事业的辉煌。

他成了日本影星高仓健在中国的代言人。《追捕》、《远山的呼唤》、《幸福的黄手帕》、《海峡》、《兆治的酒馆》……他把高仓健那种外表冷峻、内在热情的表演特点非常到位地表达出来。因此，在他生病住院的时候，高仓健拍了新片《铁道员》，还希望毕克能为他的中文版配音。可惜，老毕那时已经力不从心了。毕克逝世以后，高仓健还发来了唁电，并托人带来了冥香，请人代焚于毕克的灵前。这也可以算做配音演员与原片演员之间的一段佳话吧。

除了高仓健，他配的大侦探波罗则更为脍炙人口。在《尼罗河上的惨案》中，他那段分析案情的大段独白，已经成为台词的经典了。很多观众认为，越是人物众多的影片，越能显示出上译厂的实力。因为那时确实是我们生旦净末丑行当最齐全的年代。大家喜爱《尼罗河上的惨案》，固然由于这部影片人各有貌，而毕克配的波罗，无疑是影片中最亮的亮点。

他是较少配反面人物的，但是他配的《金环蚀》中的议员神谷（日本著名演员三国连太郎扮演）是那样厚颜无耻，那样下作，也是别人无法代替的。而他在《雾之旗》中配的大冢律师（也是三国连太郎扮演）则是个性格复杂的人物。他原是个有正义感的青年律师，可是在功成名就之后，不愿意再帮助穷人打官司。他一口回绝了女主角桐子的请求，不肯为她蒙受不白之冤的哥哥辩护，哪怕他会为此送命。后来，他深爱的情妇被怀疑为杀人犯，桐子也不肯为她作证，并不惜牺牲自己的爱情与他发生关系使他身败名裂。

《雾之旗》中，这是个最难配的人物。当然，越是性格复杂的人物，才越能显示出毕克的功力呀。

一九八一年，可以说是老毕和我最为风光的一年。我们一起去北京，领取了“四人帮”倒台后第一次颁发的优秀译制片政府奖。他代表《追捕》剧组，我代表《安重根击毙伊藤博文》剧组。回来后，又列席了“西欧电影讨论会”，观摩了西欧各国——英、美、德、意、法诸国最新的影片，听了专家们的议论。随后，又去上海电视台担任了日本电视连续剧《姿三四郎》的译制导演。本来，电视台只请了毕克一人。因为全要在业余时间工作，老毕感到一个人来不及，才又来邀请我。他还事先关照我说：这个戏不是很好看，其中有很多关于柔道的说教和比赛，可能不会有太多观众。他还惟恐我事后会怪他邀请我去搞这样一部差劲的片子。可谁也没想到，《姿三四郎》会在全国那样地大红大紫起来。

毕克是一个非常内向的人，他的妻子领着他的小儿子很早就去了美国。他和大儿子留在国内。有一次我问他为什么不去美国，他说："我到了美国，又能干什么呢?"后来，他的大儿子刚刚大学毕业就突然病故，对他是个非常大的打击。可他不愿跟人谈，也没人敢主动跟他谈。他病重期间，由于切开了气管，不能说话了，只能在一块小黑板上写字。那时我还住在杭州，听到消息，特地回到上海看他。后来，他的妻子从美国回来了。他与前妻生的女儿，也来到了上海。他卧病两年之后，终于不治。一颗配音界的巨星陨落了！

追悼会上，一遍遍地播放着他在《尼罗河上的惨案》中的大段独白。正如《上海电视》上纪念他的文章所用的标题"人随风去声犹在"，我相信，他的声音还会长远地留在人间。

胡庆汉、杨文元和我

我原来是投考北京电影演员表演艺术研究所的(即北京电影学院前身)，后来，上影负责招生的柏李跟我谈话，她说："你已经结婚，又有了孩子，不要去念书了，到翻译片组去工作吧。"其实，我一点也不了解翻译片是干什么的，当时，就想有一个工作，只要是演员工作就行了。可能胡庆汉和杨文元也是投考北京电影演员表演艺术研究所，后来被动员来翻译片组的。反正，我们是同一天来翻译片组报到的。在三个人中，我最年长，时年二十四岁，胡庆汉小我一岁，杨文元又小他一岁。那时，上海刚刚解放，百业待兴，一派欣欣向荣的景象。而我们也正当青春年少，意气风发，觉得前途真的未可限量。谁能想到，我们今后的命运会那样不同!?

五六十年代，为了提高业务水平和文化素养，除了阅读外国文学作品，看演出也是我们学习的一个重要内容。那时，外地来沪演出的话剧、京剧、黄梅戏，差不多都会有招待票给我们，本地的演出一般也会送票。但是偶尔也有拿不到招待票的时候，那我们就要自己掏腰包去买票了。那时，一元钱的票款也是个不小的开销，所以我和赵慎之、胡庆汉三个人每次参加广播剧的演出分到的几元钱（大约五六元钱）稿费，从来都一起存在那里，以备看演出买票之用，这样就免得影响家里的日常开销。

胡庆汉是上海小有名气的朗诵专家，是我们厂当年的“奶油小生”。他在一九五七年译制的法国影片《红与黑》中配于连（由法国红星钱拉·菲力普扮演），直至七十年代还在法国影片《巴黎圣母院》中担任其中的小生角色斐比斯的配音。他也是一九五九年和我一起调入导演组的。由他担任译制导演的影片有《追捕》、《绝唱》、《卡桑德拉大桥》、《凡尔杜先生》以及《水晶鞋与玫瑰花》等等，都是特别受观众欢迎的电影。“文革”后，胡庆汉已较少配戏，《悲惨世界》应该是他的“封箱之作”了。他于一九九三年春因病逝世，终年六十六岁。

五十年代初，陈叙一原想培养张同凝和杨文元为专职口型员，还特地送他们去学俄文。但是杨文元的嘴皮子不够快，所以，后来并没有固定的口型员，而是由几个阅读能力强的人轮流做。不过，杨文元却多次配过一些影片的主角。五十年代后期，他曾在英国片《罪恶之家》、苏联片《最后一步》中担当独当一面的主角。他还配过联邦德国影片《献给检察官的玫瑰花》。不幸的是，他在一九五七年“反右”时，与我们组的闻兆奎、温健、邹华一起被划为右派。那时他年少气盛，觉得自己没有反党，就给上海某个领事馆写了一封信，辩白自己的无辜。这一下可惹了大祸，立刻成了“现行反革命”，被押送青海劳改农场劳教，一去就是二十二年。即将结婚的女朋友也吹了。

一九七九年右派改正之前，陈叙一有一次在大会上说：“我并不是对右派特别有感情，我经常提起杨文元，因为他是一个铜锤花脸，是我们演员中的缺一门。”后来我才意识到，他是在给杨文元回厂造舆论，不单是爱才，这也是他为人厚道之处。

老杨回厂之后，大家除了关心他业务上的恢复，就是他的婚姻大事了。有人给他介绍了一个将近五十岁的对象，他哀叹道："我还是个童男子呀，就娶个五十岁的新娘。"后来的新娘比他小很多，人也很漂亮，大家都为他高兴。他父母都不在了，也没有兄弟姐妹，我们演员组的人，义不容辞地担当起替他操办婚礼的重任。在演员休息室，大家用写字台拼成了一个长长的大餐台，上面铺了白布，摆了鲜花和糖果……小丁坐了小轿车去接新娘，陈厂长为他主婚。晚上，老杨又在乔家栅摆了三桌酒席答谢大家，好好热闹了一番。

他婚后有了儿子，又配了《英俊少年》中的外公，都以为他该转运了，但是他晚年仍然不幸福。他妻子不上班，家庭经济比较紧张，他身体又不好，真可以说一生坎坷。

「知识分子」富润生

富润生从小学京戏，后来又演过话剧；他并没有念过多少书，可他很用功，也肯动脑子，说起配戏心得来头头是道，也能动笔写文章。所以，我说他是我们组的“知识分子”。

例如在谈到自己配的两个国王时，他说：“《水晶鞋与玫瑰花》中的国王是个不学无术的昏君，连自己国家在地图上的位置都弄不清楚。他过惯了骄奢淫逸的宫廷生活，身体虚弱得连一把宝剑也拿不住，还处处要显示自己的国王身份。所以我在声音造型上力求低、厚、浑浊、嘶哑，发声时显得用力很大，听上去仍感底气不足。在听清台词的基础上，有时带点含糊。《巴黎圣母院》中的路易国王是个专制暴君，但他并不张牙舞爪，而是个阴险、毒辣、伪善的老狐狸。我在声音处理上，不强调他的苍老，但发声时力不用足，显得有些虚弱，不过，声音要清晰，语言要利索，话里往往有弦外之音。有时要有气势，带威胁性。”

他八十年代配的《金环蚀》中的石原，应该是他的杰作之一。石原表面看起来土里土气、猥琐不堪，像个小杂货店老板，可他实际上却极精明、有魄力，是个能左右日本政坛大人物命运的巨富，连日本官房长官也要私下向他借钱……老富既配出了他出身寒微的小市民气，又配出了他叱咤风云的大将风度。因为原片演员是龅牙齿，我想起了当年我们配《孤星血泪》的时候，程之为了使自己的声音显得更像胖子，在两个腮帮子里各放了一枚五分币，所以就想在牙齿上装点什么东西，让老富说起话来也像龅牙齿。开始在上嘴唇里面装了点棉花，可是听起来声音太闷，后来还是严崇德用塑料给老富做了一副牙套，才合乎要求了。

在业务上日臻成熟的时候，老富患上了声带癌。医生采取了保守疗法，保留了声带，但老富的嗓音却经常嘶哑，影响了配戏。幸而，在曹雷导演《斯巴达克思》时，他的嗓音恰好处于良好状态，因而留下了罗马元老院首席元老格拉古这一晚年的佳作。

也许正因为老富努力提高自己的文化修养，加深自己对戏的理解，提高自己对人物的分析能力，因而配的人物才更有内涵，更有韵味吧！

戏说于鼎——“一将功成万骨枯”

于鼎配戏很有自己的特点，有他的绝活儿，例如《虎口脱险》中的油漆匠，《古堡幽灵》中的强盗头等等；在录制过程中，他却常常出错，一会说错了台词，一会没对准口型，但是他的戏却常常是越磨越好，结果就是：他配的戏很出色，可别人的戏早被磨平了。有一天，有个人提起这一点，引起了大家的共鸣，因为不少人都受过他的“害”，于是发起了一场“围攻”，说他是“一将功成万骨枯”。

老于在《大篷车》中大概出过不少错，所以导演伍经纬说“我发誓，今后再不与他合作”。可是没过多久，当他接到《古堡幽灵》的导演任务时，还是忍不住问我：“你说，强盗头是于鼎好还是小翁好？”我说：“这还有什么可犹豫的，当然是于鼎好。老于一开口，就会有江湖气，这是小翁所不具备的。”

最大的“受害者”莫过于赵慎之了。一九五九年译制《大墙后面》的时候，由于导演认为老于的戏不过关，进棚七次都被退回。老赵陪他“七进七出”。这也是老赵一辈子都不会忘的。

在我录制《雾之旗》最后一班的时候，也是赵慎之和于鼎的一场戏，主要是老赵的戏，于鼎不过插几句话。老赵的戏需要又哭又喊，可于鼎不是口型不准，就是台词说错，录了六七遍都没录成，真把我急得七窍生烟。那天下午，陈厂长要乘飞机去加拿大参加蒙特利尔电影节，之前，他要利用午休时间审看《雾之旗》，所以我必须在上午录完所有的戏。我是没有退路的。另一点，我也担心老赵这种激情戏录多了，感情就麻木了。好在那天她一直保持了很好的心态，感情也一直很饱满；于鼎耽误了的时间，我也在毕克和小丁那场戏中抢了回来。

我事后想赵慎之为什么能容忍于鼎对她的“伤害”，大概由于她爱吃于鼎的烙饼，吃了人家的嘴短吧。

“危机”虽然过去了，可这件事，简直让我刻骨铭心。

我在想，为什么有些戏他录得那么顺利呢？如六十年代的《冰海沉船》、八十年代的《虎口脱险》，他都表现得不错呀。

我终于想明白了。

于鼎没有毕克和邱岳峰的机灵劲，他又不肯像尚华那样下苦功，每段戏念上三五十遍，甚至六七十遍。越是台词少的，他反而越容易出错。问题在于，他过高地估计了自己临场应变的能力，因此他付出的劳动，不足以让他顺利地完成任务，所以，事先跟他“达成共识”，引起他的重视，就显得尤其重要了。我在上海电视台执导英国电视连续剧《尼古拉斯·尼克尔贝》的时候，事先跟他“约法三章”：在录制这部剧集的过程中，不许他接受任何别的“活儿”，要专心致志配好这部戏。这中间，果然有一个广播剧组来邀请他和尚华，我同意尚华去了。老于来质问我：“你为什么同意尚华去，不同意我去？”我说：“你在《尼古拉斯·尼克尔贝》里挂头牌，他又不挂头牌。而且，我事先跟你讲好的。”他就没话说了。整个录音过程顺利，配音质量上乘，原来要怪我们自己过去不会用他呀。

他还有一点跟别人不一样的地方，就是特别喜欢管一些杂七杂八的事情。人家剧务订好的剧本，他嫌不好看，要一本本拆开重订。为了这个，他还准备了全套工具——一块木板、一把小榔头、一个锥子、一堆订书钉。他一定要把整齐、漂亮的剧本送到每个人的手上才称心。我们演员组有好几个北方人，谁想吃炸酱面了，就会说："于鼎，弄点炸酱面吃吧。"他就会头一天买好面条，炸好酱，第二天，亲自到厨房去煮，然后再一碗碗盛好，端到楼上来。这个喊"于鼎，胶水用完了"，那个喊"我铅笔用光了"，他只会说"等一会我去领，你没看见我现在忙吗"，而绝不会说"你自己也可以去领啊"。

他不光有"可恨"的地方，也有可爱的地方，这才是于鼎啊。

李梓——我们的当家花旦

李梓是一九五七年建厂时从电影演员剧团调到我们厂来的。她是北京人，语言没有问题，声音也很好听，显然是一块配音演员的好材料。

一九五九年，根据席勒名著改编的电影《阴谋与爱情》是我们准备向文代会献礼的影片。李梓担任了女主角露易莎的配音，那是我作为译制导演跟她的初次合作。她那时就已经是一个在话筒前收放自如的配音演员了。她吐字清晰而又声音放松，也能比较快地领会导演意图，所以，迅速地成为了我们厂的当家花旦。她与邱岳峰合作配的苏联片《白夜》，应该是她的第一个代表作。

在我厂生产内参片的年代，她更是担任角色最多的演员，像《巴黎圣母院》中的艾丝美拉达，《简·爱》中的简·爱，《音乐之声》中的玛利亚，《冷酷的心》中的阿依媚，《叶塞尼亚》中的叶塞尼亚，《鹿苑长春》中的母亲，还有《巫山云》和《女人比男人更凶残》的女主角。除了这些主要角色，她还在很多影片中担任了重要角色，像《魂断蓝桥》中的女友，《化身博士》中的玛莎，也都起到了很好的陪衬作用。

到了八十年代，她已年届半百，基本上配的是中年妇女，像《卡桑德拉大桥》中的医生，《希茜公主》中希茜的母亲等等。但是，她仍然能配年轻的少妇，如《尼罗河上的惨案》中的林奈特和《望乡》中的记者。她甚至还能配十五六岁的少女，如《啊，野麦岭》中的阿峰。同时，她也可以配《猜一猜谁来赴晚宴》中的老年妇女。当然，《英俊少年》中的海因切，这个会唱歌的男孩，也是她的成功之作。她跟我合作配男孩，这已经是第三次了。六十年代，她曾在我担任译制导演的西班牙影片《瞎子带路人》中配一个六七岁的小男孩；七十年代又在一部阿尔巴尼亚影片《勇敢的人们》中配一个十二三岁的半大男孩；八十年代再配海因切已经是驾轻就熟了。还有，她配女主角的电视连续剧《安娜·卡列尼娜》和《居里夫人》，也都是我厂的重点片子。

李梓作风稳重，踏实，不显山，不露水，不事张扬，好像也不是很会说话。我几乎不记得她谈过什么像样的配音心得、体会，可她配出来的人物却很贴切。配《猜一猜谁来赴晚宴》时就像个老年知识妇女，配《叶塞尼亚》时就像个带着一股野性的吉卜赛女郎，而配《啊，野麦岭》时就像个农村小丫头。我特别欣赏她配的《音乐之声》中的玛利亚，原片的唱和李梓配的对白衔接得那么天衣无缝，好像就是李梓自己在那里又说又唱，非常精彩。

由于李梓经常配一些大美人，有的人无法想象银幕外的李梓是什么样的，竟问她的丈夫："我看你也挺土的，怎么娶个那么洋的老婆?""她一天到晚那么说话，你怎么和她交流啊?"现在，这些话题已经成为我们聚会时茶余饭后的谈资了。

尚华——兢兢业业地对待每一个角色

我一直觉得，尚华和李梓两个人好像有一种本能：他们看到了银幕上的形象，就知道该用什么样的声音和语气说话。他们没有分析过剧本，没有研究过人物，靠的完全是多年来形成的直觉。

尚华也是我们当中最用功的一个。但是他的用功又完全不同于童自荣，他虽然也用了很大力气背台词，但是他更多的是一直在琢磨怎样吃透人物，贴近人物，直到实录前试戏的一刹那。九十年代初期，我曾邀请他和程玉珠以及剧校的雷长喜等人去河南电视台配一部电视剧《美国寻芳》。雷长喜说："过去在上海多次跟尚老师一起配戏，但是从来不知道他是怎么准备戏的。这次，跟他住一个房间，才知道他有多么用功。每天晚上念台词都要念到深更半夜。一个那么有成就的老演员，还那么兢兢业业地对待每一个角色，真叫人感动。"

过去，我也不知道他一段戏会念上六七十遍，但是我知道，他录戏总是有准备的。在电视台录《血的锁链》时，他有一大段戏，台词又多又快，他没有一遍是说得完整的。那天，恰巧有一个日本代表团来参观，我想不能老让人家看排练，就喊录了。

老尚一气呵成，口型准确，情绪饱满。日本客人不禁热烈地为他鼓起掌来。客人走后，录音师胡师傅说："我真替老尚捏把汗，他一遍都没说对过，你怎么敢喊录！"我说："因为我知道，老尚是人来疯啊。"我这一说，大家都笑起来了。

尚华能把《虎口脱险》的指挥配得那么出彩，也是他超水平用功的结果。"乐队排练"那场亮相戏，我不知道他念过多少遍台词，也不知道他在放映间排练过多少次，我只知道，那几天他的高血压升到过一百九十。他还坚决不许我向领导汇报，说"我好不容易抓到人物的感觉了，一休息，感觉就跑了"。我最后决心自担风险，不向领导汇报，因为我担心，万一领导主张换人，我不是反而"害了"他吗？幸而，顺利地配完了这部戏，什么事也没发生。

我觉得，除了《虎口脱险》的指挥之外，他配得特别出彩的，还有两个角色：一个是《冷酷的心》中的"魔鬼"胡安，那是一个带有江湖气的热血汉子，特别是他那带有嘲讽意味的爽朗笑声，更令人经久难忘；一个是《警察局长的自白》中的罗蒙诺，那是一个黑帮，一个流氓，他说话轻声细语，却令人毛骨悚然。我说过，配坏人，我们的几个男同胞各有各的坏。配流氓应该是老尚最拿手的了。除了罗蒙诺，还有《金环蚀》中的流氓记者，那也是别人无法取代的。

其实他不光配主要角色时用功，戏不多的次要角色，他也照样是兢兢业业地对待。像《卡桑德拉大桥》中卖打火机的波兰犹太老头卡普兰，没有多少戏，却给人留下了极深的印象。再如《奴里》中奴里的父亲，本来是平平淡淡的一个角色，却让他配得很精彩。特别是《巴黎圣母院》中的乞丐王，他那几声"行行好"真是喊得有声有色，这不是在乞讨，而是一位"王者"在得意地"召唤"部下，在给随从下"命令"。

尚华在一九五九年我厂成立导演组的时候，也曾做过几年译制导演。他很善于搞孩子戏，所以后来当我的戏里出现孩子的时候，我就会求他："尚二爷，帮我给孩子排排戏吧。"他总会认认真真去排。还有的时候，我会求他"给于鼎排排戏吧"。他不但替老于排戏，事后还会问我"他的戏录得怎么样"，我说"录得还不错"，他就会点头笑笑。我说"有一场戏录得不太顺利"，当他知道了是哪一场戏之后，一拍大腿说："他妈的！就是这场戏，我没帮他排。"他帮我给演员排戏，无名无利，甚至也没人知道。演员戏好了，是导演的功劳，我也不可能到处去说"这是尚华帮我排的戏"。他可能从来都没想过这件事，但是我却从来都没有忘记他这份情谊。

他也是个备受观众爱戴的配音演员。去年冬天，他心血管堵塞，需要装支架。配音网上的影迷，有的要为他捐助医药费，有的为他祈求平安，网上都是他的消息。他手术成功，网上还作为特大喜讯公布。今年春节，一些外地观众特意从北京、天津、青岛等地赶到上海来探望他。他也算够风光了。

赵慎之——她说我「盗名窃誉」

赵慎之是一九五一年初进厂的。我记得她当时穿了一套棉军装，戴了一顶棉军帽，梳了两根又粗又长的大辫子，真是英姿飒爽！陈叙一给大家介绍说，她是从文工团转业来的。她军人派头十足地给大家行了一个军礼。那就是她给我的第一个印象。

当时我还以为她没结婚呢，她笑着说："我已经有两个孩子了。"谁知她后来的表现跟当初的亮相简直是判若两人。其实她不是"花木兰"，而是"林黛玉"，一会儿这疼，一会儿那疼，又怕风，所以她才四十几岁的时候大家就管她叫"老太"。有一次，一位阿尔巴尼亚文翻译听到大家这么叫她感到奇怪，说"她还很年轻嘛，怎么就叫她老太"，老陈说"这是她小名"。大家几乎笑岔了气，把那位翻译都给笑傻了。

我们两个人的声音很像，戏路也比较接近。有时只说几句话的角色，日子久了，我们自己都会搞不清是谁配的。连长影的同行也常搞错，多半把她配的戏认为是我配的，比如她配的重点戏《广岛之恋》以及她晚年的代表作《望乡》就常被误认为是我的作品。八十年代初，我常到各个大学去讲课，同学会喊："苏老师，来一段阿崎婆吧。"我说："阿崎婆不是我配的，是赵慎之配的。"我回来跟赵慎之说："今天那些同学又以为阿崎婆是我配的了。"她问："那你怎么说的?"我故意气她："我说时间久了，台词都忘了。"她说："那好，以后凡是我配得好的，全算你配的。你配得不好的，就算我配的。"我说："很好，以后就这么办。"所以她总说我"盗名窃誉"。

虽然有的角色，她可以配，我也可以配，不过我们还是各有所长，爱好也不相同。她喜欢配悲剧人物，如《一个人的遭遇》中那个苦命的妻子伊莲娜、《偷东西的喜鹊》中被欺凌的农奴。我则喜欢配个性强的、性格复杂的或者喜剧人物，如《第四十一》中的女红军、《红与黑》中的侯爵小姐玛季德等等。

我们演员组常常在导演名单公布之前就开始议论谁配哪个人物合适，有时还一本正经开会讨论。像五十年代末，有一部苏联片《不同的命运》，讲一群中学毕业生的故事。其中一个叫达丽亚，她美丽、高傲，是众多男生追求的公主，但是很虚荣；另一个叫索妮亚的姑娘纯洁、温柔、善良，却是默默无闻的。大家都认为应该我配达丽亚，赵慎之配索妮亚，可老陈却把我们两人给反过来了。结果，普遍认为我们两个人都配得不错。

还有一次，有一部西班牙影片《索拿大》，讲的是十九世纪农民起义的故事。男主角是个没有革命觉悟的没落贵族——伯劳特敏侯爵(毕克配音)。但他是个正直的人，他帮助了那些革命者。他有个从小相爱的初恋情人，叫康恰，现在是反动的清洗会主席勃兰台苏伯爵的妻子。她病得很重，只想最后见一见伯劳特敏。这是个柔弱、善良、清纯的女子，最后被她丈夫刺死了。大家都以为这应该是赵慎之的角色。老陈又把我们两个的角色反过来了，由我配康恰，赵慎之配男主角以后的情人尼娜巧丽。那是个热情似火，敢作敢为的人物。她救了农民起义军领袖，并鼓励伯劳特敏投奔起义军。这应该是我的戏路。事实证明，老陈这次的安排也还是成功的。

但是，大多数情况下，我们还是会各归原位。例如八十年代译制的《华丽的家族》，就是我配万表家仗势欺人的女管家相子，她配懦弱受气的万表妻子宁子；我配《尼罗河上的惨案》中疯疯癫癫的奥特伯恩太太，她配受苦受难的《望乡》中的阿崎婆。

《广岛之恋》工作之前，邱岳峰猜测道："这部戏大概该轮到你和毕克了。"不过他没猜对。结果是赵慎之和于鼎。

赵慎之"抢了"我的角色，还要我帮她排戏，还说她是"不耻下问"。她知道我会真心帮她。不止这一部影片，她所配的重要角色，几乎都会拉着我帮她排戏。我是属于她的"私人导演"。她为我的无私而信任我，我则为她对我的信任而感到友情的温馨。

但是，她并不是永远这么"谦虚"，有时我配的戏不到位，她也会毫不留情地指出来。例如"文革"中，我配《生的权利》中的黑妈妈，由于声音控制得不好，有的段落不统一。她说："你这部戏配得可真不灵。怎么配成这样？"我也只有老老实实听她的训。

她从没学过外文，可能连二十六个英文字母也认不全。可她在影片中说起拉丁文来，你还以为她从小学过呢。

我们既是竞争对手，也是合作伙伴。这一辈子，我们彼此从没妒忌过对方的成就。努力配好自己的戏，也愿意对方配好她的戏。这是我们两人一直引为自豪的。

传奇人物潘我源

说潘我源是个传奇人物，因为她的出身和她的经历与一般人有很大的不同。她出身于国民党元老的家庭，她的母亲早年曾由国民党派往苏联留学，与蒋经国是同学，回国后也历任国民党内要职。

潘我源的父母很早就离婚了，她跟着母亲生活，可以说养尊处优。可她不安于大小姐的生活，结交了一些有“左倾”思想的朋友。在上海解放前夕，她竟跟电影演员夏天一起投奔了解放区，从此就跟她的母亲失散了。

上海解放后，她与夏天回到上海并结了婚。夏天分配到电影演员剧团；潘我源则分配到了我们翻译片组，担任剪接工作。

她出身国民党高官家庭，可一点也不像个大小姐；她去过解放区，但她也一点都不像个革命干部。她当时只有十九岁，却常常叼一根香烟，说话、处世大大咧咧，笑起来不管不顾，嘎嘎嘎地像只鸭子，所以才有了“鸭子”这个外号。

我一九五七年导演苏联木偶片《美妙的创作》，其中有一个唱女中音的，吵起架来，高声大嗓，不管不顾，我怎么看都觉得这个角色只有潘我源最合适。我知道，小潘在解放区曾经演过戏，她的普通话说得好，人也非常聪明，就向陈厂长提出来要借用小潘来配戏。老陈竟一口同意了，后来还把小潘调来了演员组。

她有她自己的戏路，像《凡尔杜先生》中那个中了头彩的女佣以及《冰海沉船》中那个女财主，没有人能比她配得更精彩了。

崔嵬携《天山的红花》来我厂做后期配音。崔嵬是个大艺术家，我们都非常尊敬他，对他很客气。可小潘对谁都不见外，她抽崔嵬的烟，拍他的肩膀，还指点他哪个角色该让谁来配。崔嵬也只能把她当作老朋友来对待了。

改革开放以后，她跟在台湾的母亲取得了联系。她是母亲的独生女。为了照料已达八十高龄的母亲，她申请离职去了台湾。

她走后，我们演员组的乐队就缺了一把中提琴，就少了一个层次。我们的调色板上就缺少了一种色彩。有一次，我在资料馆译制一部叫《海滩》的影片，讲的是两个女人之间的友谊。一个是出身上流社会的大家闺秀，一个是出身马戏团的下层社会的女孩，一个高贵、矜持，一个俗气、随便，但是她们从小就是特别要好的朋友。前者我是请刘广宁来配的，后者我找了曹雷。我跟曹雷说："这个角色应该是小潘的。现在小潘不在，我只好将就你了。"

她刚回台湾不久，我曾写信给她，说她"兜了一圈，又回到了妈妈身边，人生真不可预料"。她回信说："我永不后悔我的所作所为，那些年我失去很多，也得到很多，那是我一生中最快活的日子。"

现在她的母亲已经过世了，她可以在上海逗留更长的时间了。

刘广宁——观众心中的公主

有一位观众在网上撰文说："从小我们看童话，看王子和公主的故事，但是我们不知道王子和公主长得什么样，后来看了小人书，知道他们长什么样了，可还是不知道他们的声音是什么样的。直到看了童自荣和刘广宁配音的动画片《天鹅湖》，才知道，王子和公主的声音原来是这样的。"有的网友向刘广宁问候时，干脆称她"奥杰塔公主殿下"。我们是八十年代初译制《天鹅湖》的，想不到二十多年后，观众仍不忘情这样一部小片子，真的叫人很感动。

刘广宁来考试的时候我没参加，我是后来听她的录音带的。我一听到她的声音就说："这个姑娘的声音好听，叫她来试试吧。"那时，我正在担任越南片《同一条江》的译制导演，就让她配一个群众角色，觉得她人还聪明，找口型也不慢。之后，胡庆汉的一部什么影片也叫了她，便把她吸收进来了。

五十年代先后进厂的人都没有经验，谁也没想到去向别人学，更没想到去帮助别人。小刘一九六〇年进厂时，仍然没有人想到该去关心她，把自己的一些经验告诉她。她是完全靠自己进棚看别人录戏，自己琢磨着学的。直到七十年代中期，她向丁建华、程晓桦等人传授经验，告诉他们，有空就应该进棚看老演员录戏，我们才意识到，应该带带这些新人。

她从小跟祖母说北京话，没有一点上海口音，音色又极其甜美、动听，特别适合配少女型的角色。这样，就使我们演员组的女声层次更丰富了。只是她进厂不久，一个接一个的运动便开始了。下厂劳动，下乡搞四清，文化大革命，下干校……一晃就是六七年。有些事真的很难说到底是好事还是坏事，从一九七〇年到“四人帮”垮台，原以为我们在为无产阶级司令部提供国际阶级斗争的参考，为样板团提供艺术上的借鉴，直到“红都女皇”事件以后，才明白，我们不过在为“四人帮”等少数特权阶层的人唱堂会。但是，话说回来，这六七年，我们还是译制了许多既有内涵又有艺术性的影片。这些影片锻炼了我们的队伍，使我们这些老演员没有把业务丢生；而像刘广宁、伍经纬、杨成纯这些进厂不久的新人，在这个时期，则完全成长起来了。

“四人帮”倒台以后，许多内参片上演了，小刘配的《魂断蓝桥》（配玛拉）、《叶塞尼亚》（配露易莎）、《冷酷的心》（配莫尼卡）纷纷与观众见了面。她所配的那些年轻、靓丽的角色，一下子就赢得了观众的喜爱。她像一颗新星冉冉升起，也为上译厂争得了荣誉！有些来我厂进行后期加工的国产片，往往点名要刘广宁为他们影片的女主角配音，例如《沙鸥》、《胭脂》、《少林小子》、《天山行》等等。

八十年代，是上译厂的辉煌时期，也是刘广宁的辉煌时期。她担任女主角配音的《生死恋》、《绝唱》、《白衣少女》、《苔丝》等，由于这些影片都有着凄美的故事情节、生死不渝的忠贞爱情，配的人物又都是她最擅长的纯情少女，几乎部部都引起了轰动。

当然，作为一个演员，不应该仅仅能配与自己本色相近的角色，她还能配男孩，如《鹿苑长春》中的男孩。《父子情深》中的男孩，好像也是她吧。我觉得，最能证明她是一个好演员的，是她配的《尼罗河上的惨案》中的杀人凶手杰姬。她为了找到杀人时的凶狠感觉，时刻在揣摩，有一天，竟在吃饭时眼露凶光地大叫了一声，那样阴森、恐怖，把她的丈夫和儿子都吓了一跳。

她也是收到观众来信最多的一个，我总见她把沙发扶手当写字台，给观众写回信。那时是我们演员组人丁最兴旺的年月，包括几个导演在内一共有二十八个人。我们大小四个房间也摆不下那么多的写字台，因此多半是两个人合用一张。她是跟我合用的。她见我经常要修改剧本，又要写录音计划，又要写演职员表，常常是摊得一台子，所以她从不肯来用写字台，只要了一个抽屉，装装东西。

常常有人提出，配音演员能不能超越原片？我觉得刘广宁的两个例子就很能说明问题。一个是她为江苏厂生产的影片《小路》配音时，剧中的女演员只是按导演要求把头低了下来，没有任何表情，小刘一面低头一面加了一声轻轻的叹息，马上就显得有戏了。江苏厂的一位工作人员说："刘广宁给她加了这声叹气，显得她的戏好像多么深沉似的。其实她什么都没有。"还有一次业务总结时，她谈到自己配的是个美丽、温柔的女孩，应该用好听的声音来配，原片的演员声音沙哑，那是演员本身的缺点，跟角色没有关系，所以不应该去学她。我认为，小刘是对的。我们要还原原片，是还原它的主题思想，还原它的风格样式，还原它的人物特点，并不需要还原影片的欠缺。

记得"四人帮"刚倒台不久，演员组开了一个制度改革的会。会上，刘广宁提出一个方案，她说："以后由我们自己选片，译制完成以后，也在属于我们自己的影院放映，由我们自负盈亏。"当时，大家都笑她："你做梦去吧。"然而今天看来，并不完全是做梦啊，也许今后我们国家进一步开放了，她当年的这套方案就有可能实现了呢。甚至我还在想，我们不但要自己选片，而且我们还要在世界上各个电影大国安置我们的情报员，了解他们已经拍好或者准备拍摄的影片。挑选票房好的以增强我们的经济实力，挑选艺术上有成就或者有创新的影片，以提高我国观众的鉴赏力，并使我国文艺界有所借鉴。而我们的影院也要建到世界各国凡是有唐人街的地方。也许我更像"痴人说梦"吧!?

六十年代进厂的一班人

和刘广宁先后进厂的还有伍经纬、杨成纯、严崇德、戴学庐等人。

伍经纬是当年从唐山工厂招来的一名工人，大概初中文化吧。但是他非常有天赋，也非常用功，书看得多，涉猎的方面也广，所以我说他也可称为我们演员组的一名知识分子了吧。他来厂不久，就受到了陈厂长的器重，被内定为培养的“尖子”。他曾配过多部影片的男主角，如《鬼魂西行》、《松川事件》、《中锋在黎明前死去》、《瞎子带路人》等等。十年内乱时期，他参加过造反派，之后心理上便总有些阴影。“四人帮”倒台后，他便没怎么配戏了，改行当了译制导演。他执导的影片有《大篷车》、《古堡幽灵》、《寅次郎的故事》等，以及跟我合作导演的《雾之旗》。

他长期坐在我的对面，是跟我比较谈得来的朋友。而且，就是他鼓励我写文章投稿的。可惜后来，他由于多次中风，话也说不太清楚了。前些天，他妻子还打电话来，说他想念我和赵慎之，他现在行动不便，希望我们去看他。我已经跟老赵说好了，天暖和点，就去看他。

杨成纯是上海电影学院一九六〇届的毕业生，和严崇德、孙渝烽都是同学。小杨刚进演员组的时候，觉得自己的语言有上海口音，每天都要读一两个小时的报纸或者散文，他还要“抓”一个人来帮他纠正语音语调。一般来说，他“抓”到谁是谁，可他常常都会“抓”到我。

他看书看得极快。我每看一本书，他都要借去看，我说我要还人家了，他说只看一个晚上，果然，第二天就还来了。我说“你只看了开头和结尾吧”，他说当然全看了，不信，你考我。我真的考过他，他确实全看了。

我觉得他特别善于配那种“不思进取，游戏人生”的角色，例如《金环蚀》中流氓记者的弟弟和《华丽的家族》中的银平。

我不记得是在《啊，军歌》还是《啊，战友》中，有一个日本青年在街头卖唱，是由小杨重新配唱的，他不但用日文唱，而且唱出了那种无可奈何的嘲讽的味道。他根本没有时间练习，也不懂日文原意，只是由翻译赵津华告诉他字音，他就凭看原片时的感觉来唱。如果说童自荣的风格是艳阳高照，华光四射，施融则是茵茵绿草，融融春意，而杨成纯就是秋雨梧桐，点点滴滴。

他配戏有灵气，《追捕》中的矢村警长，至今被人称道。在《少林寺》中，我请他配唐王李世民，有一场男扮女装的戏，他问我“要用女声说话吗”，我说那当然。一帮“坏小子”听到了，录音的时候都拥到了棚里来，想看小杨出洋相。他说“这么多人在棚里，我怎么配呀”，我只好把那帮“坏小子”都赶出去了。

八十年代我厂的几部大戏，多半是我跟他一起导演的，如《金环蚀》、《安重根击毙伊藤博文》、《啊，野麦岭》等等。我们合作，总是我搞前面一半，他接下去搞后面一半，合作非常默契。

那些年，我有一个毛病，常常是工作时神气十足，可一旦工作结束，哮喘病便会立即发作。那次录《金环蚀》，上午刚录完我的班次，下午小杨一进棚，我的哮喘病便发作了。伍经纬说：“你天生是劳碌命，所以不许你回家，我们陪你打牌。否则你回家一躺下，便又起不来了。”他还把这叫做“体育疗法”。

小杨当厂长的时候，我就已经退休了。

他去美国后，就再也没跟我联系过。

配音王子童自荣

童自荣"文革"中毕业于上海戏剧学院，一九七三年和程晓桦一起分配到我们厂。据说，童自荣还是自己要求来译制厂的。

小童刚来厂时，他在上戏学的读词方法并不适合配音的要求。演话剧要把台词送得远，得让最后一排的观众听到，而配音离话筒很近，不需要特别用力，只要像生活中那样放松地说就行了。因此他说话又变得含混其词，不敢点送。经过几年的磨炼，他终于掌握了配音读词的分寸。"文革"后，《未来世界》一炮打响，随后他又配了法国片《佐罗》中的佐罗、《黑郁金香》中的黑郁金香，英国片《水晶鞋与玫瑰花》中的王子，日本片《绝唱》中的少爷（三浦友和扮演）……这一连串神奇、俊美的形象，使他们的中国代言人童自荣也获得了广大观众的青睐，特别是一些少男少女，简直把童自荣当成了心中的偶像。我们厂门口传达室的信插里，属小童的信最多，而且，多半是中小学生的笔迹。

他的声音非常漂亮，也很突出，因而，戏路也受到了一定的限制。但是这也不等于说，他就只能配佐罗一类的角色。他为李连杰配音的《少林寺》

中的觉远，就丝毫也没有佐罗的痕迹。另外，他在《砂器》中配的钢琴家和贺英良，在《蒲田进行曲》中配的银四郎，也都和佐罗相距甚远。不过，小童确实需要一个好的导演来帮助他贴近人物。

在我们演员组，童自荣恐怕是最用功的一个了。就连一段戏要念上六七十遍的尚华，可能也不是他的对手。我们准备戏，一般大概准备到六七成，进棚以后，在排练时，再抓一些即兴的东西。这样，配出来的戏，会比较活。但是，小童从进棚开始，台词就一个字也不会错。他不管是等待开会还是等待看电影，只要有点闲空，都会看剧本、念台词，几十年一贯如此。

他还有一点也给我留下了很深的印象。一九八九年，我和曹雷接手一部上海电视台的系列剧《快乐家庭》，由童自荣、王玮和杨晓三个人担任主要配音演员。小童不太有喜剧细胞，出戏也比较慢，而杨晓来自上海滑稽剧团，自然对喜剧台词敏感。在录音过程中，杨晓看到小童一时未能领会我的要求，就忍不住指手画脚地教起他来。开始我还挺担心，怕小童面子上下不来，因为八十年代初，小童就是闻名全国的配音演员了，而杨晓不过是进厂不久的晚辈。可没想到，小童竟不羞不恼，而且，认真地照他的话做。这就是一个人的戏德呀！

小童还是一个完全不会审时度势的书呆子。“四人帮”刚倒台不久，我们厂开全厂大会，准备成立工会。他居然站起来说：“工人成立工会，那么，职员就不能成立一个职员代表大会吗?”后来我就常常以此取笑他，管他叫“职代会”。以至于后来的一位支部书记问我：“老苏，你为什么管小童叫职代会呀?”他听后，也不禁笑了起来。

其实，小童想成立一个职员代表大会，也没什么不对。不过，那时知识分子被看作“臭老九”的极左思潮尚未完全清除，他提得不合时宜而已。

他不大与人交往，一天到晚就生活在自己的角色里。记得有一次，我在写字台上摆了一碗番茄，他问："这是谁的?"我说："是我的。你吃吧!"他拿了一个吃。大家居然说："老苏，你好大面子啊。"

二〇〇五年，他退休了。不断有人请他参加一些晚会，做主持人或者演出节目，他生活上比从前充实了，经济上也比过去改善了。照道理，他完全可以不必再去关心译制片的事了。可他却始终心系译制片，痴情不改，念念不忘继承陈叙一的事业，续写译制片的辉煌。真不知道该怎么说他，是该说他"执着"呢，还是该说他"傻"呢?

我的忘年交施融

天底下的事真的很怪。我对很多年轻演员进厂的情况，都记忆犹新，像一九六〇年进厂的刘广宁、和施融同时期前后进厂的王建新，以及随后来的盖文源、杨晓等等，可是对于我特别欣赏的施融，在我请他配主要角色之前，记忆中却是一片空白。我完全不记得，我是在他配的哪部影片中发现他的潜力，决心使用他的。

我只记得我跟他的合作是从日本片《砂器》开始的。毕克配警官今西，小施配年轻警察吉村。两个人对案子同样执着，同样富于智慧，但是一个老到，一个稚嫩，搭配得异常精彩。吉村这个人物没有多大难度，但是小施语言流畅，声音放松，对老警察有着后辈的谦恭，很好地完成了任务。于是，我在我厂当年的重点片《雾之旗》中再次推荐他担任主角。厂内鉴定《雾之旗》时，陈厂长说小施“一听就是苏秀在那配音”。小施听了很难过，觉得自己的戏没配好。我告诉他：“老陈其实不是对你，而是对我的。他可能觉得我太逞能了，这样一个重点戏，敢用新演员。”但是我认为，他也不过嘴上说说而已，实际上他还是很欣赏施融的，以后不是让他配了一系列的主角吗？说不定他暗中也欣赏我用人大胆呢，不然他为什么要批准我的演员名单呢？

接下来，小施又配了我担任译制导演的印度片《奴里》，由他和程晓桦分任男女主角。那是一部比较简单的戏，善恶分明，好人坏人一目了然。但是，故事缠绵凄恻，有纯洁的爱情，有悲惨的死亡，还有印度歌舞，说不定会有很好的票房，配音演员也可以跟着提高知名度。正是应该给新演员的好机会。事实证明我料想的不错。《奴里》被选入世界译制经典系列，施融也常把它列为自己的主要作品。

八十年代初，电影局要求没有高中文凭的职工一律要补习高中文化，并考出高中文凭。小施他们几个部队转业的，因为早早就参军了，都没有念过高中。那时我就说："别人都是为了文凭在念书，只有施融对学习本身感兴趣。"他果然在全局考试中取得了第一名。随后，他又马不停蹄地去读成人自学高考的科目。他在东北时曾得过肝炎，身体检查发现他有复发迹象。医生建议他减少工作，停止一切业余学习。我去看他，说："让你全停下来，你一定无法接受。今年原打算考五门，就考一门吧。"他高兴地说："还是老苏了解我。"

有一次，我们一块去参加一个业余的配音工作，那部片子剧本翻得很差，口型不对，意思也不清楚。他看我做本子做得十分辛苦，就劝我说："你不是说这是一部破戏吗？那你干嘛还那么认真，一丝一毫也不肯马虎？"我说："我一辈子这样干惯了，我不会捣糨糊，要那样，别人不难过，我自己难过。"后来录音时，他的一段戏我已经喊"过了"，可他要求"再来一次吧"。我说："你不是问我干嘛那么认真吗？你又为什么那么认真呢？"他说："既然干了，总得对得起自己的良心吧。"

我欣赏他，并不完全因为他是个出色的配音演员。实际上，我们的性格非常相像，都特别好强，特别勤奋，无论做什么永远不肯马虎。所以，不光是我欣赏他，他也是欣赏我的吧？因而我们会成为好朋友。

还有一次，他去参加业余配音。分稿酬时，一个朋友多分了他一些钱，并嘱咐他不要跟别人说。他打电话给我，说他不想多拿那些钱，更不想对别人撒谎。我被他对我的信任深深地感动了，这是对我人格的信任啊。我说："你打电话给我，就算向上帝忏悔过了。'上帝'决定，你拿着吧。你如拒绝，那个朋友该怎么下台？今后还怎么一起工作？"

他业务上一日千里，主角一个接一个，像《蒲田进行曲》中的安茨、《希茜公主》中的弗兰茨皇帝等等。不光厂内的，还有外面来加工的，如《马可·波罗》中的马可·波罗、《华罗庚》中的华罗庚。

他还是一个很有情趣的人。每到春天，他的写字台上就会有一长溜装着水的玻璃小药瓶，每个瓶里养着一棵月季花的枝条。等到枝条被剪下的伤口长好了，再埋到沙子里，等它的根上长出须子来，这棵月季就算成活了。那时我们演员组的阳台上，经常摆满了五颜六色的月季花。有一次，我们一起到电视台去工作，看到电视台的花坛里有一棵黑紫颜色的月季，非常少见。我们说下次一定带把剪刀来，挑一朵开得最饱满的花，剪下它的一小段。可惜后来就把这事忘记了。

一九八四年我退休离厂，随后在上海电视台译制部担任客座译制导演，有时也在上海音像资料馆担任译制导演。这时，施融又成了我导演的影片中男主角的首选，如电视台的法国连续剧《缉私行动》、根据狄更斯同名小说改编的英国连续剧《尼古拉斯·尼克尔贝》。在后面这部戏中，他和曹雷配一对老妻少夫，还互相说些令人肉麻的甜言蜜语，把在录音间操作的录音师们笑得前仰后合，肚子都笑疼了。

在资料馆，我们合作译制了好几部好莱坞名片，如《飞越疯人院》、《后窗》、《普通人》、《卡特琳娜·兰姆夫人》等等。

一九八六年，他去美国留学，我真感到失去了左膀右臂。常常遇到一些角色，我就会说，要是小施还在就好了。可我从来没想过，他有一天真的会回来，真的还会和我们一起配音。

他出国十八年，我们从未中断过联系。国内电影界或者我们厂有什么大事，他还会第一个打电话给我。但是联系又特别频繁起来的原因，则是由于一年多以前，有很多观众怀念起八十年代的一些老片，也怀念起一些老配音演员。这引发了我们久已埋藏心底的译制片情结。我们兴高采烈地谈论着再一起工作的可能。我忘了自己的年龄，忘了自己的病，一心盼望着他早日回国，一心盼望着我们十八年后的重逢。

居然就有这样的巧事！中央台正好有一部连续剧《基因之战》找我们配音。于是我们集合了曾经一起工作过的二十几个老朋友，重温了一把话筒前的旧梦。当我重新坐在录音台前，指挥着我昔日的伙伴进行工作时，我心中溢满了欢乐，我们终于在录音棚中团聚了！

施融看到一些老朋友录音的速度非常快，就私下里跟我说："如果我不出国，我会是最快的。"我说："现在你也是最快的。"他还是那么要强，一点也没变。

二〇〇四年的夏天，我实现了我的一个最美丽的梦想。我的仲夏夜之梦啊！

我对小施说："这就是我最后的晚餐了吧。"得此足矣！

曹雷——人活一辈子，她活两辈子

人说我是“工作狂”，甚至说我“自虐狂”，退休了不会享清福，自己给自己加压，不仅去背诗词，到了七十五岁高龄还要去学电脑。但是我跟曹雷比起来，就完全是小巫见大巫了。她能一心两用，一边在候场室等着录戏，一边修改剧本。要知道，候场室并不十分安静，既有话筒里传出来的录音棚里的声音，也有候场演员说话的声音。而修改剧本，是要根据口型长短，在翻译初稿的基础上重新组织台词的，需要高度集中注意力，是个非常需要花费脑筋的工作。在这种场合下，她还能修改剧本，真得有点本事。

正由于她精力充沛、勤奋好学，所以她的知识面比较广，她的机会也比较多吧！

曹雷一九六二年毕业于上海戏剧学院。她还没毕业就被上影借去拍《金沙江畔》，扮演女主角珠玛公主。毕业后分到上影演员剧团。一九六四年，她在影片《年青一代》中扮演林岚，这是个为了支援边疆而放弃了考大学的理想主义人物。今天看来，你也许觉得她太傻、太不可信，可那个时代确实有这样的人。上影有一位故事片的导演，亲自送他的女儿去新疆。在火车开动的一刹那，大概对从未出过远门的小女儿万分不舍，他一面追着火车跑，一面哭着喊道：“你要红在边疆，专在边疆。”他完全是自愿的。那时，大家的信仰是真诚的。

“文革”中，曹雷曾借到我们厂配过一部电影《罗马之战》。那是我们初次合作，在银幕中争斗得你死我活，但在银幕外，我们却从此成了朋友，直到今天。

八十年代初，她得了乳腺癌。开刀之后，由于体力的关系，她觉得自己不再适合搞故事片了，就打报告调来了我们厂。她这一步棋走得真是高明。她文化水平高，戏路宽，能导能演，在译制厂如鱼得水，得以充分发挥她的才智。

她到译制厂以后，配了大量的影片：《我两岁》、《啊，野麦岭》（续集）、《阳光下的罪恶》、《蒲田进行曲》、《爱德华大夫》、《最后一班地铁》等等。而《非凡的艾玛》、《国家利益》则可以算她的代表作了。

她也导演了很多译制片，最出色的有《斯巴达克思》。在这部影片中，由盖文源配斯巴达克思，刘广宁配瓦列尼娅，富润生配元老院首席元老革拉古（由查尔斯·劳顿扮演）。那也是富润生配得特别精彩的一个角色。乔榛配罗马共和国统帅克拉苏将军（由劳伦斯·奥利弗扮演），配得也非常出色。

她还导演过苏联版的电视连续剧《战争与和平》，由邦达尔丘克扮演彼埃尔，乔榛配音。丁建华配娜塔莎，杨成纯配安德烈亲王。

还有一部鲜为人知的作品，六集的英国电视连续剧《是，大臣》。我觉得这是一部拍得极好的作品。它把英国上层政治中的腐败、官僚习气，揭露得体无完肤。真是嬉笑怒骂，皆成文章。

由尚华、乔榛、杨晓配音的《是，大臣》也配得非常到位，我认为这也可以说是曹雷担任译制导演的一部精品。

曹雷于一九九六年退休。退休后她反而比在厂里时更忙了，演话剧、朗诵、做配音导演、配音、主持晚会……日程永远是排得满满的。我说她“开始了人生的第二春”。

就在我们的老厂长陈叙一落葬的那天，她上午来参加老陈的落葬仪式，当天晚上就要乘夜车去北京，第二天就要开始为国产电视连续剧《牛虻》做本子（因为牛虻用的是乌克兰演员，说的俄文，所以要像搞译制片一样对口型，修改剧本），我已经觉得她的安排够辛苦了，可万万没想到，人家下午还要去录一个纪录片，她说：“是道临找我的，我不能回绝。”

除此之外，她还要每年挤出一两个月时间，出国旅游，想把她在外国影片中接触到的地方，都去亲眼看一看，真叫人羡慕啊。

七八十年代进厂的一班人

童自荣、程晓桦从上海戏剧学院毕业，一九七三年分配来我们厂。丁建华、翁振新、施融、王建新则是部队转业考进我们厂的。另外，孙渝烽和乔榛本来都分配在电影演员剧团，后来调进我们厂。八十年代初，程玉珠、曹雷又由故事片厂调来，杨晓、盖文源是随后考进来的。周瀚是什么时候调来的我已经不记得了。我们那时真是人丁兴旺啊！演员最多时竟达到二十八个人。

我特别记得盖文源来考时，是我代表招生组写的推荐信。我说他“口齿清晰，语言标准，声音好听，既有厚度，又有亮度”。他进厂后，很快被重用，配了《少林寺》、《汤姆叔叔的小屋》等影片。我说他：“小盖，将来戏配多了，名气大了，可别忘了今天进厂的不易啊。”他说：“那怎么能呢？我如果那样，也对不起你呀。”可他后来确实变了，迟到，酗酒，糟蹋了自己。据说他现在住在一个社会福利院，靠社会救济为生。我不知道他当年究竟为什么被厂里除名，尽管他有很严重的缺点和错误，可我觉得厂里也还是应该关心他，使他能享受到起码的医疗条件和最低的生活保障。

翁振新、杨晓都是各具特色的配音演员。小翁配的喜剧人物——《虎口脱险》中的德国军官阿赫巴赫，没人能比他更精彩。“审讯”那场戏，如果没有阿赫巴赫又蠢又自以为精明的表演，将会多么逊色啊。

杨晓的台词生动、自然，特别生活化，配戏反应又快又有喜剧细胞，正是大有可为的时候。他和尚华、乔榛合作配的《是，大臣》流畅、深刻，达到了很高的境界。可不知为什么，他们一个个都离开厂了。

注重学习的孙渝烽

孙渝烽一九六三年毕业于上海电影专科学校，和杨成纯、严崇德都是同学。当年是分配到电影演员剧团的，一九七一年因为我厂搞内参片缺人被借到我们厂，后来就留了下来。

因为他的语言有些南方口音，配戏受到一定限制，因此配的主要角色不多。他就把主要精力放在译制导演方面了。他认识到要想能准确地理解原片，还原原片，就必须尽可能多地阅读与影片有关的资料，不但接到译制任务的时候要学，更应该注重平日的积累。例如，他在译制《国家利益》的时候，就特地去阅读了法国原国外情报和反间谍局处长勒鲁瓦的回忆录。他说："虽然汤加共和国是虚构的，但是影片中所揭露的类似勒鲁瓦的那帮人却是真实的。"并进一步体会到了为什么影片要采取新闻纪录片那样的纪实风格。

小孙说他在译制《拿破仑在奥斯特里兹战役》时，虽然拿破仑的几本传记帮助他了解了拿破仑一生的主要政治、军事活动，可是他平时阅读的那些描写法国大革命的文学作品，却使他触摸到了那个时代的时代气息和社会风貌。

小孙曾跟随陈叙一导演过译制片《简·爱》，协助孙道临导演过内参片《春闺泪痕》，与我合作导演过《砂器》以及《望乡》、《冰峰抢险队》、《悲惨世界》等等，有三百部之多。

他还是个很细心的人，在导演《哑女》时，有人认为哑女反正不会说话，怎么配都一样。可小孙认为，哑女的“哦哦啊啊”都代表了她丰富的内心感情。所以他在剧本上把哑女的每一声“哦哦啊啊”都注上了潜台词。正是这些明确的导演提示，帮助演员赋予了这些没有语言的声音以丰富的内涵。

他于二〇〇〇年退休，退休后的生活似乎更丰富多彩了。他拍了二十余部集的电视与电影，在《二十八个保姆》中演教授，在香港片《急速档案》中演国际毒枭，在《相煎上海滩》中演国民党警察局长，在《故事2000》中演区委书记……除此之外，他还在东海大学表演系担任系主任；与赵兵、刘安古、过传忠、陆澄等一起，在上海图书馆组织了艺术家朗诵沙龙和业余朗诵团；有时还帮助电影家协会和影评家协会做些工作。余热可以说发挥得淋漓尽致了。

沈晓谦——灵光一现的过客

沈晓谦是我退休后，一九八六年才进厂的。是曹雷把他和任伟带到了我家，告诉我，他们都是中央戏剧学院毕业的，以后有机会，可以找他们配配戏。

我第一次跟晓谦合作配戏，是曹雷导演的法国喜剧片《糊涂警官》。他人很精明，长着一张娃娃脸，很俊朗。真没想到他能配那么一个糊涂人，而且，把那个警官的糊涂配得那么自然、那么到位，真让我惊异于他塑造角色的能力之强。

他配戏的感觉很像邱岳峰，节奏感也是那么强，跟他一块配戏不必特意去抓口型，你只要也跟着原片演员的呼吸节奏走，自然地去接他的话，口型就肯定是对的。此外，他配的人物，也像老邱配的人物一样传神，一样鲜活。

此后，我总是找他配一些难度特别大的角色，如我在资料馆译制的《孽魂镜》的男主角，《刺杀肯尼迪》中的同性恋者，他则总是笑笑说："苏老师又要考我了。"

我在电视台译制的一部美国片《别人的钱》（又译《他人之财》），其中的男主角之一是格里高利·派克（林栋甫配音），还有一个男主角叫嘉菲尔，由丹尼·德维托扮演（沈晓谦配音）。嘉菲尔五短身材，比所有女演员都矮半个头，可他特别自信，是个极其精明的资本家。他不讲道德，不讲信用，是个不守任何规矩的无赖。他爱钱，而且特别爱别人的钱。但他又是个痴情的男子，竟然爱上了对手派来与他谈判的女律师——凯蒂（金琳配音）。半夜里，他打电话给凯蒂，又是给她拉小提琴，又是给她唱情歌，尽管荒腔走板，他的热情竟然引得凯蒂也跟他一起唱了起来。

这个人物，我觉得非沈晓谦莫属，为了等他，我甚至要求译制部推迟了录音时间。我真是没有白等他，他配得那么活灵活现，把整台戏的光彩全都抢走了。他不仅充分做了准备，还对台词提出了修改意见，我已经很久没遇到这样认真对待剧本的人了。我感到非常欣慰，我们当年大家一起推敲台词的好传统，终于有人继承了。这个角色在影片中有一大段演讲，我原来给他分成了十几段，可他说“不用分了，一块录吧”，一面把剧本拆成了一页一页铺满了一台子。如果是别的演员提出来，我肯定不会同意，因为那么长的台词要一字不差一口气背出来就不容易，何况还有许多情绪上的转换。可我知道，晓谦没有把握不会这么提，既然如此就不妨试试吧。真没想到，一大场戏录得酣畅淋漓，台词准确无误，口型严丝合缝，情绪的转换自然、到位，真是精彩之极！林海当时在棚里看晓谦录戏，也被震惊了，至今仍对他赞不绝口。魏思芸告诉我，当时在录音间的一些人，听他录完这段戏都情不自禁为他鼓起掌来。

晓谦的另两部佳作，都是在音像资料馆录制的。一部是《我的左脚》，讲一个瘫痪青年，除了左脚，哪都不会动，由丹尼尔·戴-刘易斯扮演，他因此获得了第六十二届奥斯卡最佳男主角金像奖。晓谦为了找到他脸部肌肉僵硬因而说话费劲的感觉，在家里一直对着镜子，发出野兽般嚎叫的声音。那时他的妻子刚好怀孕，埋怨他说："人家怀孕，要看漂亮的图画，要听优美的音乐，你一天到晚竟做这么丑陋的怪样，发出这么吓人的声音，不知道将来生出来的孩子会怎么样？你还是到外面去练吧。"

另一部是《闻香识女人》。晓谦配的是个盲人中校，原片由艾尔·帕西诺扮演，他也因此获得了第六十五届奥斯卡最佳男主角金像奖。晓谦把人物的痛苦、渴望、愤怒都充分表达出来了。他和林海的合作也对这部戏起到了锦上添花的作用。以上两部影片都是曹雷担任译制导演的。像晓谦、邱岳峰这一班人，既使他们配的人物充满魅力，提高了配音艺术的档次，也为铸造上译厂的品牌出了力。

大概是九十年代初吧，晓谦做了厂长助理，曾经想请我回厂导演一部译制片，但是我因为种种原因没有回去。尽管我没有接受他的邀请，可我依然感受到了他对厂、对译制片的一片深情。这更使我觉得他不仅像老邱一样才华横溢，对事业也像他一样痴迷……然而，他却在三十几岁的当打之年离开了厂。据说是因为父亲生病，需要他回去照料他们家开的工厂。

去年春节，他们夫妇回沪探亲时来给我拜年，我说："晓谦不做配音演员，实在太可惜了。"他妻子马上接口说："他自己也觉得太可惜了。"晓谦表示："苏老师，你要搞戏，我随叫随到，一分钱的稿费都不要。"既然如此，他又为什么要离开呢？*

---

* 二〇一二年注：据说，他和第二任妻子又离了婚，和青年时代的女友去了加拿大，大概再也不会回来了。

大器晚成的林栋甫和少年成名的金琳

当年因老伴生病，我们一起住到了杭州女儿家去。我女婿来上海出差时，林栋甫还特意请他吃了一顿饭，说："爸爸妈妈在杭州，姐姐、姐夫受累了。"好像他真是我的儿子一样。

林栋甫是属猴的，去年是他的本命年，他已经四十八足岁了。因为他一直称自己是我儿子，所以我想我该给他买一条红短裤，尽我这个做"母亲"的责任。可他说自己已经买好了，我只好送个花篮，表达一点"母爱"吧。

他出身贫寒，青年时在房修队当过工人，但是他很好学，所以，尽管他可能连初中都没毕业，可是他知识面广，而且多才多艺，会配音，会演话剧，会画画，懂爵士，懂外文……他刚开始学配音时，并不比别人快，可他进步得很扎实。后来他对新参加工作的演员说："一个意见不能让导演提两遍。"他说了我才意识到，给他提出来的缺点，如吐字归音不到位的问题，他都会认真改掉，真的没有让我再提过第二遍。今天，他能够在对台词要求极严格的话剧舞台上占有一席之地，我特别为他感到骄傲。

他来考我们厂时，只有二十二岁，因为他是个漂亮的男低音，招生组一致决定要他。可是那时候（一九七六年），他在大集体，我们是国营单位，不能相互调动。他后来希望我辅导他，我本来是拒绝的，因为他从小生过小儿麻痹症，跛了左脚，既然我们厂不能调他来，那么他也不可能到电台去，学了又有什么用呢？当年，我可怎么也没想到，他不但能演电影、拍电视，甚至还能上舞台演话剧。他一次次地来找我，有感于他的执着，我想既然他这么喜欢这一行，就收下他吧。我也跟他说："万一将来有机会的时候，就不会后悔——当年没有坚持学下去。"就这样，每隔一两个星期，他念一篇东西给我听，我则帮他分析哪些表达得好，哪些不好。其实在我辅导他的过程中，我并不单单是付出者，他也是个很有趣的聊天对手，书看得多，知识面也广，可以一起谈论很多话题。此外，他还会用苏北话学苏北人吵架，用宁波话学他父母，都像相声段子一样会逗人发笑。

这样坚持了八年，没想到，还真的等来了机会。

一九八四年，我从译制厂退休，到了电视台译制部。译制部的负责人黄其积极主张培养一批自己的骨干力量，招考一批业余配音演员。这样，林栋甫的机会就来了。我要求他不许说是我的学生，凭自己的本事去考。当年，金琳就是他的考官。他终于没有白白地学了八年。很快，他成了译制部的主力，配了《神勇飞鹰》、《浮华世家》、《盖布里尔的怒火》等等一大批连续剧中有分量的角色。由于他在配音上的出色表现，被负责《智力大冲浪》的小辰相中，请他去做了节目主持人。从此便一帆风顺，浙江台、福建台、中央台相继请他去做节目，并由此走向了更广阔的影视天地及话剧舞台。这些年，他演了电影《王先生欲火焚身》、《紧急迫降》，电视连续剧《黑冰》、《生死卧底》，话剧《艺术》等等。真可以说大器晚成了。

金琳九岁就到译制厂来配戏了。第一部影片是美国版的《简·爱》

中法国来的女孩阿黛尔。接着又配了《琼宫恨史》中的童年克里斯蒂娜。在“登基”的一场戏中，小克里斯蒂娜忘了演讲词，可她还不肯听从大臣的提示，非要用自己的语言讲下去。在这场戏中，金琳把小克里斯蒂娜好强、倔强的性格都很好地表达出来了，以致配成年克里斯蒂娜的张瑞芳还跟她开玩笑说：“你配得比我好。”后来，在内参片《春闺泪痕》中，她配一个战争孤儿，大概只有五六岁。有一场大哭的戏，由于技术原因，有的地方要用原片，有的地方要金琳来哭。录成后，金琳的哭声跟原片竟衔接得天衣无缝，无论是情绪、音量、音色都浑然一体，没有一丝破绽，就是大人也很难做到的。还有一段戏，由我配音的伊丽莎白领着她到花园里教她认一些花名，那些名字都很生僻，可小金琳一口气全说对了。伊丽莎白忍不住夸她道：“太好了！”那正好也是我想夸金琳的话。

金琳上中学时，还在《姿三四郎》中配过一个小女佣，心中暗暗喜欢上了姿三四郎，黄其叫她“嗲一点”，她说“同学会笑的”。

眨眼间，她中学毕业了。再一眨眼，她复旦大学中文系毕业了，成了上海电视台译制部的专业译制导演。她青年有为，二〇〇〇年，由她担任译制导演，由林海、刘家桢主配的《回首再见他》获得了专家评选的“飞天奖”。那之前，我就已经在她导演的电视剧中为她配戏了。有一次请我们厂的司机小秦，送我去电视台为金琳导演的电视剧配戏。小秦以为自己听错了。追问我：“是你导演，她给你配戏，还是她导演，你去给她配戏?”我说：“当然是她导演，我去配戏呀。”

转眼三十多年过去了，但是，他们都不忘我这个启蒙老师，至今像对待母亲一样对待我，我是有福的。

翻译和录音师，我的合作伙伴

叶琼

我这一生当中，合作过的翻译真是数不胜数，我也不可能一一写到。他们有的已经不在上海了，还有的已经去世。而有些人，则成了终身的朋友。

首先是我的同事，从一九五七年就在一起工作的叶琼。她既能译英文又能译俄文。她可能是跟我合作最多的了，因为有些不是她翻的本子厂里也常常会让她做编辑。她工作认真，作风朴实，她懂的问题，会跟你讲得很透，她不懂的问题，决不会不懂装懂，所以跟她合作，你会感到很放心。特别是在搞突击任务的时候，经常是我们两个人一组，她做编辑，我做口型员，翻译翻好的剧本，由我们按口型修改好，就直接送到棚里去录音了。记得那是在一九六一年，我们译制日本片《松川事件》。整部影片一共二十四本（等于两部电影），为了支持日本共产党的活动，厂里要求我们五天搞好。真的是夜以继日连续作战。我们两个人对着对着口型都睡着了，片子还在那里放着，忽然醒过来看看剧本上，不知道都写了些什么，就像蚯蚓在爬。等到整个影片录完，那些男同胞一个个已经困得等不到回家，就在阳台上横七竖八地睡上了。

她曾翻译过苏联片《不同的命运》、《苦难的历程》、《雁南飞》等，与孙道临、刘素珍合作翻译过《春闺泪痕》、《琼宫恨史》，还独自翻译过《铁道儿童》等内片。她八十年代独自翻译或与人合作的有美国片《苦海余生》、《噩梦》、《非凡的艾玛》、《苔丝》、《尼罗河上的惨案》、《凡尔杜先生》、《水晶鞋与玫瑰花》等等。由她编辑的影片就更数不清了。

她离厂已经二十多年了，有时想起当年翻得不恰当的句子，仍不免耿耿于怀。像《雁南飞》中有一句话说“大雁排成人字形”，她说：“俄文中哪有‘人’字，还是应该按原文译成舰队形。我想起来就觉得遗憾。”

叶琼是同事中一直到她离世都是我密切来往的好朋友。

徐志仁

我们厂还有一位老翻译——法文翻译徐志仁。老徐既能法译中，又能中译法。一般来说，从外文翻译成中文是比较容易的，你只要看懂了外文的意思，用你所熟悉的母语来加以表达，总要方便一点。如果反过来，让你用你不那么熟悉的外文来表达就困难多了。

老徐翻译的《虎口脱险》，真是异常精彩。如果不是老徐的台词翻译得那么有味儿，演员也不可能表达得那么生动、诙谐。他把口型掌握得那么恰到好处，好像口型是为台词而设置的。有人把《虎口脱险》看过无数遍，记住了尚华、于鼎，却不一定知道它的翻译是谁。这真有点不大公平。

我跟他合作的，除了《虎口脱险》，还有讲贝多芬生平的《不朽的情侣》。

我除了在厂里跟他合作，在电视台译制部也请他来翻译过《缉私行动》以及河南电视台委托我们译制的法语片《无辜者》等等。

可惜，他已因病去世了。

赵津华与朱实

他们两人都是七十年代初期借到我们厂搞内参片开始与我们合作的。赵津华生于日本，九岁才回国，又在日本学校读的小学，所以比较了解日本的风俗习惯。而且她又非常聪明，也非常努力，很快就掌握了搞译制片的规律。她曾和朱实一起翻译过很多日本片如《战争和人》、《啊，军歌》、《啊，战友》、《日本最长的一天》等等。

朱实是台湾人，从小到大都是在日本学校读的书，等于半个日本人，是个日本通。

“文革”结束后，我国进口了大量日本片，由我担任译制导演的如《远山的呼唤》、《雾之旗》、《啊，野麦岭》等，翻译的剧本都出自赵津华之手。我们译制《我两岁》的时候，她已经调到香港去工作了。那些天正好碰到她在上海休假，我一听说马上到她家把她“抓”了来，让她翻译了《我两岁》的剧本。那时候他们翻译剧本是没有任何报酬的，完全是义务劳动。

朱实曾翻译了《金环蚀》、《啊，野麦岭》（续集）、《白衣少女》。我到电视台译制部以后，他又帮我们翻译了日本电视连续剧《血的锁链》。

至今，他们二人仍然是我经常来往的朋友。

邹　灵

她是我在上海音像资料馆认识的英文翻译，差不多合作了将近十年。她跟曹雷、黄其合作得也很多，因此我们四个人便都成了朋友。

隔些时，便会在一起喝喝茶，吃吃饭，聊上半天。碰巧我们四个人都是A型血，曹雷说我们可以叫“四A俱乐部”。除此之外，她还是我的朋友中惟一喜爱足球的。有时，我们还会事先预测一下哪个队会赢。可惜我们中国的足球不争气，现在我们都很少看比赛了。

金文江与李建山

他们都是我在厂里合作得比较多的录音师。我有些想法，如果没有他们的帮助，也是不可能实现的，如《天鹅湖》中两个小松鼠和《我两岁》中小太郎的变速录音。虽说都是变速，但是又不尽相同。《天鹅湖》是动画，在不妨碍听清台词的基础上，可以更夸张一些，使两个小松鼠完全区别于人的形象，显得更可爱。而小太郎是个真的孩子演的，既要他变得奶声奶气，又不能使声音失真。这就要录音师掌握好这个分寸了。

还有一次，浙江厂的《胭脂》剧组来我厂做后期配音，由我协助他们。其中的男主角是个年轻人演的，而且还长着一张娃娃脸。他们提出要毕克配音，那时老毕已经年届半百了，恐怕声音不够年轻。我给他们推荐了童自荣，但是他们坚持要毕克。我们厂对外来加工的剧组有个原则，那就是要以他们的意见为主。既然要用老毕，那就得在录音上想办法帮帮他。我和金文江商量，他提出，在毕克刚一出场时，高音加两档，低音减两档，给人一个年轻的印象。但是这样的声音听多了，就会感到失真，所以要逐渐恢复到正常。而这时，观众已经认可了毕克的声音，便不会感到他老了。

阮　敏

我到电视台译制部初期，录音方面缺少一个打点子的人。黄其说阮敏愿意来，问我有什么意见，我说：“我们每天晚上要工作到十点，她有那么小的孩子，能坚持下来吗?”后来我回想，几年的工作当中，她真的是从来没有为孩子的事请过假。她聪明好学，不久，就成了最熟练的快手。有一天，她有事要离开一下午，我赶紧问：“谁来替她呢?”黄其说：“是我。”我说：“你呀？还将就。”她说：“什么话？阮敏还是我带出来的。现在师傅来给徒弟顶班，你居然说还将就。”但是她真的没有阮敏快。小阮已经青出于蓝了。

本来录音都是两个人。一个人控制录音台，一个人打点子。小阮手脚特别快，是第一个独自一人操作的。有时进去个杂声，我说补一句吧。小阮说，不用补，我会把它挖掉。真是只有滴答一声的空当，她就把那个杂声去掉了。

她是一个很泼辣的人，而且不怕得罪人。那时，电视台的录音车间非常小，演员没有正经休息室，就三三两两地待在录音车间里。有时聊起天来，不免忘乎所以，使得录音师连棚里演员的台词都听不清了。有的录音师客气地说一声“大家轻点好吧”，多半没有人买账，但往往阮敏吼一声“轻点”立刻就会鸦雀无声了。

沈　雁

她是电影学院录音系科班出身的。不但技术高超，而且懂戏。我在音像资料馆长期与她合作，真是得心应手。她会和我一块听演员配戏，有时我对演员的某句台词不满意，她也会感到那句话没有说好。我说：“小沈，补一下那个……”还没等我说出是哪句话，她就会说我知道了。我们彼此熟悉对方的习惯，合作异常默契。她称赞我说：“苏老师的录音计划，每个班早早晚晚，不会超过一刻钟。”我之所以能做到这样，因为那时我所请的演员和录音都非常尽责，准备工作也都做得非常充分，录音过程中很少出现意外，所以估算起录音所需的时间来，并不困难。

去年，我为中央台录制《基因之战》时，还特地把她找来。尽管十几年没在一起工作了，但是工作起来仍然那么得心应手，就像昨天还在一起录戏一样。

狄菲菲——天生丽质难自弃

小狄是一九八七年从河南招进来的。她是那年考进来的惟一一名配音演员。那年她二十三岁，风华正茂，前途正一片光明。

一九八八年，我和曹雷借厂里的棚录一部美国系列片《快乐家庭》，请小狄配一个十岁小女孩 DJ。片子录好后，她受到了广泛的称赞，各剧组纷纷找她配小孩。她还向我抱怨："都是你们让我配 DJ，现在人家老找我配小孩，有大人戏也不让我配。"不过她嘴上这么说，我看她心里还很有几分得意呢。

后来，我看了她配的《合法婚姻》，很为厂里找到了一个可造之才而高兴。菲菲嗓音甜美、清纯，正可做刘广宁的接班人。从八十年代末到九十年代末，这十几年中，单单主要角色她就配了一百多个，其中不乏各国的名著、名片，如《看得见风景的房间》、《早安，巴比伦》、《意大利人在俄罗斯的奇遇》、《山鲁佐德的一夜》、《纯属巧合》、《总有骄阳》、《侏罗纪公园》、《战地之恋》、《ET 外星人》、《隔世情缘》、《千年痴情》等等，这个名单实在太长了。

但是，世事无常，一向爱惜人才的老厂长陈叙一于一九九二年去世。二〇〇〇年，一些老导演先后离厂，尽管菲菲在业务上更成熟了，却一下子落入了无人理睬的境地。但是她生性平和，既不争也不吵，厂里没戏配，只好到外面去发展，因此她几乎成了内地和港台所有大腕的代言人，巩俐、徐帆、江珊、周迅、林芳兵、林心如、吕丽萍、沈丹萍、叶童、赵雅芝……写下这一长串人名，我觉得这些人不仅在年龄上有很大差距，像林心如、周迅还是青年人，而吕丽萍、沈丹萍等人恐怕已经是人到中年了。尤其令我感到难能可贵的是，这些人的个人气质和她们的戏路，更是千差万别，能够做她们所有人的代言人，就必须贴近她们每一个人，贴近她们不同的气质，不同的读词习惯……这证明了小狄塑造人物的能力更进了一步。

前不久，在上海大学艺术节上，小狄为同学们表演了怎样配男孩子。她先用自己平时说话的口吻说了一句“你好”，又用孩子的语气和嗓音说了一句“你好”，再用男孩的口气说了一句“你好”。她的表演那么清晰、到位，发音技巧的掌握那么炉火纯青，引起了同学们一片惊叹和掌声。

此外，她还做配音导演，参加诗歌朗诵，主持各种晚会……

她是一朵花，总要绽放。天地本来是很宽的。

现在她已从上海戏剧学院研究生班毕业，成了第一个有硕士学位的译制导演和配音演员。

3

我的每一次 “人生”
——我扮演的角色

塑造角色最多的演员

大多数演员都想塑造更多的角色，也都想开拓更广泛的戏路。就这一点来说，配音演员占尽了优势。即使只算主要戏，配音演员每年平均也能配到二三十部片子，十年就是二三百部，配的人物更是林林总总。邱岳峰当然是个百变金刚：小偷、奸商、神甫、幻想者、以“杀人”为业的凡尔杜先生、风度潇洒的白军中尉、怪癖的英国绅士罗杰斯特……真是洋洋洒洒，不胜枚举。毕克逝世的时候，我曾写过一篇纪念文章，标题借用了老舍先生赞扬赵丹的两句话——“装龙像龙，装虎像虎”，这样形容他在配音方面的成就，是一点也不过分的。毕克是高仓健的中国最佳代言人，他也是为格利高里·派克配音的最佳人选，神探波罗恐怕没有谁比他更合适了，他还是众多影片中的情人角色——《琼宫恨史》、《鸳梦重温》、《傲慢与偏见》等等，足有一长串。当然，他也能配老实巴交的小人物和无耻政客。李梓也是扮演人物最多的一个。她配过无数美女，如艾斯美拉达、阿依梅、林奈特、夏子，她还配过小男孩海因切，配过《猜一猜谁来赴晚宴》中的老妇，同时也配过《啊，野麦岭》中的妙龄少女。曹雷、尚华、于鼎、刘广宁、丁建华、乔榛、童自荣以至我们演员组的所有同仁，无不接触过各种身份各种年龄段的各色人物。

配一个不同的人物，就像经历一次不同的人生。每一次的工作，都向我们展开了一片新天地。这是其他演员很难得到的体验。这也是配音工作特有的魅力吧！所以，狄菲菲说我们这些老的配音演员都怀有一个“译制片情结”，个个都那么“化解不开，挥之不去”。她说得一点不错。

除此之外，我们还有机会深入接触各国艺术大师不同时期不同流派的作品，如由英国导演大卫·里恩执导的《孤星血泪》（黑白片）、《雾都孤儿》，由美国悬念大师希区柯克执导的《爱德华大夫》、《美人计》、《后窗》，还有根据司汤达同名小说改编的《红与黑》，根据列夫·托尔斯泰同名小说改编的《安娜·卡列尼娜》、《战争与和平》，根据契诃夫同名小说改编的《带阁楼的房子》。我们还接触了各种电影流派：意大利“新现实主义”代表作《警察与小偷》、《罗马——不设防的城市》、《偷自行车的人》，法国女作家玛格丽特·杜拉编剧的“作家电影”《广岛之恋》，“新德意志电影”学派的代表人物维姆·文德斯导演的《得克萨斯的巴黎》，苏联新浪潮始作俑者丘赫莱依导演的《第四十一》以及其他苏联新浪潮影片，如《雁南飞》、《一个人的遭遇》。我还为资料馆译制过美国反战导演奥立佛·斯通的《生逢七月四日》、《刺杀肯尼迪》等等。这是工作赋予我们的特殊学习机会，是我们的特权，也是我们的快乐所在。

让观众忘记我们的存在

在朝鲜代表团来我厂参观的时候，我们给他们看了我们配音的《安重根击毙伊藤博文》片段，他们惊奇地说：“你们每个配音演员都跟我们的演员声音那么像。你们是怎么找到的?”

日本代表团的倍赏千惠子听了丁建华配的一段《远山的呼唤》，她说：“这一定是马棚那场戏。因为你说话的感觉，跟我拍那场戏的感觉是一样的。”

《少林寺》导演张鑫炎看了高仓健主演、毕克配音的《海峡》，跟我说：“内地的译制片水平真高，我就像看懂了原片一样。”

我一个同学看了我配的伊莲娜（民主德国片《他的真名实姓》），写信来说：“我看着银幕是伊莲娜在说话，我闭上眼睛，仍然是伊莲娜在说话。”

我认为这就是我们毕生所追求的效果。虽然观众熟悉我们的声音，只要一开口，很多人就能听出这是尚华，那是于鼎，但是在看片的过程中，应该只感到那是指挥家和油漆匠在说话，而忘记尚华和于鼎的存在。当然，看片之后，你又可以去品味尚华配得多精彩，于鼎配得多贴切。

我一直认为，最好的译制片，就应该让观众感到是原片演员自己在说中国话。

而在听录音剪辑的时候，就像听广播剧——没有不合文法的倒装句，也没有任何翻译腔。即使没有画面，也还是人物在说话。

任何演员都需要技巧和想象

我们提倡，演员要用心去体验角色的感受，要用自己的真情去演绎角色的喜怒哀乐。但是这不等于说，你理解了就能表达了。任何一种内在的感受和想法，都会有它外在的表现形式。所以，作为演员就要不断地去观察、积累、掌握。

记得五十年代初期，我配《彼得大帝》中的叶卡捷琳娜皇后。有一场戏，叶卡捷琳娜和彼得大帝两人在楼梯上疯跑疯笑。忘记了什么原因，当时录了好几遍也没通过。有一遍我忽然没笑出来，这一下，我就开始紧张了，越紧张越笑不出来。我也记不得那场戏是怎么录成的了。

平时我们笑，是因为遇到了意想不到的情况。而在影片中，这可笑的情景，我们早已熟悉了，不可能再产生自然的笑。所以，我们必须掌握一种想什么时候笑就能笑的技巧。这事也使我意识到了掌握技巧的重要。事实上，因为掌握了笑的技巧，情绪放松了，往往还能引出真笑来。

曹雷刚来厂不久的时候，配《啊，野麦岭》中的女主角。有一场大哭的戏，她不等口型对准就开始哭了起来，泪流满面，把手帕都哭湿了。我不敢提醒她得先对准口型，如果我那样一说，就会立刻把她从戏中拉出来。可口型不对，情绪再饱满也是不能用的。我只好先随便录一个，事后再跟她讲明白，搞配音必须先解决口型，抓准原片演员的呼吸节奏，才能让自己入戏。

施融早年曾问过我怎么表现精神恍惚。一个人在精神恍惚的时候，是无法集中精力去说一件事的。他只是下意识地在说话。说话的对象不是很明确，有的字音会比较含糊。

索菲亚·罗兰曾经说过，她从不事先设计人物的动作、语气，而是在导演喊“开始”的瞬间，一脚踢开了自己，就变成了剧中人。她生活在剧中人所处的情景中，自然地作出角色应有的反应。就像扮演沙鸥的常姗姗。《沙鸥》的导演张暖忻说：“常姗姗没有受过表演训练，要么来真格的，要么什么也没有。”她能够非常真实地生活在影片的规定情景中，自然地作出应有的反应。她真诚地相信导演为她假设的任何情景，完全生活在想象的世界里。影片中，她的爱人在雪崩中牺牲了。她一个人走在去圆明园的路上，满地红叶，镜头一直跟踪着她。她满脸的寂寞、孤独，好像整个世界只剩了她一个人。可暖忻告诉我，大街两旁站满了看热闹的人群。也许，运动员比演员更有本事做到物我两忘吧。常姗姗当年是北京女排运动员。当年刘国正在大阪世乒赛上与韩国球员金泽洙进行乒乓球男子团体决赛时，金泽洙曾经有七个赛点（就是说，金泽洙有七次只要再赢一个球，他就取得了整场比赛的胜利）。可刘国正七次扳平了比分，并帮助中国乒乓男队最终取得了团体冠军。如果他当时不能做到物我两忘，只要想一下中国队能不能拿到冠军都在他一个人身上，这个包袱一背，他还怎么能放开手脚打球？恐怕早把自己吓死了！

任何人的经历总是有限的。没有想象就没有艺术。如果没有想象，作家怎么能写出历史小说？二十岁的曹禺怎么能写出《日出》中妓院和黑社会的生活？但是，想象也不是凭空的。它需要借助于别人的经历。所以，要想做一个好演员，他就必须不断地、不断地去学习，学习书本知识，学习社会。而且，学习的内容也是永无止境的。

我的每一次「人生」

在我四十余年的配音生涯中，各种角色大约配了几百个，有的是主角，有的是重要角色，也有的只是几句话的群众。不管戏多戏少，每个角色都是我在那银色海洋中经历的一次“人生”。我经历过女王、皇后的显赫，也品尝过小偷、妓女的低贱；一会是任性的贵族小姐，一会又成了任人摆布的侍女；既做过纯情的淑女，也做过资本家恶毒的情妇。作家、钢琴家、革命家、囚犯、修女、农妇……谁曾经历过如此丰富、多彩的“人生”?！我为此而迷恋我的工作，永生不悔！

五十年代刚进厂时，一是领导不了解大家的戏路，二是那时大家都很年轻，多半只有二十几岁，最大的也只有三十出头，可是所有的角色都要我们包下来，因此，我们有机会尝试了给各种各样的人物配音，其中不乏各国艺术大师的作品。我们在反复看片中，可以不断加以揣摩和学习，这是我们的工作场所，也是我们的艺术课堂。

一九五〇年，我配过《货郎与小姐》中活泼、俏皮的小女佣，《米丘林》中贤淑、端庄的米丘林妻子，还配过一位慈祥的老夫人——《怒海雄风》中舰长的母亲。还有一部《生活的光芒》，讲述的是一位年轻女工程师的先进事迹，是我独当一面配的主角戏。那大约已经是一九五一年的年底了。

叶卡捷琳娜皇后

五十年代，我曾一度和温锡莹合作配《彼得大帝》。他配彼得大帝，我配叶卡捷琳娜皇后。这位皇后出身社会底层，像个野丫头，和皇帝疯玩疯闹，是一位另类的皇后。其他我已经记忆不清了，只记得扮演皇后的是苏联人民演员塔拉索娃（据说地位相当于我国的梅兰芳）。不过，那时她已经发胖了，实在不像个妙龄少妇。此外，我的戏也不是很多，可以说是糊里糊涂地做了一回皇后。

反对沙皇的革命家

苏联片《漫长的路》的内容讲：沙皇俄国时期，一位富于幻想的女青年拉雅（由我配音）和她青梅竹马的恋人瓦西里（邱岳峰配音）就快结婚了。可两亲家却为了嫁妆吵翻了。偏巧，瓦西里的上司正好看上了美貌的拉雅。拉雅是敢作敢为的，她为了保卫自己的爱情，买了一把手枪，交给了瓦西里。可瓦西里却因循、懦弱，不敢反抗。虽然他终于忍无可忍向上司开了枪，并被发配到西伯利亚的一座小驿站，仍未能改变自己的性格。而拉雅却从生活的挫折中提高了思想境界，成了一名反抗沙皇制度的革命家。她也被发配到了那座小驿站，她认出了瓦西里并扑向他，可他们还没来得及说话，拉雅就又被宪兵拉上了雪橇。瓦西里追到门口，雪橇却在雪雾中远去了。那一时期，我配了很多革命女青年，如罗马尼亚影片《记忆中的街道》里与法西斯斗争的地下工作者，民主德国影片《他的真名实姓》里一个在法西斯统治下逐渐提高认识走上革命道路的女青年等等。

老布尔什维克——沙霍夫之母

那还是五十年代初期。有一部苏联片《伟大的公民》，讲的是苏联领导基洛夫被暗杀的故事。基洛夫就是沙霍夫的原形。沙霍夫的母亲是一位女工出身的老布尔什维克，曾和联共的一些领袖共过事。她白发苍苍，已届耄耋之年。她对沙霍夫的被刺义愤填膺，忍不住走上台去，声色俱厉地谴责敌人。影片中有一大段演讲。她不是一般的老妇人，她是个有政治见地的革命家，所以既要配出她的老，又要配出她的政治激情。而我那时只有二十四五岁。“文革”中重新看这部戏，张同凝说：“当年你和卫禹平配戏时都充满政治激情，现在再配，恐怕还达不到那时的水平呢。”卫禹平配的是沙霍夫。

坚强贤惠的小偷妻子

意大利影片《警察与小偷》是一部新现实主义代表作，是意大利著名导演德·西卡的作品。它描写了二战后人民的失业与贫困。它的情节与台词并非一味凄凄惨惨，而是充满了饱含着辛酸的幽默。这部影片的译制质量非常好，无论是剧本的翻译还是演员的配音，都属上乘。尤其是邱岳峰配的小偷，台词的语速非常快，特别贴近原片意大利演员读词的韵味。此外，程引配的警察也很贴切。

我配的小偷妻子，对丈夫的工作一直不明就里。可她相信丈夫的话，从没怀疑过他。她操持一个五口之家，要吃要穿，总是捉襟见肘。她坚强地忍受着，从不哭哭啼啼，也从不抱怨。尽管她的家吃了上顿没下顿，但是她觉得受了人家好处，必须回报人家，这是她不能放弃的起码的做人礼节。她不甘沦落，生活再贫困，也要请警察一家吃饭。

她善良，也相信别人的善良。她是个坚强贤惠的小偷妻子。

爱写诗的神枪手

《第四十一》是我最钟爱的影片之一，神枪手玛柳特卡也是我最喜爱的角色。这不单因为她有着那个时代特有的悲剧命运，还因为她是个有着多侧面的人物。

她是个出身渔村的穷人，参加了红军，被培养成了神枪手。她整天混迹于男人当中，作风泼辣，也有着大兵的“粗鲁”和“豪爽”。但她是个感情丰富的花季少女，同样也会被面貌出众的异性所吸引，所以她一下就注意到了中尉的眼睛，竟然像海水一样蔚蓝，“能看到人的心里，叫人不安”。她没念过多少书，但她却渴望着能用诗的语言来表达她对战斗和人生的感悟。可是那些红军战士，没有人能跟她谈这个话题，她才忍不住去和白军中尉谈她的诗。

在这场戏的末尾，有几句表达人物关系微妙变化的台词。我们配音的时候考虑，虽然大多数观众不一定了解俄国人称呼别人名字时不同叫法所代表的不同感情分寸和不同人物关系，但是应该从我们配音演员的语气中感受到他们关系的微妙变化。考虑再三，我们把原片这几句台词原封不动地直译过来了。玛柳特卡是玛利亚的昵称，只有熟人和家里人才能这样叫她。对一个不熟悉的人，为了表示尊重和客气，应该称呼她的本名——玛利亚。所以在他们谈论了诗歌之后，中尉以朋友的语气说道：“晚安，玛利亚。”玛柳特卡微笑地补充道“菲拉托芙娜”。俄国的风俗，为了表示礼貌和尊敬，不但要称呼对方的本名，还必须加上对方的父名。中尉当然不可能知道玛柳特卡的父名，他也想不到这个粗鲁的红军大兵会要求他以这样正式的称呼来与她对话。一时间，又是对玛柳特卡的不屑，又是对自己目前处境的自怜，悻悻应道“菲拉托芙娜”。

因为这部影片人物简单，所以我们把中尉对玛利亚的种种爱称全都保留了。例如两人相爱之后，中尉叫她“玛莎”、“玛申卡”，就像我们管心爱的姑娘叫“阿蓉”、“蓉蓉”、“小蓉儿”一样。

在孤岛上，中尉生病的时候，她不但像个体贴的情人，而且更像个无微不至的母亲。她为他准备吃的，还为他准备了烟。她一会儿怕他冻着，一会儿怕他累着。搬家的时候，一样东西也不让他拿，自己则大包小包又是背又是提，弄得中尉大发脾气，她才给了他一个又轻又小的包。

但她也时时不忘自己的战友，不忘他们还在浴血奋战，时时不忘自己的信仰，不忘革命还没有成功，决不能离开革命队伍。她为此和中尉争吵，怄气，苦恼万分，但她从未做半点让步，直到她举枪杀死了她的“蓝眼睛”。

纯洁的小女生索妮娅

《不同的命运》是我们五十年代末译制的一部苏联片，讲一群中学毕业生抱着不同的人生观，走向不同的生活道路。

达丽娅是班级里最美丽也是最骄傲的公主。她是众多男生追逐的目标。但她也是个虚荣的姑娘。索妮娅则是个温柔，善良，不事张扬的小女生。开始大家都以为会让我配达丽娅，赵慎之配索妮娅。这是因为我们两人的性格。比如，我配《红与黑》中特立独行的侯爵小姐，赵慎之配《偷东西的喜鹊》中受迫害的农奴，我配《第四十一》中打死自己情人的女红军玛柳特卡，她配《一个人的遭遇》中苦命的伊莲娜。没想到，这次老厂长却把我们两个人反过来了。她配达丽娅，我配索妮娅。

这也是我的配音生涯中配的最清纯、最温柔的角色了。

中学毕业后，原来喜欢达丽娅的男生柯利亚（尚华配音）到外地去了。开始，达丽娅嫁给了她的一个同学斯杰潘。斯杰潘为了满足达丽娅的种种要求，不得不一面读大学，一面做出租车司机，而且还要瞒着妻子，说自己在做家教。为了多赚钱，把学业都耽误了，可还是满足不了妻子的虚荣心。后来，她又和一个相当于她父辈的音乐家（邱岳峰配音）恋爱。而那个人是和妻子患难与共走过来的，他的忘恩负义，也使自己身败名裂。

其实，表面温柔、低调的索妮娅却是个内心坚强、有主见的姑娘。她追随柯利亚去了外地的工厂，在他消沉的时候批评他，在他困难的时候支持他、鼓励他，终于赢得了柯利亚的心，发现了她原来是个珍宝。

在同学们相聚的车站上，达丽娅看到索妮娅得到了幸福的生活和甜美的爱情。而自己呢？她该怨谁？

革命的工人妻子

民主德国影片《不可战胜的人们》讲的是第一次世界大战前的故事。我在其中配一个中年妇女——工人舒茨的妻子。她原是个只知道相夫教子的家庭主妇，在影片中连名字都没有，她的丈夫却是个工人运动的积极分子（崔超明配音）。她在丈夫的革命活动中，逐渐提高了认识，成了一名工人运动坚定的支持者。在最后一场社会民主党的舞会上，党的领袖倍倍尔（韩非配音）和李卜克内西（强明配音）为了表彰她对革命的贡献，还专门请她跳了舞。大家认为这是我在一九五五年以前配得最为出色的一部影片。

这部影片是陈叙一第一次担任译制导演，我配的角色虽然连名字也没有，却是影片的主角。

被收养的孤儿

由法国和意大利合拍的《如此人生》，是由几个小故事组成的。最后一个故事，是讲一个中年司机（程之配音）收养了一个孤儿（由我配音），司机把她当做小妹妹来对待，可小姑娘却爱上了他，而他一点也没意识到。姑娘又气又急，只好直截了当地向他表白了。她语速特别快，大概是我所配角色中语速最快的了。

丑人多作怪

在匈牙利影片《称心如意》中，我配一个家庭教师，是个老处女。可她丑人多作怪，又老又胖，还要勒细腰，特别叫人恶心。但是这也让我尝试了完全另类角色的塑造。也许，正是这个角色为我日后配《尼罗河上的惨案》中的奥特伯恩太太打下了基础吧？

最小的女孩

在《十块美金》中，我曾配过一个十四五岁的女孩，她是我这一生当中配过的最年幼的人物了。

女鬼卡特琳

在联邦德国影片《古堡幽灵》中，我配一个风流女鬼。这是一部讽刺闹剧，讲的是多年前五个幽灵被砌在古堡的墙里，现在复活了，帮助伯爵小姐摆脱困境的故事。这些幽灵生前都是绿林好汉，而卡特琳则是他们的情妇。她没有教养，说话粗声大嗓，一见男人就禁不住想使出作为女性的浑身解数，可她又是一个好心的女鬼，一心想帮助伯爵小姐。她管每个男人叫心肝儿、宝贝儿，她跟男人谈情说爱，就像普通人跟人打招呼问好一样。她这些特点构成了影片的喜剧因素，这个人物只应让观众觉得她可笑，而不能让观众觉得她丑恶。所以我在配她的时候也必须掌握好分寸，不能太过，太过会招人讨厌，也不能不足，不足喜剧效果就出不来。

德国犹太人

在英国影片《苦海余生》中，我配莉莉·罗森。她是一位著名律师的妻子，他们是生活在法西斯德国上层社会的犹太人。由于罗森律师（富润生配音）受到纳粹的残酷迫害，莉莉不单要承受作为一名犹太人的压力，还要安抚精神即将崩溃的丈夫。她是那样一位矜持、儒雅的贵妇，即使发脾气也还是彬彬有礼。可当丈夫怀疑到了古巴仍不能上岸时，她再也支撑不住了，她爆发道："别这么说，卡尔，担惊受怕了这么多年，这么多年，现在结束了。你得帮助我，不能光靠我一个人。"

由于丈夫、女儿（刘广宁配音）相继自杀，她疯了！她一面对着镜子乱剪自己的头发，一面精神恍惚地说："我担心，她会冷。"

黑人囚犯

美国影片《噩梦》是杨成纯担任译制导演的。那天他到我家来，我正在家里养病。他说，希望我配影片中的黑人囚犯萨拉。我说，她是个黑人，声音那么厚，底气又足，我怎么配得了。小杨说，你病好了，底气就足了。声音不够厚，可以做一做。我还是没信心，觉得声音一做，表演就不自如了，而不做又不符合形象。可小杨还坚持要我配。录音的时候，我适当地压低了声音，录音师又帮我加了低音，我感到声音还是符合形象的，也就有信心了。萨拉生活在社会底层，没什么文化，同伴喝醉酒扑到她的叉子上送了命，她就成了杀人犯。可是她善良，待人宽厚，有一颗金子般的同情心。作为黑人，她习惯于忍受不公正的待遇，凡事认命。直到黑人女大学生惨死之后，她才觉醒了，开始反抗了。这是一个非常可爱的形象。

徐娘半老的富孀

《凡尔杜先生》中的富孀葛萝奈是位有教养的太太，所以凡尔杜第一次与她见面就露骨地向她求爱，她还感到被冒犯了而很生气。可是后来，当凡尔杜连续几个礼拜给她送花时，她那颗徐娘半老的心终于被异性的殷勤打动了。这场戏有个极具讽刺意味的情节：凡尔杜在电话中说了一大堆赞美葛萝奈容貌的甜言蜜语，其实他根本就不记得她长得什么样，所以他刚一进门就错把一个肥胖的女佣当成葛萝奈拥抱了起来，而后又拥抱了葛萝奈的女朋友，而葛萝奈居然还决心嫁给他。这就是喜剧。

摩尔太太

《印度之行》是我们厂一九八六年译制的，那时我已退休离厂，是译制导演胡庆汉邀请我回厂工作的。

我配的摩尔太太是英国上层社会的一名妇女。她的儿子（童自荣配音）在印度做官，她和儿子的未婚妻阿黛尔（刘广宁配音）一起到印度探望他。她亲眼目睹了白人对印度人的歧视和不公正，感到非常失望。这部影片的导演大卫·里恩早在二十年前就想把这部小说搬上银幕，而且当时就想请佩吉·阿仕克罗夫特来扮演摩尔太太。但是影片未能拍成。二十年后，他还是请了阿仕克罗夫特来扮演摩尔太太。

她果然不负众望，摘取了第五十七届奥斯卡金像奖最佳女配角奖。她代表了英国有正义感的一部分人，不满于她儿子那些人的殖民主义作风，她像对待朋友一样对待印度人。我特别喜欢月夜里她在古老的清真寺邂逅印度教师那场戏。他们谈到月光、恒河以及恒河中漂浮的尸体……让人产生无限遐想，神秘而悠远。

孤独的皇太后

美国影片《真假公主》是一个假想的故事，内容讲：十月革命后，俄国沙皇尼古拉一家被枪毙，他的母亲由于在丹麦而幸免于难。传闻她最小的孙女——安娜斯塔西娅并没有死，她从死人堆里逃了出来，但是因为受了强烈的刺激，自己也搞不清自己是谁了。皇太后孑然一身，非常希望与她相认，但是因为多次受骗，又不敢相信真的还有亲人活在世上。

这部电影是上海音像资料馆的资料片，是我们在八十年代中期译制的。

皇太后由海伦·海丝扮演，由我配音。她是话剧演员，一生活跃在舞台上，被称为“剧坛第一夫人”。她扮演的皇太后仪态万方，高贵、威严，但是她流亡在丹麦，寄人篱下，更加渴望亲人的互相关爱。

安娜斯塔西娅由英格丽·褒曼扮演（舒蓉配音），这是她重新回到好莱坞后主演的第一部影片，并因此获得奥斯卡金像奖最佳女主角的第二座奖杯。

我非常喜欢这部影片所营造的悲剧氛围，暗夜里，神情恍惚的安娜斯塔西娅徘徊在阴冷的河边，远处，东正教教堂的钟声不停地在敲……

同样流亡在丹麦的当年沙皇的大臣，把这个不知是真是假的公主带到了太后面前。事隔多年，当年公主还很小，没有人能确定她到底是不是真的安娜斯塔西娅。

孤独的皇太后拥抱着“公主”，她说：“即使你不是真的，你也别说。”可是为了“孙女”的幸福，太后还是放“公主”离去了。

最年长的影后

杰西卡·坦迪因为在《为戴茜小姐开车》中扮演戴茜小姐，获得了奥斯卡金像奖最佳女主角奖。她成了奥斯卡最年长的影后。她扮演戴茜的时候已经八十岁了。在影片中，她从七十岁演到九十岁，演得非常有层次。七十岁的时候，她还不服老，尽管出了事故，还那么坚决不要儿子给她雇用的黑人司机——霍克（龙俊杰配音）。她精明、倔强，遇事毫不退让。但是，慢慢地，她和霍克成了好朋友。她送他圣诞礼物，教他识字，他们像老小孩一样争争吵吵却互相关心。后来，她开始犯糊涂了，一早起来到处找学生的作业本，忘了自己早已退休多年。再后来，她住进了养老院，儿子和老司机一块来看她。她把儿子打发走，让他去和护士们聊聊，以便和老司机单独在一起。她手抖得已经拿不稳叉子了，霍克喂她吃蛋糕，尽管她神情有些呆滞，脸上却带着微笑。镜头中，两个白发苍苍的老人，有点凄凉，却非常动人。

这也是一部资料片，由李丹青担任译制导演，我配戴茜小姐。李丹青对我说：“这部戏就应该是你晚年的代表作了吧？”

为凯瑟琳·赫本配音

一九九五年，王建新在厂外做译制导演，邀请我去为凯瑟琳·赫本配音。影片叫《楼上的男人》，赫本扮演一个独居的老妇人，有一天夜里，忽然闯进来一个小偷（赵屹鸥配音）。外面下着雪，老妇人收留了他，并把他藏在楼上没有人去的杂物间。替老人买菜做饭的厨娘感到非常奇怪，最近老人怎么一下子变得这么能吃。小偷在老人的圆台上看到一张照片，照片中的青年男子和自己长得有点像。老人告诉他，那是自己初恋的情人，已经在战争中牺牲了。警察在通缉小偷，老人说：“你去自首吧，我很有钱，会替你请最好的律师，等你从牢里出来，你就是个干净的人了。”圣诞之夜，警察带走了他。小偷临上车前向老人告别，说“圣诞快乐”，老妇人倚在门旁，轻轻地回答“圣诞快乐”。

配完这部影片之后，我就离开了录音棚，转眼十年之久了。

写于二〇〇五年

我为褒曼配音

英格丽·褒曼可以说是一位国际超级巨星。她是瑞典人，上世纪三四十年代曾经红透好莱坞半边天，三次获得奥斯卡金像奖。由于主演《煤气灯下》（又译《郎心似铁》）和《真假公主》两次获得最佳女主角奖。又由于在《东方列车谋杀案》中的出色表现，再次获得最佳女配角奖。而且她还是一棵常青树，一直工作到生命的最后阶段。

早在解放前，我就看过由英格丽·褒曼主演的电影《卡萨布兰卡》和《战地钟声》，特别喜欢她那种深沉、质朴的表演风格，并深深为她的魅力所倾倒。那时怎么也没想到，有朝一日我会进入电影界，更不可能想到我会为褒曼配音，和我心仪的超级巨星共同塑造一个角色。一九七五年，当我得知译制导演陈叙一把《化身博士》中女主角的配音任务交给我的时候，我真感到喜出望外了。

《化身博士》是上世纪三十年代好莱坞的一部名片。男主角杰柯大夫（也即海德先生）由斯宾塞·屈塞扮演，邱岳峰配音。女主角艾维由英格丽·褒曼扮演，由我配音。

艾维是一家歌舞厅里卖酒的女侍者。她下班回家时碰到了一个歹徒想欺负她，正好杰柯和朋友路过此地救了她。艾维一下子就喜欢上了这个英俊、儒雅的医生。她装着崴了脚，好让医生抱她上楼。她有点轻佻，却并不是个放荡的姑娘。这就是褒曼掌握的人物的分寸。

杰柯大夫想把人身上的善和恶分开，然后来消灭恶。没有人可以给他做试验，他只能在自己身上做试验。他在服药以后，不但心变得恶毒了，面貌也变得狰狞起来。他看到了艾维送他的吊袜带，就一心想去找她，并最后把她占为己有。

在这部影片中，邱岳峰一会儿是善良的杰柯大夫，一会儿又成了邪恶的海德先生，他用温和、亲切的语气配杰柯，用嘶哑、冷酷的语气配海德。照道理，应该把他不同的语气分开录，可陈叙一因为照顾我有哮喘病，每个班次都要给我留一些休息时间，只能把他的戏全都打乱了。我觉得很对不起他，他却一点都不在意。也许他觉得这种语调和声音的转换，对他来说，根本就不算一回事。

艾维自从被海德霸占以后，精神上、肉体上都受尽折磨，却仍要强颜欢笑。有一场戏，艾维已经快给逼疯了，海德还要她唱歌。这时候，导演陈叙一提示我说："人要恍惚，但口齿要清晰。要唱，不要有旋律。"乍听之下，我感到他的要求都是互相矛盾的，这怎么能办到？可我马上就提醒自己：不要跟导演对抗，应该首先努力去领会导演的意图。我立刻就冷静下来，而且很快领悟了他的意思。艾维已经被恐惧、无助、绝望折磨得几近精神崩溃了，她机械地回答海德的话，口齿是清晰的，但已无法集中自己的思想，因此人是恍惚的。海德要她唱，她不敢不唱，但是她控制不住自己的气息，无法唱出歌曲原有的旋律。我想明白之后，不但觉得他这些要求并不矛盾，还感到正是这些要求，帮助我掌握了人物此时此刻的心态，使我贴近了人物。跟陈厂长一起工作的时候，也是我向他偷艺的时候。

艾维走投无路，终于想起向杰柯大夫寻求帮助。杰柯向她保证：海德今后不会再去找她了。可是杰柯这时已经身不由己，他不吃药也会变成恶人，海德不会听从杰柯的安排，他只有顺着他的路走到底了。

有一场戏，艾维接到一笔钱，她开始觉得可以用这笔钱逃走，可是忽然想到，这也许是海德的一个圈套，他可能早已等在她逃走的路上，还是会把她抓回来。她在想到这些的时候，从喉咙里发出了一声痛苦的呻吟“哦”，短促而嘶哑，非常有表现力。我为了掌握她这一声“哦”，不知道练了多少遍。惟愿褒曼的表演不要由于我的配音而逊色太多。

八十年代中期，我在上海音像资料馆再次为褒曼配音。那是瑞典艺术大师英格玛·伯格曼导演的《秋天奏鸣曲》，褒曼饰演一位钢琴家。她年轻时只关心自己的事业，不关心家庭，也很少关心女儿。现在人到暮年，事业也开始走下坡路了，忽然感到孤独，想来投奔女儿。可女儿不肯原谅她，并向她吐露了多年的积怨，母女间有时互相争吵，有时又互相剖白，母亲开始感到惶惶然，并向女儿忏悔……但母女之间终于无法相互理解。母亲只好拖着疲惫的身心再次去流浪了。母亲走后，女儿感到后悔，可是载着母亲的列车已经远去了。

这是褒曼的最后一部影片。影片拍完后，这颗影坛巨星终于陨落了。

从艾司黛拉到哈维夏姆小姐

《孤星血泪》是根据英国十九世纪杰出小说家狄更斯的作品《远大前程》摄制的。如按原文直译影片也应译为《远大前程》，解放前根据这部小说拍摄的电影在我们放映时改名为《孤星血泪》，遂沿用至今。

狄更斯幼年生活极为贫苦，童年曾随全家在监狱中度过。少年时代，在鞋油作坊做童工，擦皮鞋，受尽凌辱。因此他深深地了解生活在社会底层的人们的痛苦，也熟悉各种各样怪诞的人物——强盗、小偷、杀人犯以及律师、老处女等等。他笔下的人物形象鲜明、突出，就像一颗颗的珠子，随便串起一串就成了一篇作品。《孤星血泪》中的人物更是令人难忘。

《远大前程》曾多次被拍成影片，我们厂就曾译制过两个版本。1957 年曾经译制过一部黑白片《孤星血泪》。我觉得那部黑白片比后来的彩色片拍得更好。那洼地坟场上的浓雾、枯枝遒劲的老树，逃犯的脚镣和脸上的刀疤……都使我至今难以忘怀。我在黑白片中配女主角艾司黛拉，尚华配男主角匹普，上影老演员路珊配老处女哈维夏姆小姐，中叔皇配逃犯马格维奇，程之配律师。我还记得那扮演律师的演员是个满脸肥肉的胖子，程之为了配出那满脸肥肉的味儿，特意在两面腮帮子里各放了一枚五分硬币，果然，说出话来显得声音特别厚，觉得这个人简直胖得流油了。正是受他往嘴里放硬币的启发，后来在我导演译制片《金环蚀》时才想起让富润生戴牙套，来突出剧中人龅牙齿的特点。这是后话。

艾司黛拉父亲是逃犯，母亲是杀人犯，她出生在监狱中，后被怪僻而有钱的哈维夏姆小姐收养。哈维夏姆小姐因为结婚那天被未婚夫抛弃，决心把自己永远埋葬在那个不幸的时刻。窗帘永远不再拉开，餐桌上也永远摆着当年的婚筵，结婚大蛋糕上几只老鼠爬上蹿下……这是一个埋着活人的坟墓。哈维夏姆收养艾司黛拉，就是为了把她培养成一位美丽的小姐，让她去征服男人，然后再以自己的冷漠和轻蔑去伤害男人，向男人报复。

扮演少年艾司黛拉的是英国著名影星珍妮·西蒙丝。她还曾在《王子复仇记》中扮演奥菲丽娅，以及在《斯巴达克思》中扮演女奴，晚年也在电视连续剧《孤星血泪》中扮演了哈维夏姆小姐。没想到，她也从艾司黛拉演到哈维夏姆了。

艾司黛拉在哈维夏姆阴森的宅院里被培养成了一朵“带刺的玫瑰”。“带刺的玫瑰”就是原片演员给我的总的印象。她香气四溢，明丽照人，她像一盏灯火，吸引了伦敦众多的纨袴子弟像飞蛾一样围着她转。可她又全身长满刺，周旋于逢场作戏的交际场中。

“带刺的玫瑰”这是我把握人物的关键，也是我接近角色的突破口。她美丽、高傲，到处受人崇拜和恭维，相信自己会使整个伦敦倾倒。所以我在语言表达上也尽量做到语音清晰、明亮以突出她的神采和锋芒。同时，她也是作为哈维夏姆小姐向男人报复的工具而来到伦敦的。因而她也不时地利用她的魅力去捉弄人、去挑逗异性。如她所说：“小虫子围着灯火飞，你让灯火怎么办?”我在读这句台词的时候，把“你让灯火怎么办”中的“灯火”两字轻轻地往上扬一扬来表达她的得意和对那帮纨袴子弟的轻蔑，这是她带刺的一面。另外，她知道匹普是真心爱她，她不愿像捉弄一般男人那样对待匹普，对他反而佯作冷淡，警告他不要爱她。因此在我配她与匹普谈话的戏时，表面上虽然用的仍然是她惯用的嘲讽一切的语调，但却透露出一定的诚恳。

在黑白片中，扮演艾司黛拉的演员霍布森把这个人物塑造得是那样成功，以致使我在工作中不知不觉地受到了感染、贴近了人物。

事隔二十多年，我厂又译制了彩色片《孤星血泪》。这次由刘广宁配艾司黛拉，童自荣配匹普，富润生配逃犯马格维奇，我配哈维夏姆小姐。这个人物经历奇特，行为怪诞，怎样使自己取得她那种凄苦、怨毒的心情，我是首先从感受她所生活的环境入手的。

她几十年来一直把自己关在那间阴森发霉的大屋子里，那停摆的钟，永远指着她被欺骗被遗弃的时刻；结婚蛋糕上的蛛网；跑来跑去的老鼠和像鬼火一样闪烁的烛光……一个人老是生活在这样的环境中，她的心理怎么能不阴暗，我甚至感到要近乎癫狂呢。

彩色版《孤星血泪》的译制导演是由我们的老厂长陈叙一担任的。在跟他的合作中我不但学习了配音技巧，也学习了怎样启发演员的导演业务。当匹普第一次来到哈维夏姆小姐家的大房子时，匹普站在哈维夏姆小姐房间的门外，轻轻地敲了敲门，哈维夏姆在房里问道：“外面是谁呀?”我只是一般地问了一句，老陈立刻启发我说：“你听见门外有响动，应该不耐烦，不能一般地问。这是哈维夏姆在影片中说的第一句话，应该未见其人先闻其声，要马上给观众一个不同一般的感觉。”这启发我在以后的工作中，无论是做译制导演还是做配音演员，都要努力做到当剧中人第一句开口的时候就应该是这一个人物的语言，就要像这个人说的。我称之为人物的“亮相”。如果开口的第一句话使观众信服了剧中人就该这样说话，那么这个角色就成功了一半。我甚至有这样的经验，王建新在《远山的呼唤》中配一个小市民气十足的邻居大嫂，开始她有点把握不住这个人物的气质。但是头两天录的都是影片后面邻居大嫂不重要的戏，而她与观众第一次见面的亮相戏和她的重场戏则是在她把握住了人物基调以后才录的，特别是亮相戏那一段录的很有味道，因此观众简直没人去注意她配得不怎么样的两场戏了。连厂长老陈都夸王建新这个人物配得不错。所以以后在我安排录音计划的时候，总是尽可能把一些不重要的戏先录，让一些主要演员有一个接触人物、把握人物的过程，把他们的亮相戏或重场戏安排在后面录，这样做的效果都比较好，也很受演员们的欢迎。

为了使自己能够始终沉浸在哈维夏姆小姐那种阴暗的心态中，也为了使自己能始终保持住我为哈维夏姆小姐设计的那种嘶哑的嗓音，在录制《孤星血泪》那些天，我走路、吃饭都想着影片中的情景，尽量少与同事和家人说话。这样，在正式录音时，就能比较容易地进入角色，使人物的感情衔接，仿佛我就是哈维夏姆小姐了。

有一次，我们厂的放映员小蔡跟我说：“老的《孤星血泪》要看着画面才觉得哈维夏姆这个人阴森可怕，可是你配的哈维夏姆，我们放映的时候不看画面，光听你的声音也感到阴森森的。”我真太感谢他的夸奖了，我曾为此付出的一切辛劳也值了。

叛逆玛季德

《红与黑》是法国作家司汤达的名著，在我国早已脍炙人口。该片的男主角钱拉·菲利普又是五十年代法国红极一时的明星。据说一些法国女影迷为了想得到他身上的一点东西，竟把他的衬衫撕得粉碎。此外，他主演的《勇士的奇遇》（又名《马兰花芳芳》，也有译作《郁金香芳芳》）曾在我国上映，所以他也极受我国观众欢迎。这样一部影片来到我厂，让我们这些配音演员也不由心驰神往了。

对口型本是件辛苦的工作，往往一段戏要反复念上三四遍，甚至更多。但是，由于《红与黑》情节的引人入胜，台词的精彩，即使仅仅为了对口型去念它，也让人觉得过瘾。所以，我们三个人——姚念贻、邱岳峰和我，是抢着来对这部戏的口型的。

这部影片由邱岳峰配德·瑞那市长，姚念贻配德·瑞那市长夫人，胡庆汉配于连，尚华配德拉·木尔侯爵，我配侯爵小姐玛季德。这之前不久，一九五七年暮春，姚念贻、胡庆汉和我刚从北京领奖回来。我们得的是一九五〇年到一九五五年度的优秀电影工作者奖章。姚念贻得了金质奖章，我得了银质奖章，胡庆汉得了铜质奖章。所以，胡庆汉得意地说："我们是得奖剧组。"那时，我们是何等春风得意！一点都没意识到反右的严酷现实。

玛季德是个另类的贵族小姐，她不甘平庸。她崇拜的是那个敢于把情人被砍下的人头抱回来的先祖。她渴望自己也做点什么特立独行的事。作为一个身份高贵的侯爵小姐，她主动去追求父亲的秘书，一个平民小子于连，约他半夜到自己的房间里来。这本身就是非常叛逆的行为。而在得到于连之后，她又觉得这份爱情过于平淡，觉得他不值得自己去爱，再去羞辱他。直到于连拔出剑来要杀她，她才感到这场爱情够轰轰烈烈了。她得意万分地问她母亲："妈妈，有人要杀过你吗？"把她母亲问得目瞪口呆。她漠视任何道德、礼法，当她父亲对于连说："你绝不可能占有我的女儿。"她却说："早就占有过了。"老侯爵虽然气得半死，也只有答应把她嫁给于连了。这真是个不同一般的角色。

在演员名单公布之前，姚念贻就跟我说："你认为谁配玛季德最合适？"我问是谁，她说："是你。""为什么？"她说："不甘平庸，向往标新立异，而且，敢作敢为。你不觉得你跟她的性格很像吗？"我说："我可不想做她做的那些事。""我不是说你也会做她做的那些事，我只是觉得你一定能把她配好。"

我确实在这部影片中做了一回为所欲为的叛逆者，很过瘾。

我觉得，姚念贻配的德·瑞那市长夫人才是她一生中配得最精彩的一部影片。她把市长夫人明知不能接受于连的爱又无法控制自己感情的矛盾和痛苦，都表达得特别到位，而且富有激情。

胡庆汉当年正处于最佳的创作状态中，他的于连也应该是他配得最出色的片子了。

《红与黑》可以说是我们当年特别重视的一部作品。

事先谁也没有想到，在《红与黑》上演当天，因为购票观众挤破了国泰电影院的大玻璃窗，影片被撤了下来，从此就再也没有上演过。

今天回过头来看，毛主席一九五七年二月在最高国务会议上发表了《关于正确处理人民内部矛盾的问题》的讲话，使得很多人认为“文艺界的春天来了”，因而奔走相告。我猜想，电影界的一些领导大概也是受此影响，才进口了诸如《第四十一》、《一个人的遭遇》、《红与黑》这样一批影片吧。所以，我猜想在反右的大气候下，即使没有国泰电影院的事件，《红与黑》也总是要被封杀的，正如《第四十一》被封杀一样。

直到“四人帮”倒台后，中央台重新译制了这部影片，它才算又见天日了。不仅如此，近两年市场上又有了我厂译制的碟片，使我们又能重温当年工作时的种种，真叫人不胜欣慰。我又可以和早已过世的配音伙伴邱岳峰、姚念贻、胡庆汉在影片中相聚了。

野心家高须相子

五十年代初期，我曾经与温锡莹在《彼得大帝》中首次合作，而后又在日本影片《华丽的家族》中再度合作，眨眼之间，已经是二十多年过去了。其实，八十年代初期，是我们演员组人丁最兴旺的时候，也是班子最整齐的时候。像《华丽的家族》中的万表大介这个人物，并不是没有人能配，我猜想译制导演卫禹平，之所以特地从故事片厂把温锡莹借来，主要是看中他浑厚的嗓音，配起阪神财团的总裁来，特别有派头吧。

我配的管家高须相子，既是万表家子女们的家庭教师，又是大介的情妇，与温锡莹有很多对手戏。他已经多年不配戏了，抓口型自然没有我快，他老说："对不起，对不起，我可没办法像你那样一两遍就逮准口型，只好让你一遍遍陪我录。"所谓"拳不离手，曲不离口"，我们也因为搞了内参片，业务才没有荒疏啊。

相子曾留学美国，与美国人同居，又被抛弃。而大介的妻子宁子（赵慎之配音）是贵族小姐出身，根本不会管家，再加性格懦弱，对于相子在这个家里的飞扬跋扈只会逆来顺受。但是相子并不满足于只是掌管万表这一个家庭，她要借助万表大介的升迁，爬得更高。她一手把持万表家子女的婚姻，以便结交上层，为万表铺路。她常常把自己打扮成上等人，故意使用一些只有皇族才使用的语言，这在中文里很难表现，我只有在某些场合把台词说得拿腔拿调来表达她的装腔作势。她对上面的人奴颜婢膝，对万表家人则颐指气使，而在与万表的大女婿美马（毕克配音）单独相处时，因为互相了解对方底细，便都露出了流氓本相。

宁子新婚时曾被公公强奸，而他们的长子铁平（童自荣配音）长得又特别像爷爷，所以大介一直怀疑铁平不是自己的儿子。上大学时，铁平又不喜欢父亲从事的银行业，而选择了祖父所从事的钢铁专业，这更增加了大介对他的反感。他不肯贷款给铁平修建高炉，最终使铁平修建的高炉半途而废，逼得铁平自杀。铁平死后，他的妻子拿来铁平生前所做的鉴定，证明铁平就是大介的亲生儿子。

万表大介终于成功吞并了资本比他更为雄厚的银行，达到了小吞大的目的。这时，他为了要树立一个正人君子的形象，不惜一脚踢开了为他费尽心机的高须相子。我想这是相子当初无论如何也想不到的吧。可这才是《华丽的家族》中人与人之间相处的“法则”呀。

约安娜，灵与肉的冲突

六十年代初期，我们配过一部很特别的内参片，波兰电影《修女院院长约安娜》，整部影片的氛围非常阴森、怪异。可以说，此前我们从未接触过这类影片。首先，影片对环境的渲染就给了我特别深的印象。修女院坐落在一个荒无人烟的地方，附近有一座烧得焦黑的火刑架，乌云压顶，风声吹得火刑架吱嘎作响，像死去的冤魂在呜咽。远方一两声凄厉的狼嚎，更加令人毛骨悚然，那是两个孩子在学狼叫。他们是上次来驱鬼的加里森神甫的孩子。加里森神甫因为违反教规，被判火刑烧死了。

约安娜院长（由我配音）是个年轻、美貌的女人。她一心皈依上帝，举止端庄，满脸圣洁，可是却经常被魔鬼附体，使得整个修道院都不得安宁。因此，上面派了苏林神甫（邱岳峰配音）来为她驱鬼。

约安娜向苏林神甫倾诉了她的身世和她的痛苦。她告诉苏林神甫："我的父亲是个公爵，家住司摩棱司克沼地，不为人所知。而我在这凄凉的修道院里敬奉上帝……"还说，当年加里森神甫半夜里站在她的床前，摸她的奶子，往她胸前滴香油……

请苏林帮助她，拯救她。可还没等她走出屋子，忽然回过身来，马上就变成了另一个人。她一脸媚笑，说自己身上到处都附有小魔鬼。我记得，她一口气说了十几个小魔鬼的名字，以及哪个魔鬼附在她身上的哪个部位。她语速很快，魔鬼的名字又没有任何逻辑性，真是考验了我一次背台词的功夫。然后，她就像个荡妇一样领着全体修女在院子里疯跑疯叫起来。

这样疯过之后，她又会向上帝忏悔，脱光上衣，用鞭子抽打自己。而苏林因为未能帮助约安娜驱除魔鬼，也在用鞭子抽打自己。

最后，约安娜终于向神甫坦白承认：她喜欢魔鬼附体，她是敞开自己的灵魂让魔鬼进来的。而苏林神甫为了拯救约安娜，竟用斧头砍死了两个人，好把魔鬼引到自己身上。

这是一部讲灵与肉的冲突的影片。约安娜既是一个人，也被影片分解成了两个人。一般生活中的人，他的思想有什么变化，不一定全摆在脸上。而影片中的约安娜，随着她思想的变化，却表现得判若两人，一会儿是个贞洁的圣女，一会儿成了个疯狂的荡妇。所以，作为演员，这个角色是特别有挑战性的。

这个片子从没公映过，观众也无从知晓，却给我留下了深刻的记忆。

苏联的新浪潮影片

我们是在译制大量苏联影片的年代里开始我们的译制生涯的。当年，我们上海电影制片厂翻译片组就是为了以苏联片代替被逐出我国电影市场的美国片而组建的。这些影片曾培养了我们国家青年一代的是非观和道德观。还记得很多青年就是看了《乡村女教师》（又名《桃李满天下》）而报名去了边疆，走上了教师岗位。我们自己也曾为译制了《列宁在一九一八》和《伟大的公民》而自豪，并曾因此获得文化部的嘉奖。

我非常喜欢《海军上将乌沙柯夫》、《青年近卫军》等影片，也喜欢《生活的一课》和《没说完的故事》。但真正令我感到震撼和念念不忘的却是上世纪五十年代末到六十年代初的几部被称为“苏联新浪潮”的影片——《第四十一》、《雁南飞》、《一个人的遭遇》、《晴朗的天空》和《士兵之歌》。

俄罗斯是个有文学传统和艺术传统的国家，她曾拥有普希金、托尔斯泰、陀思妥耶夫斯基、柴可夫斯基和列宾等伟大的作家和艺术家。另外，她也是自二十世纪以来人民遭受战争灾难最深重的国家之一。赫鲁晓夫执政以后，部分解除了艺术上的禁令，一改苏联电影一味讴歌战斗英雄的做法，如《金星英雄》和《攻克柏林》。这些新浪潮影片着重描写了战争带给人民的苦难以及战争是何等残酷地破坏了个人幸福。

《第四十一》被国际影坛公认为是这股苏联新浪潮影片的始作俑者。它摄制于一九五六年，曾获得一九五七年戛纳国际电影节特别奖。导演丘赫莱依是苏联著名导演罗姆的学生，是苏联电影界的后起之秀。他有着深厚的俄罗斯文学底蕴，深刻地体察到苏联人民半个多世纪以来所经历的深重苦难。他也是《晴朗的天空》和《士兵之歌》的导演。这三部影片被称为丘赫莱依的三部曲。

《第四十一》的故事描写的是苏联十月革命初期，一支小小的红军残部从里海岸边向卡拉库姆大沙漠撤退，在寻找大部队的途中俘虏了一名白军中尉（邱岳峰配音）。而后，他们发现这名白军中尉身负重要使命，政委（于鼎配音）决定派红军女战士玛柳特卡（由我配音）从海路乘船将他押送去司令部。玛柳特卡是一名神枪手，曾有四十名敌人死在她的枪口下。政委特别嘱咐她，决不能让白军活着逃跑。可是小船遇到了风浪，玛柳特卡和中尉被冲上了一个无人的小岛。为了生存下去，他们不得不互相照顾，并产生了爱情。白军的船来了，中尉不顾一切地向小船奔去，玛柳特卡记起政委的命令，举枪击毙了她的第四十一名敌人。

白军中尉由苏联著名男演员斯特里仁诺夫扮演，他曾主演过《牛虻》等多部影片，是我国观众所熟悉的。在《第四十一》中，他扮相英俊、潇洒，是那种有教养的知识分子形象，全无反派人物的狰狞和油滑。红军女战士玛柳特卡由伊兹维茨卡娅扮演。她富有战士气质，又具有少女柔情，她对革命忠诚、执着，又充满了对爱情的向往，这个人物特别令我入迷。我看过影片的当天晚上闭上眼睛，满脑子都是伊兹维茨卡娅被篝火映照着的脸部特写，那是她在听中尉讲《鲁滨孙漂流记》的一组镜头，她或痴迷，或惊喜，火光在她脸上跳跃着……她的脸充满了整个银幕。

影片细腻地展现了玛柳特卡复杂的内心世界。她是个少女，还在押解途中就发现了中尉的眼睛像海水一样蓝，这对女人是危险的。在吉尔吉斯村民的帐篷里，玛柳特卡在写诗，中尉好奇地问她在写什么，她就给中尉念了一段。后来在小岛上她问中尉："你怎么知道这么多好听的故事?"中尉说："我并不是生来就当俘虏的。我家里四面墙都是书，这是从书里看到的。"她于是羡慕地说："等革命胜利了，我也要去读书，去学写诗。"在荒岛上，他已不再是白军，而是她惟一的伙伴了，他们相爱了。

影片细致入微地描写了两人之间人性和阶级性不可调和的矛盾。他们相爱的甜蜜，也无法冲淡他们阶级对立的仇恨。尽管中尉说"在这个荒岛上，是我人生最快乐的日子"，最终，他还是向白军的船跑去了……玛柳特卡亲手埋葬了自己的爱情，她的爱是刻骨铭心的，她的悲哀也是刻骨铭心的。

这部影片的摄影非常富有感染力，荒漠中夕阳映衬下骆驼队的剪影，使人感到荒凉、凄惨，又有一种悲怆的美。在中尉讲故事那场戏里，旋律优美的音乐代替了台词，篝火的红光照耀着中尉，中间插进了玛柳特卡一个个表情生动的大特写，令人心醉神迷。

《雁南飞》是一部备受国际影坛青睐的苏联新时期电影的重要作品，曾获得一九五七年戛纳国际电影节金棕榈奖。导演卡拉托佐夫是上世纪五十年代苏联诗电影的倡导者。他认为，"真正的电影，必须是诗电影！无论在剧作上、形象处理上以及表现手段上都应如此"，因为"诗的飞越，能从高处给予艺术家一种哲学观点，一种高瞻远瞩的精神和昂扬的气概”。卡拉托佐夫的这些主张在《雁南飞》中都得到了充分的体现。影片开头男女主人公在莫斯科河畔的散步、男主人公牺牲时幻想的婚礼场面，以及那旋转的白桦树，都洋溢着诗的激情，尤其是被国际电影界屡屡提及的女主人公薇罗尼卡（束夷配音）为男主人公鲍里斯（尚华配音）送行的那一组镜头。鲍里斯应征入伍，即将开赴前线，薇罗尼卡赶来送行，可人群拥挤，大家都高喊着与亲人道别，薇罗尼卡无法接近新兵行进的队伍，她的喊声也被淹没在一片喧嚣声中，而队伍则越走越远了。她无奈地把原准备送给鲍里斯的饼干向鲍里斯抛去。当然，鲍里斯既没看见也没听到，饼干落在地上，被一双双穿着军人大皮靴的脚踩碎了。这一组镜头和鲍里斯牺牲时的场面都成了电影史上著名的段落。

鲍里斯由巴塔洛夫扮演，他主演的《莫斯科不相信眼泪》是我国观众所熟悉的。

《一个人的遭遇》是一九五九年摄制的，当时被称为苏联“修正主义五大王牌”之一。它是根据苏联著名作家肖洛霍夫同名小说改编的，由苏联著名演员邦达尔丘克任导演并扮演主角索柯洛夫。本片获一九五九年莫斯科国际电影节大奖，一九六〇年获列宁奖。

影片采用由老兵索柯洛夫（高博配音）自述的形式，讲述了他不幸的一生。他生于一九〇〇年。苏联国内革命战争时期，他当过红军。一九二二年大饥荒年代，他给库班的富农当长工侥幸活了下来，可一年后回家，亲人全饿死了。他到一个建筑工地当上了工人，遇见了孤儿伊琳娜（赵慎之配音）。他们结了婚，他说：“天下没有比她更漂亮更称心的了。”他们生了一儿二女，平静幸福地生活了十七年。卫国战争打破了他们平静的幸福生活，索柯洛夫上了战场。

他在战争中开车冲过敌人的炮火时受伤被俘，在集中营受尽折磨，最后绑架了一名德军少校开车冲过封锁线回到苏军阵地，并使苏军获得了重要情报。可他回到家，妻子和两个女儿早在一九四二年德军大轰炸时就丧了命。好在儿子幸免于难，在炮兵连当连长。索柯洛夫又上了前线。可就在大家欢庆胜利时，他的儿子牺牲了，埋葬了他最后的欢乐和希望。

战后，他遇见了一个孤儿瓦尼亚，他冒充瓦尼亚的父亲领养了这个小男孩。索柯洛夫是俄罗斯人民半个世纪以来所遭受的各种苦难的身受者：内战、饥饿、第一次失去全部亲人、卫国战争、被俘、再一次失去全部亲人。这个人物具有典型性也具有极大的真实性。影片作者始终遵循的一个原则就是真实。这真实是严峻而残酷的，但作者总是力求最大限度地接近生活，接近事件，接近细节，接近这一切真的有过的东西，从而塑造出一个有自己思想与感情、愿望与向往，有自己严酷遭遇的人。

我们译制工作人员看译制好的完成片是为了鉴定一部影片译制质量的优劣，因此大家注意的是配音演员的表演是否与原片贴切，哪场戏配得好，哪场戏配得不好，很难像普通观众那样投入地看戏。可这次不同。索柯洛夫在汽车驾驶室里对瓦尼亚说："你知道我是谁？我是你爸爸。我找了你好久，终于找到了你。"瓦尼亚先是惊奇地听着，终于相信了，他扑上去，用小手搂住索柯洛夫的脖子喊道："爸爸，我的亲爸爸，你终于找到我了。"索柯洛夫的手颤抖着，汽车歪向了道路的一边。看到这里，我们很多人都忍不住泪流满面，甚至掩面呜咽起来，全然忘记了这不过是电影。

属于苏联新浪潮的另外两部代表作，一部是《士兵之歌》，由长春厂译制，一部是《晴朗的天空》，没有译制。这两部也都是丘赫莱依的作品，也都是表现在卫国战争中普通人的命运，他们像一颗颗小小的沙粒，被战争的浪潮无情地冲来冲去。我特别记得有这样一组镜头：乡亲们听说有一列军用火车路过他们这个小站并将短暂停留，而车上就有他们的子弟，于是大家挤满了小小的月台。车上的士兵也以为可以见到久别的亲人，纷纷拥到窗前。可是火车没有停下来，它呼啸而过，车上车下的人都急切地想寻找自己的亲人，由于火车太快，一闪而过的脸都变形了。火车的隆隆声淹没了人们呼天抢地的喊声，其惨烈的情景令人胆战心碎。

白云、苍狗，倏忽万变

苏联片《第四十一》是一九五七年译制的。转眼间快半个世纪了。白云、苍狗，倏忽万变，真让人不胜唏嘘！

首先使我感慨万端的，是在这部影片中，那些和我一起工作几十年的伙伴已经有多人不在人世了：为男主角白军中尉配音的邱岳峰、为政委配音的于鼎、为红军战士配音的毕克。人天永隔，再无相聚之日，叫人欲哭无泪，奈何！

《第四十一》是苏共“二十大”之后反对个人迷信、反对无冲突论的产物。因为它比较真实地表现了人性的复杂与矛盾，表现了在大的时代背景下个人不幸的命运，令世人耳目一新。除了《第四十一》，还有《雁南飞》、《一个人的遭遇》、《晴朗的天空》和《士兵之歌》等等。这批作品被统称为苏联的新浪潮电影。它们都曾获得苏联国内和国际电影节上的大奖。《第四十一》的导演丘赫莱依曾获戛纳国际电影节青年导演奖、旧金山电影节最佳导演奖，被称为苏联新浪潮电影的代表人物。《第四十一》更被称为苏联新浪潮电影的始作俑者，曾获得一九五七年戛纳国际电影节特别奖。

这部影片到我们厂的时候，正当我们风华正茂，厂里为了鼓励大家创作的积极性，提倡自报角色。

看了影片的当晚，我闭上眼睛，满脑子都是玛柳特卡被篝火映照着的脸部大特写。火光在她的脸上跳动着，她那么痴迷、那么惊喜，眼睛里充满了遐想。我不由地爱上了这个角色。我也爱影片的音乐，特别当玛柳特卡抱着死去的中尉喊着“蓝眼睛”的时候，天边响起了女声合唱的无字歌。那撕心裂肺的悲哀全都融化在音乐中。我也爱它的摄影——在夕阳下，骆驼队行进在沙漠上的剪影，海滩上，奔跑嬉戏的两个人，就像一幅幅油画。

无论如何我也要争取这个角色。当时，我们有三组“白军中尉”和“玛柳特卡”，真是竞争激烈。幸运的是，我和邱岳峰当选了。这也是我在多年的工作中最开心的一件事。

可是，完全没想到，影片配完后，海报都已经印好了，却被彻底封杀。从此，就像自己生的孩子被人抱走，再不知它的生死安危。

更没想到的是，这么多年了，还能再见到它！

现在回过头来去审视上世纪二十年代人们的命运，更叫人觉得世事无常，难以预料。

玛柳特卡是忠于红军的，也是忠于革命的。为此，她不惜亲手埋葬了自己的爱情。为了信仰牺牲个人幸福，这是革命队伍对战士的要求。当时，谁也不可能想到，这场轰轰烈烈的“革命”，会成为过眼云烟。

这是花季少女玛柳特卡的不幸，也是战乱中的俄国人民的不幸。也许，这也是人类在前进过程中不得不付出的代价吧！？

非同一般的人物关系

我认为《卡桑德拉大桥》之所以精彩，其中一点是这一列车人的命运始终叫观众担着一份心，还有一点，就是这部影片人物关系的非同一般。首先，张伯伦（毕克配音）和詹妮弗（由国际著名影星索菲亚·罗兰扮演，丁建华配音）结过三次婚，又离过三次婚，可詹妮弗还是追随前夫来到了这列火车上。其实，他们仍然是彼此深深相爱的夫妻，大家心里都是希望和好的，可他们嘴上都不饶人，明明眼看就可以和解了，却由于一句带刺的话，又把事情搞僵了。他们一波三折的感情也是影片引人入胜的一个看点。

还有一对关系不一般的男女，那就是大军火商克莱斯勒夫人妮科莱和她的情人登山运动员。妮科莱的扮演者爱娃·加德纳年轻时是以美艳著名的影星，据说她当年甚至引起过性感明星玛丽莲·梦露的妒忌，怪不得她一出场，导演就给了她一个长长的镜头。妮科莱（由我配音）高贵得就像一个君临天下的女王，而她的情人——登山运动员（杨成纯配音）则像一个随从牵着她的狗跟在后面。她可能已年过半百，她的情人也许三十还不到，他是她的玩物，就像她的宠物狗。当年，陈叙一提出要我尽量往老了配，让小杨尽量往年轻配，以突出他们之间的不般配。

这位贵夫人有钱有势，不把任何人看在眼里，而且以调侃别人为乐。人家给她介绍张伯伦医生，她说：“说实话，我是久闻你的大名……很惭愧，不知你专长是什么?”这就等于跟葛优说：“久仰大名，但不知你在电影厂里是做哪方面工作的?”所以张伯伦也回敬她说，自己是专门医治那些低能儿的。妮科莱又顺势把球踢给了她的情夫，她说：“你瞧，宝贝，快谢谢大夫，这下你可有治了。”她不但平时这样玩世不恭，就是在登山运动员把她作为人质，准备劫持火车时，她也不忘说一句“这枪是我丈夫造的，看起来真是物尽其用”。爱娃不愧是个老演员，她塑造的克莱斯勒夫人性格突出，给人的印象非常不一般。

但是当正常交涉彻底无望解决问题时，为了一列车人的生命，大家已经不再计较过往的一切恩怨情仇，终于在火车即将到达大桥的一刹那，成功地使一部分车厢和前面的车脱钩了。钢铁折断的声音，那样触目惊心，大桥像儿童玩具一样坍塌了，前面几节车厢也随着倾斜的桥梁冲向了水中。

劫后余生的人们多了一份对生命的感悟，张伯伦和詹妮弗深情地拥抱在一起，妮科莱的脸上也不见了往昔的傲慢。

《红莓》为囚犯立传

一九七五年某天一大早，大家接到通知看一部影片。第一个镜头竟然是一群囚犯在唱歌，我们真是感到太意外了。难道这是一部专门讲囚犯的影片？不错，这就是一部以囚犯为主角的影片。

这是由苏联青年电影艺术家瓦西里·舒克申自任编剧、导演、主演的影片《红莓》。舒克申是苏联电影界的后起之秀，他才华横溢，可惜英年早逝，死时只有五十岁左右。

他在影片中扮演惯窃叶高尔（邱岳峰配音），在狱中有个通讯女友——柳芭（由我配音），他出狱之后，就预备去投奔她。

他自由了，感到生活是这般美好，他向小树林问好，向乌鸦问好，他不想再偷窃，想要像正常人那样生活。然而没有人相信他要重新做人的真诚。他刚到柳芭那里，无论是柳芭的父母、兄嫂还是邻居，都反对柳芭接纳他，他们不知道他是不是会拿刀子捅人，会偷东西。刚开始，他对柳芭也撒了谎，说自己被捕只是误会。可很快，他就承认自己是个惯窃。这回却轮到柳芭在父母面前替他说谎了。宽厚、仁慈的柳芭始终坚信他是个好人，她以妻子的爱拯救了叶高尔的灵魂，给了他重新开始的信心和勇气。他终于当了拖拉机手，并成了先进生产者。他和柳芭结成了恩爱夫妻，他们哪怕谈论干农活、放牧奶牛都充满了幸福家庭的温馨……可盗窃集团不肯放过他，他们杀害了他。

柳芭抱着叶高尔的尸体痛哭失声。导演陈叙一很懂得保护演员的激情，他不想再让我多试，轻轻地喊了一声“录”。我听见他喊录，就撕心裂肺地哭了起来。可录音师并没有录，因为老陈怕影响我，那声“录”确实喊得很轻。老陈没有怪录音师，他说“那么现在录吧”，我又哭了一遍，可录音师仍然没录。老陈不由发了火，我也感到不可理解，这时，丧夫之痛已经荡然无存了，结果竟然把最没有感情的一段保留了下来。事后，伍经纬批评我作为一个老演员，不应该因为这个使自己受到影响。

据说，在影片中扮演柳芭的女演员，在生活中就是舒克申的妻子。她把柳芭塑造得质朴、善良，非常可爱。

看完鉴定，叶琼跟我说：“这个人物让你一配，觉得她挺可爱的。”那时候认为这部影片是修正主义作品，剧中人物都应该是反面典型，所以我不知道她这话是表扬我呢，还是批评我呢。

台词，有千变万化的读法

自从电影变成有声以来，对白就成了电影的一个重要表达手段。上个世纪四十年代开始，意大利新现实主义强调纪实风格，日益摆脱戏剧的影响，在台词的读法上也力求生活、自然，消除任何做戏的痕迹。这无疑是今后的方向。但是这也不等于说，对台词就不要下工夫了，随便一说就是生活、自然了。首先，作为演员必须声音放松，又要口齿清晰，这就是一项基本功。电影是一次过的艺术，不能像小说那样没看清可以回过头再看一遍，所以演员读词，不能让观众听了费劲。有些年轻演员说话含混不清，吐字归音不全，还自以为很时尚，实际完全是误入歧途。我想这应该是个很浅显的道理。

逻辑重音

在生活当中没有人会说错逻辑重音，因为自己要表达的意思，自己很清楚。可是读台词的时候，往往没有理解清楚角色的意图，就会把逻辑重音读错。所谓逻辑重音，就是在一句话中重读的某一个字或词。

例如有一则牙膏广告：一个男孩看见工人往树根上刷石灰，他于是也用牙膏往盆景的小树根上刷，一位女士告诉他“牙膏是为牙齿防蛀用的”，可她却读成“牙膏是为牙齿防蛀用的”。

有一位母亲，她和客人的谈话，不想让在旁边玩耍的孩子们听到，她本该说“你们到楼上去玩儿吧”，可她说成“你们到楼上去玩儿吧”，孩子们本来就在玩儿呀。

同样一句话，由于逻辑重音不同，可以表达很多不同的意思。例如说“我今天不想看电影”，可以把逻辑重音说在“我”上，意思是“你们今天想看电影，可我不想看”；也可以说在“今天”上，意思是其他时间都可以，但今天不行；也可以说在“不想看”上；还可以说在“看电影”上，就是说，打牌、散步都可以，可不想看电影。这样的例子，是不胜枚举的。

每句台词都会因人而异

同样的一句台词，都会因为说话人的文化教养、年龄、性格、社会地位的不同而有所不同。例如，《冰海沉船》中，面临生死关头，老夫人拒绝上救生艇，说“我们一辈子都没分开过，现在也不分开”。她说这话时，从容、坚决、深情。而新婚的妻子说“他们不分开，我们也不分开”。她说这话时，甚至带着一种欣慰，终于找到理由可以与丈夫共生死了。

我配的大军火商妻子克莱斯勒夫人，有财有势，什么世面都见过，什么人都不放在眼里，而且时时以调侃别人为乐。她的情人也不过跟她的狗一样，是她的宠物。所以当张伯伦医生说他能提高低能儿智力时，她跟情人说：“你瞧，宝贝，这下你可有治了。”甚至被劫持为人质，生命受到威胁时，她仍不忘自嘲道：“这枪是我丈夫造的，真是物尽其用。”

有时一个人在不同处境中会有完全不同的表现。《简·爱》中的罗杰斯特，开始对简粗暴、尖刻；求婚时则变得急切、诚恳了；等到他的眼睛瞎了以后，对简的态度又变得疏远而客气了。有的时候，表面的意思和内在的情绪是相反的。例如对爱人说“讨厌”“我恨死你了”，往往是一种爱的表示。也有的时候，表面是客气话，内在的意思却是在表达不满。例如明明知道由于对方在上司面前说了坏话自己才未能升职，反而说“多亏你在上司面前的美言，我得好好谢谢你喽”。再如受到称赞时，说“不不，我还差得远”，有的是真诚地感到自己差得远，而有的则是一种假客气。有的会诚惶诚恐，有的则会得意忘形。

总之，人的感情是极其复杂的，也是变化多端的。另外，人与人之间也是千差万别的。

影片风格的决定性作用

像《水晶鞋与玫瑰花》是由童话改编的，读词应该活泼、流畅，切忌重浊。《虎口脱险》是闹剧，情节荒诞，人物夸张，读词也要与原片夸张的分寸相吻合，而且演员的感情也同样要真诚，决不能去表演滑稽。席勒的《阴谋与爱情》、莎士比亚的《王子复仇记》是散文诗，读词必须讲求韵律，不能说成大白话。《远山的呼唤》像小桥流水，温馨，隽永，读词应该像耳边絮语令人感到亲切。而像《金环蚀》和《国家利益》这类政论片，就必须浓墨重彩，才能把那些贪官污吏揭露得体无完肤。

一般来说，不同的国家，也会有不同的风格。英国片大多拍得比较精致，如黑白版的《孤星血泪》、《冰海沉船》以及《简·爱》。而美国片则更讲求明星效应，如由琼·芳邓主演的《简·爱》、由李奥纳多主演的《泰坦尼克号》等。相同的题材，美国片都不如英国片拍得好。西欧各国好像更注重艺术上的创新，喜欢拍一些探索性的影片，如作家电影《广岛之恋》、《得克萨斯的巴黎》等等。

另外，现代片与古装片，时代不同，读词也应该是不同的。

4

我的每一片新天地
——导演札记

我的每一片新天地

我一九五〇年进上海电影厂翻译片组，一九五一年开始，陈叙一厂长就陆续交给我一些译制导演任务了，直到上海电影译制厂成立，我被正式编入译制厂导演组。

我不知道老陈为什么会选中我，那时，我们翻译片组并不缺导演。也许因为我喜欢看书，也许因为我不管干什么都特别自信，而且不愿墨守成规，总之，他不但选中我，而且把我作为他重点培养的对象。他给了我机会，我永远感激他的知遇之恩。我这一生能遇到他，实在是我最大的幸运。

这么多年的译制导演生涯中，对我来说，每部片子都是一片新天地。

每部作品，都是艺术家一个银色的梦，我在其中遨游，从未感到厌倦。

从搞美术片开始

我担任导演的第一部翻译片，是苏联动画片《黄鹤的故事》。那之后，我差不多每年都搞一两部美术片，如《第一提琴手》、《那波里来的孩子》、《狡猾的狐狸》、《美妙的创作》等等。我非常喜欢这些美术片，它们制作精美，造型生动，非常有想象力。我至今仍然觉得那时的苏联美术片水平是相当高的。

《第一提琴手》中的第一提琴手是只小蚱蜢，芭蕾舞教师是只蝴蝶，更夫是只萤火虫，它们都被拟人化了。这部动画片，不但人物造型可爱，片中音乐也极优美动听。小蚱蜢是个男孩，是请故事片演员张鸿眉来配的，蝴蝶教师是邱岳峰配的，萤火虫更夫是毕克配的，老更夫一边打更一面唱“萤火虫，点亮灯”，也是由毕克自己配的唱。

已经四十年过去了，至今我还能看到那小蚱蜢拉提琴的样子，耳畔仿佛还回荡着那优美的琴声……

另一部令我难忘的美术片是苏联的木偶片《美妙的创作》，也是一部音乐片。讲的是一名正在走红的男高音歌唱家，自以为了不起，不按时参加演出，被一位名不见经传的小演员顶替了。这些木偶的造型都极夸张，我特别记得唱女中音的有一张大嘴，而几个等在雪地中的女中学生——她们都是那个男高音的崇拜者，其中一个长着斗鸡眼，形象非常生动。

为了争出场先后，女中音和女高音吵了起来。那女高音自觉高人一等，而女中音粗声大嗓根本不买账。我怎么看怎么觉得那女中音一定得让剪接组的潘我源来配才够味儿。小潘进上影前曾在文工团演过戏，普通话也讲得好，尤其她那大大咧咧的作风和不管不顾的言谈举止，特别符合那个女中音的形象。我向老陈提了出来，居然得到了他的支持。小潘果然配得很出色，她后来就调演员组了。

《美妙的创作》中有女高音独唱，女中音独唱，男高音独唱，男低音独唱，大提琴演奏……简直是一场世界水平的音乐会。也许那都是苏联歌剧院的演员演唱的吧。

建国初期之所以推出翻译片这个片种，是为了用苏联片来填补美国好莱坞影片被驱除之后的中国电影市场。在一九五四年以前，我们只译制过苏联和东欧社会主义国家的影片，一九五四年以后才逐渐译制了资本主义国家一些左派艺术家的作品，如意大利新现实主义的《偷自行车的人》、《警察与小偷》，西班牙的《影子部队》等等，这些影片都是描写战后工人失业和底层小人物的命运的。再有，就是当时被苏联所肯定的进步作家的作品，如根据英国作家狄更斯小说改编拍摄的英国影片《孤星血泪》、《雾都孤儿》，根据法国作家司汤达同名小说改编拍摄的法国影片《红与黑》等等……

我这一生接触过几百部影片，每部影片都是一片生活的新天地。这里面有着人生百态。作为译制导演，我深入进去，我参与其中，有的使我愉悦，有的使我愤怒，有的使我扼腕叹息……而这一切就是我所从事的工作的魅力所在。我为此而感谢上苍！

心理变态片《狼窟》

一九六〇年，我曾搞过一部捷克影片《狼窟》，那是一部描写心理变态的电影。我们自搞译制以来，第一次接触这类影片。

一位中年男子罗伯特（毕克配音），娶了一个心胸狭窄、趣味庸俗的有钱老妇克拉洛（张同凝配音）。克拉洛对罗伯特照顾得很周到，罗伯特做了那个小城市的市长，生活过得很平静。他们没有孩子，就领养了一个女儿——杨诺（赵慎之配音），她是第一次世界大战后的战争孤儿。杨诺是个文静、美丽的姑娘，她给这个死气沉沉的家庭带来了生气。

罗伯特夫妇带着杨诺一块去郊游。杨诺和罗伯特一块捉蝴蝶，辨认野花……正玩得高兴，克拉洛却高声呵斥杨诺，不许她奔跑，嫌她没规矩。

晚饭后，罗伯特弹着琴和杨诺一起唱着歌，克拉洛却忽然打断了他们。因为她突然发现罗伯特的黑痣上长出了一根短毛，要杨诺去拿剪子。

他们三人一块上街，冒失的医生误把杨诺当成了罗伯特的妻子，这在三个人的心理上都引起了微妙的反应。

杨诺唤醒了罗伯特对生活和爱情的追求，他爱上了杨诺，杨诺也爱上了他。后来克拉洛死了，可罗伯特却不肯娶杨诺。因为娶自己的养女会影响他晋升更高的官职。他要求杨诺做他的情妇，杨诺愤而离去。

这部影片的用光和摄影角度都很怪异。一组克拉洛睡觉的镜头，人脸是变形的，让人感到阴森、恐怖，真有“狼窟”的感觉。

如诗如画的《带阁楼的房子》

《带阁楼的房子》是根据俄国作家契诃夫同名小说改编拍摄的苏联故事片，五十年代末由雅尔塔电影制片厂摄制。我们是在一九六一年译制的。

我一向喜欢苏联的油画，也喜欢苏联一些彩色影片像一幅幅油画似的那么雅致，那么有意境。在《带阁楼的房子》中就有着一幅幅这样的画面，令我至今犹觉历历在目。像画家（邱岳峰配音）和米修司（赵慎之配音）站在庄园的大门旁，米修司那穿着白衣的少女窈窕的身影以及他们身后那寂寞的俄罗斯的原野，都在无言地述说着生活的郁闷。还有从画家眼中看到的远远的阁楼上的灯光和朦胧的晃动着的人影，都有着浓浓的情绪。好像这些画面会说话一样。

我也特别喜欢这部影片的音乐，特别是其中的俄罗斯民歌，那么苍凉、悲怆，犹如发自俄罗斯那苦难深重的大地，令人震撼。

我到现在还得意于当年我对这部影片在演员班子的搭配。一般张同凝总是配老年的角色，但是在这部戏里我却安排她配了一个二十几岁的年轻姑娘，她是米修司的姐姐，她给穷人的孩子上课，探望穷人的家庭，但她却是个毫无爱心的政客，她对人强势、冷漠，包括对她的妹妹也是如此，我认为只有张同凝才能把她这方面的特点配出来。

那么谁来配张同凝的妈妈呢？潘我源是我们女演员中年龄最小的，但她是女中音，而且她也有作为长辈的气势，只有她才压得住张同凝。

可惜这部影片的拷贝坏了，万分遗憾。

二〇一二年九月十五日补充

席勒名剧《阴谋与爱情》

民主德国拍摄的《阴谋与爱情》是根据席勒同名剧作改编的。我猜想，这部影片也许是由舞台剧移植过来的，因为扮演亲王情妇的女演员明显偏老，而且不漂亮。可能由于她的台词功夫好，也可能把整个舞台剧的演员班子都搬过来了？

一九五九年我们译制这部影片，是作为向文代会献礼的。一共来了宽银幕和普通银幕两部拷贝，由我和胡庆汉联合导演。先录普通版，是由陈叙一亲自导演的，我们两个人只是跟在棚里看他录音。那时导演组刚成立不久，也许他想给我们上示范课吧。我印象最深的一段戏，是斐迪南（毕克配音）在路上拣到一封伪造的情书，他以为露易萨背叛了他，因而痛苦万状。毕克呻吟着“哦”了一声，老陈觉得还不够痛苦，启发他应该感到生理上的疼痛，就像挨了一刀。就这一个“哦”字，竟录了六七遍之多。

普通版录完之后，陈叙一和胡庆汉就到北京开文代会去了，宽银幕的就由我单独来录了。我问老陈该注意些什么，他说：“你不是都看见了，照着做就行了。”但是事实证明，尽管是同一部影片，同一批演员，出现的问题却是完全不同的。不过我跟了老陈全过程，对戏的理解还是心中有数了。

席勒剧本的台词，都像散文诗一样优美，我们的演员也都读得很有韵味。

我特别欣赏于鼎配的大提琴师米勒。

阿根廷名著改编的影片

根据阿根廷名著改编的影片《中锋在黎明前死去》，是我们在六十年代初译制的。内容讲一个巨商鲁普斯，想把好东西都收归己有。他收买了足球场上的中锋卡丘（伍经纬配音），跳芭蕾舞的演员诺拉（刘广宁配音）……把他们像养金丝雀一样养在家里。但是他们的价值只有在球场上，在比赛当中，在舞台上，在演出当中才能体现出来；离开了球场，离开了舞台，也就失去了他们存在的意义。他们相约逃走，被鲁普斯发现。卡丘杀死了鲁普斯，他自己也在黎明前被法庭处死。

西班牙名著改编的影片

根据西班牙名著《小癞子》改编的影片《瞎子带路人》，是当年夏衍先生亲自点名引进的。内容讲：一个穷孩子拉扎罗（李梓配音）为生活所迫给一个瞎子当了带路人。瞎子又奸刁又吝啬，拉扎罗只好离开他，又去投奔一个教士。教士更加吝啬，甚至把面包锁在箱子里，拉扎罗偷吃面包被发现，只好再次离开。他的第三个主人是一个没落贵族（伍经纬配音），因为要保持贵族派头，收留了拉扎罗做用人。他本身就已经衣食无着，还要靠拉扎罗讨来面包给他吃。他一面迫不及待地把面包抓过来，一面还要端着架子问一声：“那揉面的手干净不?”

后来小伍就一直把这句话作为他向朋友们讨吃的代名词。

那是李梓头一次在我的戏里配男孩。不过那个男孩只有六七岁，还没有变声，女演员配起来还比较容易。

《海峡》——真正的建设者形象

《海峡》是以日本青函海底隧道这一真实事件为背景拍摄的影片。这一隧道从本州穿越津轻海峡直达北海道，全长53．85公里，是当年世界最长的海底隧道。

津轻海峡风急浪险，渡轮一再失事，修建海底隧道早已是人们多年的愿望。由高仓健扮演的阿久津（毕克配音）是一个大学毕业不久的地质工作者，来这里参加隧道的勘察工作。海涛似乎要把一切都卷入海底，冬天的暴风雪更像要把整个世界都撕碎扯乱一样。谁会愿意久留这里工作？何况隧道能否修建也还是问题。

不久，阿久津被调回阳光明媚的南方家乡，他病弱的老父格外高兴。可他带着歉意对父亲说："我无论如何要去津轻海峡。"父亲理解了他的理想和追求，也支持了他的行动。

经过了十几年漫长的勘察，总算开工了。可开工后的问题更多。每时每刻都会出现的险情——塌方、伤亡，前所未有的各种技术难题，更使阿久津无暇顾及其他。

他从悬崖上救过一个企图自杀的姑娘——多惠（吉永小百合扮演，刘广宁配音）。这个姑娘一直爱他，他并非不知道，但是他不能辜负多年替他侍奉老父、抚育幼子的妻子。

二十五年之后，隧道凿通，他向多惠辞行，默默地敬多惠一杯酒，就算他对多惠的惟一酬答了。

资料片《后窗》

好莱坞名片《后窗》是希区柯克的作品。女主角格瑞丝·凯丽，就是后来嫁给摩洛哥国王的演员。男主角是个记者（施融配音），因为摔断了腿，只能在家里坐在轮椅上。他闲来无事，用望远镜观察对面楼里人们的活动，他东家看看，西家看看，无意中发现了一桩谋杀案，并让他的女友（丁建华配音）冒险到凶手家查实情况。凶手终于发现自己已经暴露，他找到记者家，欲置记者于死地，幸而朋友及时赶到，才制服了凶手。这回，他的两条腿都断了。

《普通人》

《普通人》是美国导演罗伯特·雷德福的处女作，因其真实细腻地揭示了人与人之间的隔阂，表现了至亲骨肉之间也无法沟通的可怕现实，而一举夺得了第五十三届奥斯卡大奖四项奖项——最佳影片、最佳导演、最佳男配角、最佳改编剧本。

律师杰瑞特（施融配音）和妻子贝思（丁建华配音）以及两个儿子组成了一个幸福之家。贝思一直偏爱长子，偏偏在兄弟俩划船的时候，哥哥淹死了，贝思便越发迁怒于小儿子康拉德（晨光配音）。康拉德因而自杀，这使得杰瑞特更加留意对小儿子的呵护。而母子之间仍然水火不容。杰瑞特想缓和母子间的矛盾，贝思便认为丈夫偏袒儿子，反而与丈夫争吵起来。这期间，贝思也曾想与儿子和解，但终于无法沟通。不仅如此，夫妻间也终因无法保持往日的相互理解而分手。

《飞越疯人院》

《飞越疯人院》曾夺得第四十八届奥斯卡奖多项奖项——最佳影

片、最佳导演、最佳男主角、最佳女主角、最佳改编剧本。

男主角麦克·墨菲由杰克·尼科尔森扮演（施融配音）。他本不是疯子，但是他有些被当局不喜欢的“缺点”，也被当疯子送了进来。疯人院的护士长（王建新配音）冷漠、恶毒，对这些病人不但毫无同情之心，而且折磨、刁难他们，以致大家差点把她掐死。而麦克·墨菲由于他的不驯服，已经被疯人院当成问题人物。

外号“酋长”（林栋甫配音）的“病人”，高大，木讷，都以为他又聋又哑，实际他完全是个正常的人。他与麦克·墨菲相约逃出疯人院。但麦克·墨菲在逃走前已经被疯人院害成了植物人。

最后，只有“酋长”逃出了疯人院。

越南老兵的控诉——《生逢七月四日》

《生逢七月四日》是根据美国侵略越南战争的老兵科维克的亲身经历改编拍摄的。朗·科维克自幼受家庭熏陶，充满英雄幻想，渴望成为一名军人，为国效力。他参加了侵越战争，受重伤下身瘫痪，而且永远失去了生育功能。回国后，逐渐对过去所信仰的爱国主义和英雄行为产生了怀疑。经过了痛苦的思考，终于认识了美国当局驱使他们当炮灰的谎言，并成了一名反战者。

朗·科维克由美国当年最走红的“青春偶像”汤姆·克鲁斯（梁正晖配音）扮演。他为了找到角色的内心感受，曾长时间和科维克一起坐着轮椅到处走。他极其出色地表达了青年朗的单纯、热情，回国后的痛苦、困惑、绝望，以及最后的觉醒，演来令人感到惊心动魄。他因而获得了第六十二届奥斯卡金像奖最佳男主角的提名。

此片导演奥立弗·斯通获得了第六十二届奥斯卡金像奖最佳导演奖。这也是我特别喜欢的一部影片。

我对译制片的几点看法

译制工作是艺术创作

无论是翻译把外文剧本译成中文，还是配音导演和演员把外文对白配成中文对白，都有一个再创造的过程。这中间就会产生优劣、高下之分。译得好的，准确、传神，会给人以艺术上的享受；译得差的，不仅会使原片受损，甚至连故事都会让人看不懂。

译制片的翻译也同样需要做到“信、达、雅”。“信”，就是要忠实原意，“达”，就是要表达清楚，“雅”，就是要生动有味。任何一种语言要转换成另一种语言，都不可能找到完全对应的话。有的可以直译，有的必须意译，语言还要与原片人物的表情动作相符，而且不能加注释。翻译就必须具有很高的理解力和表达能力。

每部影片都有它的风格和节奏。译制导演必须在配音过程中加以掌握，注意演员感情表达的分寸以及他们之间感情的交流，这个工作只有译制导演才能完成。

尽管原片是已经定格在银幕上的完成品，配音演员只能在原片的制约下工作，但这并不等于说，配音演员只要模仿就行了。他们也同样要考虑到角色的年龄、性格、身份、地位等等，同时还必须结合原片演员的表演，找到“这一个”人物的心路历程，不但要理解他之所以如此的道理，还要有丰富的表达技巧，这样才能使所配的人物鲜活起来。

所以真要做一个合格的译制工作者，就必须有一定的文化素养和一定的艺术造诣。

配音演员必须是一个会塑造人物的演员。

译制片有合格的和不合格的

我上面讲到的是合格的作品。我相信，这样的作品是不会消亡的。即使在美国多年的留学生或是工作人员，他们的英文水平非常高，但是他们当中很多人还是喜欢高质量的译制片。每当有人回国，就会带一批碟片回去，与朋友们分享。中国话是我们的母语，它的表现力、亲和力，我们对它细微之处的领会，都是其他语言无法取代的。听说，冰心老人自己就能翻译文学作品，可她还是会去读别人翻译的小说。我的一个朋友张露佳在法国留学，工作八年，她还是要看配音版的《虎口脱险》。

有人会三遍五遍地去看一部好的译制片，不单是为了了解它的故事，而是把它作为一件艺术品来欣赏的。

而那些不合格的作品，为什么能在市场上大行其道？有人说，因为目前是市场经济，没有人有耐心去欣赏什么高雅艺术，只要能填饱肚子的快餐就行了。果真如此，那么我相信，当人们吃饱肚子之后，还会回过头来寻求珍馐美味的。

译制片会培养出台词高手

译制片的口型和语言不一致，要求配音演员的口齿必须清晰，台词的点送必须到位。而且由于生产周期短，一个专业演员一年中差不多可以配几十部戏，甚至更多。演员不但实践机会多，还经常接触到各国表演艺术大师的作品，学到他们丰富的表达手段，所以在表演上和台词上都能得以迅速提高。

实践证明，他们不仅可以出色地完成译制片的配音任务，还能在其他领域发挥作用。如童自荣在《少林寺》和《少林小子》中为李连杰配音，刘广宁在《天云山传奇》中为施建岚配音。黄蜀芹导演曾告诉过我："在看样片时，觉得王馥荔比施建岚的戏好，可在刘广宁为施建岚配音之后，就显得施建岚的戏好了。"她由此认识到后期配音的重要。此外，经过配音锻炼的一些演员，无论是做节目主持人——如林海、刘家桢，还是演话剧、演电影——如曹雷、林栋甫，在驾驭语言方面都显得更为得心应手。一名优秀的配音演员必然也是一名优秀的广播剧演员，这也是被实践所证明了的。

我在一篇文章中看到，意大利著名影星索菲亚·罗兰在所有影片中的台词，都是别人配音的。这也印证了我的看法。能够共同创造一个完美的角色，这又有什么不好呢？

几乎没有人意识到译制导演的重要

一部译制片没有一个称职的译制导演，就像一个乐队没有指挥一样。演奏员各拉各的调，各按各的节奏，怎么可能演奏出一部和谐动听的乐曲？一部影片像一首乐曲一样，同样有它的高低快慢以及它的风格样式。一部影片也像一篇文章一样，同样有它的起承转合，这个工作只有译制导演才能承担。而译制导演要做好这个工作，他就必须熟悉原片、研究原片、吃透原片，这也是搞好一部译制片最基本的要求。如果连导演也不理解原片，又怎么能还原原片？

但是，理解了不等于就能很好地表达。

首先，译制导演应该知道剧中每个人物的特点，并熟知每个配音演员的情况，组织起一个层次鲜明、色彩丰富的配音班子，才能有的放矢地去帮助演员贴近原片，达到事半功倍的效果。

其次，在录制现场，译制导演心中应该有一把尺，就像一架钢琴有一个标准音。在这个定位的基础上去掌握整部戏的高低快慢，并帮助演员进入人物的状态，掌握角色的感情分寸。

还有一点特别容易被配音演员忽略的，就是与对手的交流。这也是译制导演应该格外予以关注的。没有交流就不成其为戏。

只有提高译制导演的水平，才能提高整个影片的质量。这一点，我们的老厂长陈叙一五十年代就意识到了。他制定了一系列制度：如导演与翻译一起参加初对，一起润色剧本并深入了解原片；向演员讲戏，接受演员的提问；译制完成后接受全厂的审查，不符合要求的进行补戏；整部戏的质量，导演要负全责。所以，每当演员有哪段戏配得不好时，他总是惟导演是问："这段戏你是怎么通过的？"如果戏的调子不衔接，他也会责问导演："录音师没听出来，你也听不出来吗？"逼着导演不得不把戏搞懂，不得不负起责任来。我想这些措施都还是行之有效的。

译制工作为什么那样使人着迷

尚华在晚年曾多次说过，“我要死在话筒前”，施融在美国留学、工作十八年之后，还那么渴望回国和老朋友一起再配一次音。连只有偶尔来译制厂配过音的张瑞芳，有一次碰到我还抱怨：“你们怎么也不找我配音了?”究竟是什么让大家如此迷恋译制工作呢?

人物的宝库

尚华说过：“我一会儿是总统，一会儿是乞丐。”施融在《蒲田进行曲》中是任人差遣的龙套演员。在《希茜公主》中则成了君临天下的弗兰茨皇帝。译制片有各种各样的题材，古典的、现代的、科幻的、现实的……电影本来就不受时空限制。在电影人物这个宝库中更是林林总总，无奇不有。在配音过程中我们可以有机会扮演各种各样的角色，品尝各种各样的人生。

解读大师作品、与大师“合作”

在《希茜公主》中扮演弗兰茨皇帝的演员说：“扮演弗兰茨皇帝是我一生的快乐。”我跟施融说：

“为弗兰茨配音，也是你一生的快乐吧?”

我国著名电影演员张瑞芳六十年代来我厂配过根据俄国古典作品改编的《白痴》。娜斯达西娅是个孤儿，被一个将军收养，并被他霸占，成为他的情妇。那是一个被损害与被侮辱的形象。她嬉笑怒骂，愤愤不平。而七十年代她来配音的《琼宫恨史》中的瑞典女王克里斯蒂娜，是一个为了爱情不惜放弃王位的奇女子。而她的扮演者葛丽泰·嘉宝，也是好莱坞红极一时的大明星。她在西班牙的帆船上，等待跟爱人——西班牙使节，一起去西班牙。可是她的爱人在与情敌的决斗中被杀害了。帆船起航了，她望着远方，神情木然。她这个镜头被电影评论家称为：“不表演的表演。”反而可以使观众产生各种联想。她在事业的鼎盛时期退隐，一辈子再没有复出，更使人怀念不已。

解读人物的所思所想，并以中国语言把它表达出来，甚至让观众忘记了这是配音，觉得就是原片演员自己在说中文。这是多么神奇的效果!

记得上世纪八十年代，我受上影导演黄蜀芹邀请，协助她为《青春万岁》做后期配音工作。在录音过程中，她的副导演有一次跟我说：“苏老师，听你给演员提意见，我感到心里热乎乎的。你提的意见跟我们拍摄时给演员提的意见那么一致，有时连使用的语言都是一样的。”我说：“那是因为我从你们的镜头角度、演员的动作、神态，读懂了你们想表达的思想。”

要想还原影片，就要详细解读原作。除了台词之外，还可以从原片的镜头组接、摄影的角度、用光，去感受原片作者所表达的思想，如在捷克影片《狼窟》中，女主角杨诺陪几个老妇在深夜打牌。不久她们都睡着了，睡相是那么恐怖、狰狞，作者想告诉观众这就是杨诺的处境。再如《苦海余生》中，当法西斯特务头子提到“德国犹太人”

时，镜头落在刚进门的一条狗身上。从导演对演员容貌、气质的选择可以了解作者对人物的爱憎。如《砂器》中，作者对杀人犯和贺英良的扮演者，选择了一向扮演正面人物的加藤刚。他气质高贵，相貌英俊，因而表明了作者对和贺的惋惜和同情。

作者在讲故事的过程中，所运用的手段是无穷无尽的，无论是音乐、效果，还是色彩的浓淡。如《远山的呼唤》，男主人公田岛耕作，初到北海道时，天空是阴沉的，还有乌鸦不祥的叫声。那是田岛所感受到的"生活的严酷"。而后来，夕阳西下，在霞光中，少年挥鞭，赶着牧归的牛群，那是田岛感受的"生活的温馨"……这些都是我们进入作品的通道。

细节的真实

细节的真实是电影、电视片的重要元素，是最为令人难忘的镜头，是最为令人震撼的瞬间。

当年夏衍先生给我们做报告时，曾强调细节真实的重要。他说："西方拍的影片，情节是胡编乱造的，但是由于它细节的真实，会让人信以为真。而我们明明是一个真实的故事，由于细节的虚假，倒显得整个故事都不真实了。"

他当时举了两个例子，在苏联片《生活的一课》中，暗恋娜塔莎的男同学，在娜塔莎结婚后带着孩子又回到这个城市时，仍对她痴情不改。在一个雨天，他赶去给娜塔莎母子送伞，镜头用一个全景，让观众看到他把伞举得远远的遮在娜塔莎母子头上，自己却完全淋在雨中。还有一个例子，在苏联片《没说完的故事》中，女医生去给一个小女孩看病，女孩发着高烧，她的妈妈已经死了。在昏迷中，女孩搂住了医生的脖子，喊着妈妈。医生怜爱地把她抱了起来……她抱着女孩走了很长时间，穿着高跟鞋的脚感到很疼。镜头拍了她脱了高跟鞋的脚的特写，她把脚尖贴在另一只脚的脚跟上揉着。

像这样的例子还有很多很多。我还记得五十年代有一部波兰片《不屈的城》，德国法西斯士兵从波兰人家里抢了一架钢琴，放在大街上，一个法西斯军官潇洒地弹奏起了贝多芬的月光曲，而他的旁边，就有纳粹大兵向着居民楼在发射火焰喷射器……在贝多芬月光曲的伴奏下，大火在熊熊地燃烧着。人类创造了如此的文明，也“创造”了如此的野蛮。

还有一部捷克反法西斯影片《罗密欧、朱丽叶与黑暗》。纳粹要求所有犹太人必须集中。凌晨，天刚刚亮，一家人拉着一辆铁轮子做的小车，走在鹅卵石铺的小路上，寂静的清晨，辚辚的车轮声，显得特别苍凉、凄惨。就像到了世界末日。

根据阿·托尔斯泰《苦难的历程》改编拍摄的《1918年》，故事发生在苏联闹大饥荒的年代，女主角在课堂上饿昏过去。卫禹平跟我说：“你看，这个戏的制片有多好，五十年代后期，苏联的生活情况已经很不错了，他从哪里找到那么多骨瘦如柴的孩子。”

在苏联片《百比姆黑耳朵》中有两个警察，每人只有一个镜头：一个老警察蹲在那里，一面把电话夹在脖子上打电话，一面在文件柜里翻看文件，一副眼观六路耳听八方的架势，一看就是个老油子；一个年轻警察去抓一条狗，到了养狗的那家门口，他先赶紧把帽子戴戴正，又拉拉衣服，满脸紧张，如临大敌，一看就是个新手。

日本片《望乡》，影片从阿崎婆的幼年一直写到她的老年。其中一共有四个演员：七八岁的幼年阿崎，十四五岁的少年阿崎，二十来岁的青年阿崎和老年的阿崎婆。前面三个演员的长相和气质，完全是按照扮演老年阿崎婆的田中绢代的样子来挑选的。我们虽然看过无数次影片，还是无法肯定在少年阿崎与青年阿崎之间是否有第五个演员，可见这几个演员有多么相像。我还记得我国拍摄的电视连续剧《末代皇帝》，年轻时是由陈道明扮演的，年老时则换了朱旭。这两位虽然都是很棒的演员，但是他们无论是长相还是气质都相差太远了，怎么也无法让人相信这是一个人。

日本片《远山的呼唤》中的效果声，也具有很强的表现力。如男主角田岛刚到北海道的时候，那阴沉的天空，不祥的乌鸦叫，既表现了北海道的荒凉，也表达了作为逃犯的田岛的感受。女主角民子看到表弟带着新婚的妻子来做客，倍感自己处境的凄凉，那寂静的秋夜，几声虫鸣，就是民子心情的写照。

至于由爱森斯坦编导的《战舰波将金号》中的著名场面——“敖德萨阶梯”，更是被无数影评家提到过、赞美过的经典：在表现沙皇在码头上屠杀市民的情节中，高高的阶梯上，有一个年轻的母亲中弹倒下，她的婴儿车被她一撞之下顺着阶梯颠颠簸簸地滚下来。我相信凡是看过这部影片的，是没有人会忘记这个镜头的。

话筒前的心理学

五十年代我曾当过乒乓球选手，由于那时整个水平低，我还成了区代表队的队员。当然，现在的我早已“不堪一击”了，但我以自己参加比赛的体验，深感运动员参加比赛的心理状态，跟我们配音演员站在话筒前配戏时的心理状态有很多相似之处。主要的一点就是不能背思想包袱，不能有杂念，否则就不能保持良好的竞技状态，也就是不能进入角色了。

运动员背了包袱，有了杂念就不能放开手脚打球，那就难免要输球了。记得前些年一次世乒赛女单决赛时，我国选手乔红与韩国名将玄静和的冠军争夺战就非常典型的表现了水平相近的选手临场的心理状态是决定比赛胜负的关键因素。那时乔红是一名新手，没有包袱，没有压力，如果打赢了很光彩，如果输了，输给一个多次获得过世界冠军的名将也不丢人。所以她一上场就打得泼辣、洒脱，一路顺风以二比零领先。可是当玄静和输了两局以后，情况突然起了戏剧性的变化。第三局，玄静和已经没有退路，倒完全放开了，乔红倒紧张了起来，打得犹豫、拘谨，连连失误。我想这是因为乔红急于想以三比零取胜，心中有了杂念，就不能一心一意地打球了。而玄静和呢，眼看大势不好，也就横下一条心来，不计输赢地拼一记了，因而发挥得很好，终于扳回一局。到了第四局，情况又发生了逆转。乔红有了二比一的优势，拼好了就摘下了世乒赛女单的桂冠，拼不赢也不过二比二，还有第五局，因此又放开了手脚。而玄静和渴望再扳回一局以便取得第五局一争雌雄的机会，又打得缩手缩脚了。乔红终于以三比一赢得了这场比赛。

我以为周总理是很懂得运动员的这种心态对比赛是起着多么至关重要的影响的，所以他总是对即将出国比赛的运动员说："你们输了，回国来我请客。"就是为了给运动员卸下包袱。而有的领导居然教训运动员说什么："这个球，你不要，全国人民还要呢。"试想，运动员承受着这么重的心理压力，怎么能全心全意投入比赛，赢球的时候唯恐输掉，输球的时候又怕无法向领导交代，在这种心态下不输才怪呢。

我想运动员是该想到全国人民的，但不是在比赛的时候，应该是在平常训练的时候，为了不辜负全国人民的期望，要练得更刻苦些、更用心些。

所以我总跟新演员讲"你只要尽了自己的力，用功准备了，就算尽到了责任，戏配好了算你的，配砸了怪我导演指导无方"。事实上没有一个演员愿意把戏配砸，就像没有一个运动员愿意输球一样。当导演的要尽量解除他们的思想负担，使他们能轻松自如地投入工作，才能进入最佳竞技状态。

八十年代初，日本影片《雾之旗》是我们厂当时的一部重点片。施融那时刚进厂不久，是第一次担任一部重点片男主角的配音。他非常用功，有一段感情戏，实录前的最后一遍试戏时，他对人物感情分寸和语言节奏的掌握都很好，情绪也很真实、饱满。我于是轻声喊道：

"录吧。"没想到，他一下子紧张了起来，马上失去了人物的心态。我知道，这种情况下绝不能说"你别紧张"，那只能使他更紧张，一时我也没了主意，不知道该怎么帮助他摆脱那种紧张的心态。我只好故作镇静地录完了那场戏，当然，没能把他试戏时最出色的表演录下来。

在工作中我逐渐摸索到，给演员提出一个简单而明确的要求，让他去追求一个新的目标最能帮助他排除杂念，消除紧张情绪。例如提醒他注意与对手的交流，或者提醒他"天很热，你要注意抓住热的感觉"等等，这样把他的注意力就吸引过来了，他也就摆脱了紧张的状态。在工作实践中这办法还是非常有效的。

另外，每个人的创作习惯也不同。例如童自荣就总是把台词背得滚瓜烂熟，从不说错一个字。而乔榛和尚华试戏时，一会儿说错这句，一会儿忘了那句，因为他们一边试一边还在琢磨戏，但你可以判断他对戏是有准备的，只要你喊"录"，他的词儿就不会错了。还有一种人，比如于鼎你就不能这样"逼"他，你必须让他把口型对准了，戏有了把握才能录，否则他会吃慌，反而欲速则不达。

酷暑、桃子、十七号片

一九七一年的夏天，那时我们还在梵皇渡路（即今万航渡路）老厂。建在三楼阳台上的录音棚暴晒在大太阳之下，棚里就像个大蒸笼。那时没有空调，录音时不能有杂声，所以也不能开电扇。惟一的降温措施，就是每天早晨用一只大脚盆装一大块冰，使棚里略微凉快一点。可演员人又多，进进出出又频繁，不到十点钟，早就化光了。那真是个热极了的夏天。

十七号片——《罗马之战》是由德国、意大利和罗马尼亚三国合拍的。讲的是初世纪哥特王国的老国王率军向南方大迁移，而罗马帝国正在衰亡，于是罗马被占领。而拜占庭是与意大利占领者结盟的。这就引发了三国之间的一场混战。全片长有三个多小时。人物特别多，为此又从故事片厂借来了高博、曹雷、中叔皇、林彬、康泰、李兰发等等。像这样一部大片，按正常生产需要，起码要一个多月。可上面只给了我们十天，按曹雷记忆只有九天！

为此，全体工作人员必须都住在厂里，空出来两大间办公室作为男女宿舍。每天除了吃饭、睡一会儿觉（大约四五个小时）就是录音。不过，也有例外，那时“工人阶级领导一切”，“天天读”还是雷打不动的。每天八点到九点必须学习毛著。实际上，没有一个人在学。戏少的，放心大胆地在打瞌睡；戏多的，则在闭着眼睛背台词。你看，一个个脸上，表情丰富，一时喜，一时悲，煞是好看。

罗马城防官策特古斯是这个影片的男主角，由卫禹平配音。城防官的女儿尤丽亚由李梓配音。拜占庭国王由中叔皇配音，王后由林彬配音。他们有一位侏儒宰相，特别精明干练，常常语惊四座。这个角色，当然非邱岳峰莫属了。可那一阵，正值邱岳峰长期低烧不退，住院检查。老陈说，我个人对他负责，叫他出院配戏。真想不到，影片忙完了，他低烧也没了。

程引配哥特国王。我和曹雷配哥特国王的两个女儿。我配姐姐，曹雷配妹妹。老国王死后，两姐妹争夺王位，先是姐姐夺得王位，把妹妹发配到一个荒岛上去。妹妹更加狠毒，把姐姐烫死在浴池中。那是曹雷配的第一部译制片。所以她说，她是“杀进翻译片”来的。那也是我们的初次合作。在影片中，我们势不两立，而在影片外，我们却从此成了好朋友。

那年，曹雷刚好怀着她的女儿，大概有七个多月了吧，腆着个大肚子，脚肿得连鞋也穿不下，只能穿拖鞋。影片中有好几场枢密院开会的戏，几个配枢密大臣的演员，像高博、于鼎、康泰、李兰发全是胖子，把我和曹雷围在当中，真是热得气也透不过来。一般出汗，裤子的腰会湿，可我的裤子连腿上都被汗湿透了。

我们演员都还有一些没戏的时间可以去睡一会儿，作为译制导演的陈叙一每晚都要工作到午夜一两点钟。有一天竟然录到凌晨四点，外面菜场已经开始卖菜了。工作结束，再洗个澡，也就只能睡上三四个小时，所以，他的嗓子两天就累得说不出话来了。

那年可能是桃子的丰收大年，满街都是卖桃子的。不知是谁起头，买了一脸盆桃子。大家又热又累，吃不下饭，正好把桃子当饭吃。一脸盆吃完了，就会有人再买一脸盆。赵慎之跟我说："你今天戏少，也骑车到静安寺去买几斤桃子吧。咱们不能光吃人家的。"

有一天傍晚吃完晚饭，大家在阳台上乘凉。有四五个外语学院请来的女翻译，跟我们也都混得很熟了。我想逗大家开心，就跟她们说："曹雷会用外语朗诵莎士比亚，你们听听她用的是哪国语言？"于是曹雷就有腔有调地朗诵了起来。朗诵完了，大家觉得不是法文，不是德文。是荷兰文吗？也不对……我说："曹雷，你再慢慢地说一遍给大家听吧。"曹雷清晰地说："盘比碟深，碗比盘深……什么最深？是缸。"那几个翻译笑得前仰后合。大概她们回到学校去也讲过这件事，后来又有几个翻译来，还专门要求曹雷再来一遍。

听传说，十七号片是林彪要看的，因为影片中充满了政治阴谋。至今我也不知道这话是真是假。不过，这部影片确实拍得非常好看。罗马城防官策特古斯为摆脱哥特的统治，先用爱情做幌子去打动拜占庭王后，利用她说服拜占庭国王与罗马联合，一致对哥特王国。而后，又恭维哥特女王坚强、能干，使女王同意他建立城防军。而女王派到罗马的监督官员又成了策特古斯女儿的情人。阴谋与爱情搅在一起，最后是大多数人或死于战场或死于阴谋，只有那个更加诡计多端的侏儒宰相是最后的胜利者。

转眼，三十多年过去了。偶尔想起《罗马之战》，我们都会不约而同地想起那个热死人的酷暑，还有那满坑满谷的桃子来。

当年，这部影片作为内参片，在北京、在上海都放过了很多场。近几年，一些老电影陆续出了很多碟片。我和曹雷都特别想找到上译版的《罗马之战》。可是从上海找到北京，都没有一点踪影。我甚至托人到国外去找，哪怕找到原版也好。那里边，实在有我们太多的故事。

关于《雾之旗》的回忆

早春二月，春寒料峭。一九八〇年的一天，陈叙一厂长召集我们四个人——我、伍经纬、邱岳峰、杨成纯开了一个小会。说厂里来了两部日本电影，一部是《雾之旗》，一部是《白衣少女》。他强调这两部片子一定要搞好，因为《雾之旗》是文代会上放映过的，大家印象很深，以后人家会对比着看，不能让人家说译制片比原片逊色。这部片子交给我和伍经纬。《白衣少女》是中央台委托我们加工的第一部片子，也一定要搞好，才能占领这块阵地。这部片子由邱岳峰和杨成纯负责。

《雾之旗》是由当年红极一时的青春偶像山口百惠和她的黄金搭档三浦友和主演的，其实戏份更重的是由老演员三国连太郎扮演的大冢律师。由山口扮演的桐子，因为哥哥被误判为杀人犯，来求助大冢律师，但是被拒绝了。哥哥终被判死刑。记者阿部（三浦友和扮演）一直想搞清真相，后与桐子相爱。巧的是，大冢律师的情妇也被误认为杀人犯而被捕，桐子恰巧是目击证人。但是桐子为了给哥哥报仇，不肯为大冢情妇作证，并勾引大冢与之发生肉体关系，最后使大冢身败名裂，同时，她也毁了自己的爱情。

我和小伍商量配音人选，丁建华配桐子，毕克配大冢，赵慎之配大冢情妇，这都一致同意。我提出，施融配阿部，小伍说："施融还没配过主角戏，恐怕老陈不会同意吧。"我说："我们提我们的，他不同意让他换人就是。"事实是，老陈爽快地同意了。

作为导演，我非常希望给新演员一些机会，使他们尽快成长，那样我们搭配演员班子的时候，挑选的余地就更大了。另外，我觉得，施融的声音和气质都给人一种纯朴、向上的感觉，很适合配阿部。

当桐子被大冢拒绝以后，她有一句台词"我哥哥会死的"，我跟小丁说："你不是单纯求他，你还应该提醒他，你这是见死不救。"随后录成的一段，小丁的情绪饱满而准确。可有人不小心弄出个杂声来，只好重录，小丁的语气就没有那么到位了。当天晚上，我想起这事还觉得非常懊恼，那个杂声不在小丁的话里，我可以保留小丁那句话，再另套一段片子，把两段片子接起来就好了。第二天，小丁告诉我，她昨天晚上也为那段戏想了好久。我跟我儿子说："那么简单的一句话，也许观众根本就分不清哪句说得好，哪句不好。可我们两人都为此难过了半天。"他说："正因为你们非常注意每一个细小的地方，所以观众才喜欢你们厂配的片子。"

那年，陈叙一被加拿大蒙特利尔电影节聘为评委，我们《雾之旗》上午录完音，他要中午看鉴定，然后直接从厂里去机场，所以我必须在十二点钟以前录完全部对白。那天上午有赵慎之一场被审讯的戏，老赵是快手，戏又一向准备得比较充分，所以我完全没想到那场戏会出问题。于鼎配检察官，只在老赵的话中插短短的几句台词。可他不是口型不对就是台词说错，录了六七遍都没有过关。这场审讯的戏整整耽误了我二十分钟，逼得我只能从老毕和小丁身上抢时间了。那时，我们录戏一般听两遍有声，再试两遍无声，然后才录音。可我已经没时间这样按部就班地工作了。开始，我给他们听一遍有声，试一遍无声就录。后来，试戏也取消了，只给他们听一遍有声直接就录。因为那场戏主要是毕克的，所以戏录完以后，话筒员刘惠英说："苏秀，你真该给毕克买一枝人参吃，你把他逼得太苦了。"她这话我倒真的一直记着，不过我又怕真的买给他，他会生气，认为我太见外了。其实我欠他的还不止这一次，《英俊少年》录音当天我忽然发病，是他代替我录的。可他死活不肯在影片上挂名，说所有的准备工作都是我做的，他没出多少力，我如果再坚持，他就要认为我看不起他了。

他病重住院的时候，我在杭州，听说他的情况，我特地回一次上海。那时他因为装了呼吸机，已经不能说话了，不过他可以在小板上写，这样来和人交谈。

我看他以后，回来还想，下次再去的时候，不再问他"睡得好吗"之类的话，应该跟他聊聊当年工作时开心的事。可还没等我实践我这个想法，他却已经走了。

李梓配男孩的风波

《英俊少年》上演后，我曾接到过一封观众来信，他对李梓配英俊少年海因切大感意外。当然，在观众心目中，李梓是配简·爱和叶塞尼亚的，没想到她还能配男孩子，所以他在信中不仅对李梓大加赞扬，还对我的大胆识人也大大称赞了一番。其实他不知道，李梓在我导演的译制片中配男孩已有多年的历史了。早在六十年代，李梓就曾在我担任译制导演的西班牙著名影片《瞎子带路人》中配过主角——一个七八岁的小男孩。应该说，七八岁的小男孩还没有变声，相对来说，女演员配起来还容易一些。倒是七十年代我与李梓的另一次合作更具戏剧性，颇值得一提。

那是“文革”时期，只有阿尔巴尼亚影片。有一部影片叫《勇敢的人们》，主角是个十三四岁的半大男孩，由我担任译制导演。我考虑，影片主角台词又多又有一定难度，如果真的找个男孩来配，又要对口型又要掌握情绪变化，恐怕难以胜任。我想起李梓在我们演小话剧《母子会》时也曾扮演过半大男孩。那时，她的两个儿子也差不多是十二三岁的年纪，她在家中仔细揣摩她儿子的一举一动一言一笑，演得很像那么回事儿，因此我很想让李梓配这部阿尔巴尼亚影片的主角。我悄悄地问她："这个男孩你来配怎么样?"她爽快地说："你敢用，我就敢配。"那时是"工人阶级领导一切"，每部戏的角色分配名单都须工宣队批准。那位负责的工宣队师傅一听我打算让一个四十几岁的女演员配男孩就立刻表示反对，他大概以为我在胡闹，断然否定了我的方案。

然而我反复考虑下来，还认为让李梓配是最佳方案，可我也知道硬顶是不行的，于是我耍了一个小小的花招。

我找来了几个真的男孩，让李梓、杨成纯和他们混在一起，男的、女的、大人、孩子都配半大男孩，录了一场戏。平常生活中，有人离开家乡多年，把家乡话差不多都忘了，可是一旦遇到老乡，又会把家乡话想了起来。让李梓、杨成纯和真的男孩在一起录戏，他们的语气和语调就会自然地向男孩们靠拢，就像遇到老乡自然地涌出乡音一样。我请全厂同志一起审听我录好的那场戏，由于李梓大大地改变了平时的语言习惯和说话的声调，厂内的大多数人都没有听出那个男孩是李梓配的，那位工宣队师傅当然就更分辨不出了。在这种情况下，总算通过了我的方案。

戏配好后，我们请了阿文翻译来看完成片，我问他："小主角配得怎么样?"他说："不错。你是从哪儿找来的孩子?"我把李梓推到他的面前说："是她配的。"那位翻译瞪大了眼睛，半天没说出话来，自然，我跟李梓都得意极了。

到了八十年代，李梓配《英俊少年》的时候，我们很多女同志都有了配男孩的经验。不过，我选李梓配海因切，是因为她的声音有厚度，更接近原片演员的音色。原片有很多唱段，必须使原片的唱段和我们配的对白相衔接。为此，李梓还特意把影片中的歌曲都录了下来，以便更好地向原片靠拢。

让大人和孩子混在一起配孩子，成了我们的一条经验。香港片《少林小子》中有一大群自七八岁至十七八岁的男孩。我们的女演员，刘广宁、程晓桦、王建新、曹雷都上阵了。有意思的是，这些男孩中还有乔榛的儿子乔旸和程晓桦的儿子男男，大家不分彼此，又打又闹，长幼尊卑一概不分了。

一九八八年春天，我们为上海电视台译制一套系列片《快乐家庭》，狄菲菲就配一个十一岁的女孩迪·杰，配她妹妹丝黛芬妮的，则是一个真正的女孩，八岁的贝倩妮。开始，小狄还怕和倩妮同场戏时自己会露馅。实践下来，她也感到跟倩妮同场搭戏时自己的语气更自然，信心也更强。

为《少林寺》和《少林小子》配音

八十年代初的一个早晨，我骑车匆匆赶到厂里，就直奔会客室。刚进屋，厂长老陈就轻声责怪我说：“怎么来得这么晚？”我抬起手腕看了看表，七点五十八分，离上班时间还差两分钟。我刚想辩解说“我还提前两分钟呢”，但当我转头看到了端坐在沙发上的香港长城影业公司导演张鑫炎时，便不作声了。厂里事先早已向我交代过，张鑫炎拍的一部武打片《少林寺》用的都是武术运动员，很多演员不会说普通话，主角李连杰虽是北京人也不一定会对口型，因此要到我们厂录对白，由我协助他工作。我这个主人理应先到等客人，现在倒让客人先到等我了。从这个角度说，我确实来得太晚了。

张鑫炎是干剪接出身的导演，所以影片拍得流畅、明快。过去，我们从没接触过武打片，想不到他把一部武打片拍得这样生动、有趣。还有李连杰，虽然没演过戏，可在镜头前异常松弛，一张娃娃脸特别逗人喜爱，把个山乡野坳的村童演得那么活灵活现，难怪他在《少林寺》上演后会那么大红大紫。当时，在我们配音的过程中，大家就被他迷住了。

由于《少林寺》拍得好玩，也引起了大家工作的兴致。为了配出打斗的气势，很多场面都要高声呐喊，而喊时又不能用共鸣，那样会显得虚假，我们配和尚的男演员几乎全把嗓子喊哑了。为李连杰配音的童自荣当然喊得最凶。戏配到一半，我担心小童这样喊下去把嗓子喊坏了该怎么办。小童的音色漂亮，是我们厂配“王子”的最佳人选，我得为他今后考虑。所以我和张鑫炎商量，打斗时找一个音色与之相近的严崇德替他喊，以便使他的嗓音得到恢复。严崇德不但欣然接受了这件苦差事，还为了掌握好武打时的动作和节奏排了戏，设计了不同的喊声。工作结束后，厂里为慰劳大家，每个男演员发了两元奖金，大家戏称为“喊嗓子钱”。为了鼓起大家的情绪，在录音时我也时时和大家一起高喊，我的嗓子也早已喊哑了，但厂里却没人注意到，因此没人想到也该发给我两元“喊嗓子钱”。

张鑫炎对工作胸有成竹，但又为人谦和，他对配音工作很有想法，却又非常信赖我们，从不无故挑剔。我们配音时他一声不响地坐在录音棚后面，常点点头表示他对工作满意。他有什么想法也总是直截了当地提出来，为了工作坦诚相见，跟他合作非常愉快。

另外，我也非常欣赏他的工作作风。过去也有不少故事片厂或电视台来我们厂录后期对白。这些来配音的剧组一般都配备了制片、剧务等起码四五个人，而且多半住宾馆，包小轿车，中午回宾馆吃饭……可张鑫炎来工作时只有他们夫妇两个人。他是导演，他的夫人是剪接。他们不坐轿车，每天中午都在我们厂食堂吃饭。特别是为了配音时的方便，有些片子要重新分段剪接，这种时候，他连他夫人也不支派，往往是自己立刻起身奔上二楼剪接间，当场把片子剪好拿回来，前后不出十分钟。不像有些剧组，导演通知剧务，剧务再通知剪接，把这种本可马上解决的事拖上个一两天。张鑫炎告诉我们，在香港，大家都非常讲究工作效率。例如去拍外景，司机到了外景地，立刻又干起了照明工作，帮着搬灯具、打灯光，一旦灯光布置好了，这位司机又干起了摄影助理，一个人赚三份钱。而老板也觉得雇用一个人干三个人的事比同时雇用三个人节省，大家合算。

我们厂每天早上八点钟钟声一响，放映机就必定放出片子，从没有人迟到早退，而且工作时也是分秒必争。张鑫炎对这种工作作风十分钦佩，他称赞我们是“日本效率”。可惜现在这种雷厉风行的作风也大不如前了，这是当前整个社会风气使然，我们厂也不能不受影响。

近年来，常有观众说：“童自荣配什么人物都是‘佐罗腔’。”小童音色比较有特色，容易让观众一听就知道，他的戏路也确实不像毕克、尚华那样宽，但是我觉得当年他配的《少林寺》中的小和尚觉远却是相当出色地摆脱了他平时说话的语气和腔调，非常贴切、传神地配出了那个山村野小子的土味和调皮劲儿。

在排练的时候，我一面听他念《少林寺》中李连杰的台词，一面不时地提醒他“你那潇洒的佐罗腔又出来了”。他也总是特别用心地记下来，第二天录戏时就完全避免了那种习惯的读词方法和语调。所以当有人说“童自荣配什么都是‘佐罗腔’”时，我总不免替小童抱不平：“他配的《少林寺》，也有‘佐罗腔’吗?”这时，大多数人都会仔细地回味一下，然后公平地说：“哎，《少林寺》确实没有。”

童自荣为了配《少林寺》把嗓子喊哑了，治疗了很长时间才痊愈。可是当张鑫炎携带他拍摄的第二部武打片《少林小子》再次来我厂录制对白时，我征求小童的意见，问他是否还愿意为李连杰配音，他毫不犹豫地说：“只要觉得我合适，我就干。”他是个极其用功的演员，也是个极其有艺德的演员。

在《少林小子》中有十几个从六七岁直至十六七岁的男女孩子，这些角色台词多、节奏快，口型非常难掌握。厂领导事先也嘱咐我不能真找孩子来配音。我考虑都用大人又怕失去孩子天真、稚气的味道，降低了影片的趣味，所以最后采取了真假搭配的做法，希望成年演员在跟孩子的对话中能有意地向孩子靠拢。因此，在十来个少林小子中，既有配半大小子的童自荣、施融，又有李梓、曹雷、刘广宁、程晓桦这些女演员冒充稍小的男孩，其中还有两个真正的男孩，那就是乔榛的儿子乔旸和程晓桦的儿子男男。阿姨、叔叔和两个真男孩一块配那些调皮捣蛋的小子，在话筒前又叫又闹，又哭又笑，谁又能辨出真伪呢？

有趣的是，有一段戏男男忽然找不到口型了，他开口不是早就是晚，偏偏那又是一段少林小子们练功的戏，配音时需要大口喘粗气。几次不过关，叔叔阿姨们早已经累得脸色苍白，眼冒金星了。男男急，程晓桦更急，没想到，过了一会儿，男男口型对准了，晓桦只顾关心儿子自己的口型反倒没对上……

刘广宁嗓音甜美，张鑫炎想让她配由丁岚扮演的二凤，我则想让她配绰号“唐伯虎”的男孩。那个扮演小唐伯虎的男孩斯文、俊秀，理应让他有个甜美的童音。商量下来，张鑫炎说：“就请刘广宁辛苦一点，两个角色都由她配吧。”于是刘广宁一会配温柔、美丽的大姑娘，一会配稚气未脱的小小子，忙得不亦乐乎，但是大家工作得非常开心。至今，我仍然记着跟张鑫炎那两次愉快的合作。

一九九〇年三月，河南电视台邀请我去协助他们招考业余配音演员。考试之后，电视台文艺部的朋友们招待我去游览了开封大相国寺和仿宋一条街，也去了嵩山少林寺。当我在少林寺的大殿上看到当年和尚们练功踏出的脚窝时，眼前不由浮现出了电影中李连杰那顽皮明快的笑脸，以及我们配音时大家那有节奏的“嘿，嘿”的喊声。曾在电影中出现的寺庙外那一片埋葬历代高僧的塔林也使我感到无限亲切。

最近在网上看到一篇网友评论《少林寺》的文章。她不但夸赞觉远被逐出少林寺后喊的那几声“师傅”，每一声都有那么丰富的内涵，还对盖文源配的师傅、于鼎配的僧值、杨文元配的方丈都一一做了点评。她甚至分辨出了武打时各人练功、对打、群殴等等不同场面喊声的不同。我看了非常感动。我觉得我们当年花费的每一滴心血都有了回报。

两只可爱的小松鼠

日本动画片《天鹅湖》是根据柴可夫斯基的芭蕾舞剧《天鹅湖》的故事于八十年代拍摄的。音乐虽然基本上还是原来的旋律，但有的地方却加上了爵士的演奏风格。黑天鹅更是一副现代派风骚女子的造型。尤其别出心裁的，是影片加了两只可爱的小松鼠。它们小巧玲珑，说话奶声奶气，但却仗义勇为，为王子与白天鹅通风报信，不畏艰险。更加有意思的是，它们还是一对恋人。母小松鼠叫玛格丽特，公小松鼠叫汉斯。玛格丽特活泼、任性，汉斯则惟命是从。它们是孩子在模仿大人，必须突出它们的稚气才有趣。不过单凭演员技巧很难配出那种奶声奶气的语调。我和录音师金文江决心用变速录音来达到那种效果。我们反复试验各种速度。速度改变不大，达不到动画片所要求的夸张；速度改变太大，台词又不清晰了。左试右试才找到合适的速度。这部影片由程晓桦配玛格丽特，王建新配汉斯（因为真正的男演员声音太粗，出不来奶声奶气的味儿）。晓桦为了表现玛格丽特爱撒娇的性格还特意设计了咬着舌头说话的读词方法，为这对小东西又增添了几分色彩。

这次试验也为我以后录《我两岁》积累了经验，使我了解到有一种速度既可以使演员的声音变得像幼儿又听不出变速的痕迹来。

就在录音的当天，晓桦说她头一天刚做过人工流产。我一听，吓了一跳。刚做过人工流产，怎么能工作？我决心换人，让晓桦回去休息。她马上把脸板了起来，发作道："我来就是来录音的。我的身体，我自己负责。死了我愿意。"我劝她说："以后机会有的是，不在乎这一部戏。听人说，月子里做下病，一辈子都好不了。"可她根本听不进去。我自己是演员出身，非常理解一个演员不愿放弃角色的心理，就又去跟领导说，还是让她配吧，否则她心里不痛快，也要影响身体的。我们就在棚里给她摆了一排椅子，让她没戏的时候躺一躺。《天鹅湖》只不过是一部小小的动画片，我们所有人却没有一个看轻它。但是我真的没想到，二十年之后，还会有观众那么深情地称赞"那两只小松鼠简直可爱得没法形容"。我想有了观众这样一句话，晓桦当年的执着，已经得到回报了！

轰动一时的《姿三四郎》

一九八一年，上海电视台引进了一部日本电视连续剧《姿三四郎》，那是我国引进的第一部外国电视连续剧，也是上海电视台搞的第一部电视译制片。那时，上海电视台只有黄其负责此事，其他人都是临时抽调的，因此向上海电影局商借了毕克去帮忙担任译制导演。毕克也只能在业余时间帮他们工作，感到一个人太累，又向他们推荐了我。从此，我和上海电视台的译制部门结下了不解之缘，直到今天。

当时，我和毕克还估计这部电视剧里没有豪华的场景也没有漂亮的女明星和曲折跌宕的故事情节，又有很多关于柔道的说教，观众不一定会欢迎，完全没想到播出时竟会引起那么大的轰动。由于人们要赶回家去看《姿三四郎》，每到《姿三四郎》播出时，街上的行人都少了许多。家家都传出《姿三四郎》剧片头曲那粗犷的歌声。姑娘们表示找对象就要找姿三四郎那样的。中小学生也把姿三四郎看成学习的榜样，因为他尊师爱友，练功刻苦，技艺超群。也有些小学生为了学功劈坏了课堂的桌椅，引起了老师的忧虑。为姿三四郎配音的晨光和为早已美配音的张欢也一下子成了上海滩的红人。我去医院看病，医生、护士也争着来问故事的结局。

据说后来在北京播出时，当时正好有些区晚上停电，为了让大家能照常收看《姿三四郎》，竟然在播放《姿三四郎》时特意供电一小时。真可谓盛况空前了。

我想这也是机遇吧。因为那是一九八一年，老百姓在“文革”的十年中看够了那八部样板戏，渴望了解外面的世界和外国的文艺作品。那时，我国还没有自己的电视连续剧，大家对这一新的文艺形式觉得新鲜。如果放在今天再来播放，它肯定不会再有当年的效应了。

我们厂规定，除了毕克和我是电影局同意借给电视台的，厂里其他人不能再动用了（施融因参加过对口型的工作，也同意他来配音了），所以我们不得不在上海整个文艺界找人。吴文伦、中叔皇、宏霞、徐阜、王静安都是上影演员剧团的，晨光、刘维是电视台的，郭冰是电台的，张欢是儿艺的，谢文然是人艺的，赵兵、雷长喜是剧校的，还有当时还是中学生的金琳，真正是来自四面八方。可是大家合作默契，亲密无间，没有人迟到早退，更没有人不好好准备戏。今天看起来，就是市场规律在起作用啊。表现得好，就继续请你来配戏；如果不好，就没人请你了。这里没有铁饭碗。

这部长达二十多集的电视剧也为上海电视台培养了译制方面的人才。像今天成为上海台译制部骨干力量的张欢、刘彬，就都是从那时开始他们的配音生涯的。晨光、宏霞、赵兵、雷长喜等人后来也都成了译制部的常客。金琳大学毕业后，毫不犹豫地选择了电视台的译制导演作为自己的终身职业。黄其通过《姿三四郎》的工作，熟悉了译制片的业务，到一九八四年上海电视台成立译制部时，她毅然放弃干了多年的播音工作，改行当了译制部的负责人，并开辟了她的第二职业——译制导演。

在《姿三四郎》录制过程中，还有一段小小的插曲。赵兵和中叔皇除了自己的主要角色之外，还都兼配了一个洋人。他们两人各自设计了一种洋腔洋调。后面有一场戏两个人碰头了，听了对方的怪调，都找不到自己原来的语调了，要求把过去录的戏再放一遍，努力记住自己的语调。这场戏总算录完了。后来配一个路人，只要说一句“马车，停一下”，我说“赵兵，你喊一声吧”，可他怎么也找不到正常的语调了，一开口就是那种怪调，录了几遍都改不过来，大家简直笑翻了天。多年之后，只要大家遇到赵兵，还会想起那个笑话，还会嘻嘻哈哈笑上一阵。

《姿三四郎》的轰动效应甚至延续到了今天。今年春节我因病住院时，病房中的病友还提道：“当年我们看《姿三四郎》一集都没落过。”我说：“谢谢大家还记得。”一位和我差不多年纪的病友深情地说：“我们从来也没有忘记过你们。”

二〇〇四年十二月

该怎样看待《砂器》的男主人公

作为一名译制导演，“忠实原片”是我们工作的最高准则。译制影片不仅可以使中国观众得到娱乐和艺术享受，同时它们也是我国观众了解世界的窗口。它们使我们看到不同国家、不同社会，看到一个个不同的侧面、不同的人生缩影。不管影片作者所表达的思想和我们的观念有多么不同，我们都无权去改变它，因为那才能让我们看到外国社会的真实情况并了解当地人民的思想。

我记得《砂器》上映时，大光明电影院宣传画廊上张贴的剧照说明上写着：“和贺英良已经使酒吧女招待理惠子怀了身孕又去勾搭田所小姐。”作为大光明搞宣传的同志，他完全可以根据自己的道德标准去评价和贺英良这个人物，然而作为译制导演，我就不能这样去看待和贺了。我必须通过原片摸清原片作者的意图，按照原片作者对和贺的态度去还原原片，这是我工作的最高准则。

《砂器》是根据日本推理小说家松本清张的畅销小说改编的。松本清张是一位社会派的推理小说作家，他的小说不仅以情节离奇取胜，而且致力于在侦破疑案的过程中触及社会问题，引起人们对人生和社会问题的思考。他的《砂器》通过一个音乐家沦为杀人犯的故事抨击了资本主义的社会制度，成为当年最畅销的作品，发行量超过一百万册。电影《砂器》上映后，也被认为是日本当年的优秀作品，获得了一九七四年日本影片一等奖，并被日本《电影旬报》和日本优秀影片鉴赏会分别选为一九七四年十大佳片之一。我国也先后两次出版过《砂器》电影文学剧本。

影片取名《砂器》就在于隐喻，主人公和贺英良（童自荣配音）虽然富有才华，一时成了日本音乐界的后起之秀，好像成了器，但是正像他幼年在海滩上做的那个沙碗一样，稍有一点风吹浪打，就完全碎裂、消散了。沙是不能凝聚成器的。

影片作者以充满同情的笔墨描绘了和贺英良沦为杀人犯的过程，使我们从和贺在道德上的堕落和犯罪的情节中，看清了正是日本社会对麻风病人的歧视和对官僚阶层的趋炎附势，造成了这个贫苦青年的悲剧性命运。

影片编导通过和贺作曲并演奏的钢琴协奏曲《宿命》那激动人心的旋律，以及配合乐曲内容出现的画面，别具一格地向观众展示了和贺英良的身世。乐曲有时激越，有时哀伤，有时充满沉痛的悼念和愤怒的控诉，和贺用他的作品倾诉着他的矛盾和痛苦，他的不幸和绝望……

当和贺坐在钢琴前指挥乐队奏出《宿命》主旋律时，银幕上出现了和贺苦难的童年生活：由于父亲患了麻风病，母亲弃他们父子而去，他们父子也被赶出家乡，四处流浪。风雪中，他们搀扶着艰难前行，蜷缩在别人的廊檐下分食讨来的残羹。童年的他羡慕地望着山坡下操场上正在上课的孩子们。他们父子到处被警察追打。

后来，他的父亲被一个好心的警察三木谦一（杨成纯配音）送进国立疗养院，他自己也被三木收养。可为了寻找日夜思念的父亲，他又从三木家逃了出来……

和贺英良本名本浦秀夫，和贺英良是他后来伪造的姓名。

三木是秀夫父子两代的恩人，他逼着和贺去见那个仍然活在人世的患麻风病的父亲。和贺无法摆脱三木，又怕暴露了自己的身世，毁了好不容易得到的青年作曲家和钢琴演奏家的前程，他终于亲手杀害了三木。开始我不懂，三木为什么那么坚决地非要秀夫去见父亲不可。后来，在今西最后陈述案情时，提到他们去检查本浦老人物品时，只有二十几封信，别无他物。而这些信都是三木一个人寄来的，内容也都是“秀夫一定还活着，他一定会来看你的”。所以三木才会对秀夫说：“我就是用绳子绑着你，也得让你去见你的父亲。”

当他写作钢琴协奏曲《宿命》的时候，田所小姐（王建新配音）问他“什么是宿命”，他回答说：“它是非常非常强大的。”因为他在生活中无法反抗那强大的命运的摆布。他必须找一个有钱有势的后台，才能开成演奏会，才能去美国演出，才有机会施展他作为音乐家的才能，实现他的生命价值。他不得不狠心抛弃真心相爱并且已经怀了他的孩子的酒吧女招待理惠子（刘广宁配音），使理惠子感情上受尽折磨，终因流产而死。其实，他一点也不爱前大藏大臣田所的女儿，又不得不跟她订婚，最后竟不得不亲手杀死自己的恩人……原片编导不是把他作为一个恶棍来谴责的，而是对这样一个才华横溢的青年音乐家在命运的摆布下所作的无望的挣扎和犯罪充满了同情和惋惜。因此在配音时，我也要求为和贺英良配音的演员童自荣在说宿命“它是非常非常强大的”这句台词时，眼前应该出现三木的尸体和理惠子哀怨的眼神。

当银幕上出现三木夫妇为幼年的秀夫理发，洗澡，往他碗里搛菜的画面时，协奏曲的旋律变得沉痛、哀伤，这是秀夫对三木的悼念。当三木声嘶力竭地喊着秀夫的名字寻找他时，开始的画面是幼年的秀夫躲在树丛中含泪望着远处三木焦急的身影，而三木的最后一声呼喊，却落在正在音乐会演奏的和贺的画面上。作者在告诉我们，和贺的耳边至今仍然回荡着三木当年呼唤他的喊声。

基于对原片的这种理解，我们在台词的翻译上也力求准确地揭示出和贺的内心世界。如他和理惠子为是否保留孩子而发生争吵时，有一句台词，中文文学本译为“孩子以后怎么办”，但我认为他之所以不肯让理惠子把孩子生下来，并非怕理惠子有了孩子会要挟他，阻挠他和田所小姐的婚姻。理惠子一再保证“孩子我自己带，我决不会因为有了孩子阻止你跟田所小姐结婚”，因为理惠子知道只有田所大臣才能帮助和贺实现他作为一个音乐家的理想，她是情愿为此牺牲自己的爱情的。更能说明问题的是，和贺不但把自己杀死三木的事告诉了理惠子，而且理惠子还替他销毁了血衣。因此，和贺坚决不让理惠子把孩子生下来是不愿孩子今后重复自己的命运。他那句话完整的意思应该是：“一个酒吧女招待的私生子——他的命运会怎么样呢？”所以我们决定把那句话译成：“孩子会怎么样呢？”

和贺是因为不肯去见患麻风病的父亲才杀害了三木的。钢琴协奏曲《宿命》仍然在大厅中演奏着，东京警视厅的警官今西（毕克配音）和便衣警察吉村（施融配音）手里拿着逮捕证，站在舞台侧幕旁等待着和贺演出结束。原片编导者这时还惟恐观众不能完全理解和贺的矛盾和痛苦，让年轻的警官吉村问道：“他想见他父亲吗？”今西则沉重地回答：“他们正在音乐里相见。”

意大利的新现实主义以及《罗马——不设防的城市》的幕后戏

意大利在第二次世界大战以后，国家贫困，人民失业，拍电影也缺乏资金，于是一些进步的电影艺术家扛起摄影机，走向街头，将镜头对准了社会底层的小人物。他们没钱租摄影棚，以街头为舞台，展开故事；没钱请演员，以业余演员为主角；抛弃人为的故事情节，追求生活原型的纪实风格。这一流派对世界电影产生了巨大的影响。我国拍摄过《沙鸥》和《青春祭》的女导演张暖忻就曾说过，她在电影学院时就是看着这些新现实主义影片成长起来的。在《沙鸥》中，她就使用了非职业演员常姗姗。

《罗马——不设防的城市》是我担任译制导演的第一部故事片，那是一九五四年。那时我们译制的绝大多数是苏联影片。那些影片大多色调明快，如《米丘林》、《远离莫斯科的地方》、《货郎与小姐》等。我从未接触过意大利新现实主义的作品，因此很不习惯，只觉得女主角神情阴郁，整部戏的画面都是黑乎乎的，令人心情压抑。直到后来很多年才知道，这部影片是意大利新现实主义的代表作，它曾经对全世界的电影创作产生过影响。可惜当年我一点不知道，并未能从中学到什么东西。今天再回过头来看当年的配音，也觉得质量之差令人不忍卒睹。

与这部影片相联系的还有一段轰动世界影坛的故事：美国超级巨星英格丽·褒曼在美国看了意大利导演罗西里尼拍摄的《罗马——不设防的城市》以后赞叹不已。影片中纪实性的手法是那样不同于美国好莱坞影片，使褒曼感到耳目一新。她情不自禁地写信给罗西里尼，希望有机会能跟他合作。后来他们见了面，而且一见倾心，终于导致褒曼婚变。这在世界影坛引起了轩然大波，广大观众无法接受他们心目中的纯情圣女竟然抛夫弃女投入别人怀抱，迫使褒曼不得不离开好莱坞。可惜的是，这两位影坛巨匠在一起并未能拍出杰出的影片。他们的女儿伊莎贝尔·罗西里尼今天也成了意大利著名的影星。后来，罗西里尼爱上了一个印度女人，褒曼又回到好莱坞。作为演技高超的巨星，褒曼依然受到了美国影迷的无限爱戴，返美后，她主演的《真假公主》为她赢得了第二座奥斯卡金像奖。

全新样式的反法西斯影片

在我们第一次看《虎口脱险》工作片的时候，银幕上炮火连天，飞机上出现了德国纳粹的卐字标记，都以为是一部一般的反法西斯战争片，可等到英国飞机被打落，飞行员跳伞时，忽然出现了节日欢乐的音乐。观众受到音乐的暗示，当看到下面公园里的老虎山时不禁哄笑起来不是担心飞行员有危险，而是觉得怎么那么巧，……及至看到那个非常爱惜自己羽毛的德军司令（童自荣配音）被一桶白油漆浇得满身满脸，才明白了这原来是部闹剧。

反法西斯战争已经结束半个多世纪了，可是各国有责任心的艺术家仍然念念不忘这一历史题材。因为法西斯德国给世界人民造成的巨大灾难，确实不该轻易忘掉，应时时提醒人们警惕这种历史悲剧的重演。

欧美各国都拍摄了大量的反法西斯影片，由于每部影片选取的视角不同，每位制作者的感受也不同，所以这种题材的影片尽管已经拍了四十多年，仍然常拍常新，总能使观众对这一历史浩劫增加新的了解，受到新的启迪。

几十年来，我接触过无数部反法西斯影片，却从未看到过用闹剧来表现这一人类劫难的。《虎口脱险》以大写意的手法嘲笑了法西斯的愚蠢。如那个德国的占领军上校阿赫巴赫，总是被指挥家牵着鼻子走，还自以为精明，甚至和指挥家睡在一张床上，都没发现他。而那个斗鸡眼的德国炮兵不但把两个英国飞行员藏身的酒桶当葡萄酒搬进了司令部，还打下了他们自己的飞机。观众看到这些开怀地笑了，并不问它是否符合生活的真实。

我一向喜爱喜剧，因为它有非常大的想象空间，所以在看工作片时，我就暗暗在心中祈盼，最好把《虎口脱险》的译制导演任务交给我，后来我真的得到了这个任务，真是非常开心。

我认为喜剧的表演，不是去胳肢人，而是情节和情绪的反应与正常情况的错位，如在“审讯”那场戏，指挥家和油漆匠为了拖时间，以等待救援，大谈什么“第一次世界大战，一共打了四年”，竟能引得阿赫巴赫也跟着拖着哭腔说“四年呐，四年呐”。这时无论是配指挥家的尚华，还是配阿赫巴赫的翁振新都要以自己的真情实感去诠释人物，而不是故意去追求喜剧效果。

再如油漆匠实在跑不动了，指挥家安慰他，鼓励他，他因此撒起娇来，我要求配油漆匠的于鼎在说“我要扁刷子”时要像幼儿园小朋友跟妈妈撒娇那样说“我要香草冰淇淋，不要奶油的”。感情也还是要真诚。《虎口脱险》能取得这么好的喜剧效果，首先是原片拍得精彩，也由于翻译徐志仁中文剧本的出色，影片的很多对白，就像相声一样。

如指挥家和油漆匠被抓到德军司令部，油漆匠说：“打死我，我也不说。”指挥家接口说道：“打死你，我也不说。”

阿赫巴赫发现了英国飞行员的伞，揪住指挥家逼问道：“你说，英国飞行员在哪?”指挥家满口应承：“我说，我说……我说完了。”

《虎口脱险》能至今仍为观众喜爱，还由于那时我们演员组的班子最整齐，人丁最兴旺，我认为《虎口脱险》的配音，不单是尚华和于鼎的功劳，如果没有翁振新的阿赫巴赫，杨文元的大胡子，以至盖文源的歌剧演员……都会使整部戏逊色的。

在《虎口脱险》开始工作，导演对全体讲戏时，尚华对指挥亮相戏，提出“他开始说演奏得很好……怎么忽然又认为整个演奏都不对了?”我忽然想起了当年陈叙一厂长在鉴定《远山的呼唤》时，也是开始说：“这部戏配得不错，王建新不错”，然后忽然话锋一转：“小翁不够夸张（小翁配小店主虻田）。这肯定是导演的责任（指我）。导演一贯喜欢含蓄嘛！毕克配戏一向以不变应万变，这次的感情怎么那么丰富？小丁的戏，一半配得好，一半不好，也别补了，补也补不出来了。”那时他可能已经知道根据政策，他将退居二线了，因此心里不平衡吧？他好像故意气我们似的，我们背后就说他“更年期”了。几乎在当时我就知道，他对这部戏的配音是满意的，果然，后来他把这部戏作为当年的“优秀译制片”推荐给了中央，因此我说：“艺术家都这样，你忘了老头（这是我们对陈叙一的昵称）在《远山的呼唤》鉴定时，不也是这样吗？开始说好，后来也是都不对了。”开始大家都被我的放肆惊呆了，看到老陈并没有生气才松了一口气。

施融说：“你敢于顶撞他，调侃他，是因为你知道他绝不会因此报复你，给你小鞋穿。”那时，我们师生之间，领导与被领导之间是多么亲密无间呐！我为此而深深地感谢上苍！

看了译制片才全懂了

从网上看到了一条消息：由日本每日新闻社和日本体育新闻社主办，东京国际电影节协助企划的“每日电影竞赛杰作选”，二〇〇四年十月二十四日在东宝电影公司开幕。开幕式上放映的电影就是《蒲田进行曲》。据说来的人特别多，把大厅都占满了。《蒲》片的女主角松坂庆子也高兴地说：“这样的盛况，我还是第一次看到。”

这使我想起第一次看到这部电影时的感受。看片之前就听说，这部影片在日本特别受欢迎。话剧连演两月，盛况不衰。随后又改编成小说，拍成电影、电视剧，红极一时。

由深作欣二导演，松坂庆子、风间杜美、高见知佳主演的电影也同样好评如潮，获得了多个奖项，被《电影旬报》评为一九八三年度十大佳片的首位。同时获得了编剧、导演、女主角、男配角四个个人奖项。

当年在看片之前，翻译给我们讲了影片内容。但是，看过影片之后，我一点也没觉得它有什么好。我感到三个主人公的行为简直莫名其妙，令人匪夷所思。一个武打明星银四郎，为了表明自己怎么会搞女人，丝毫不顾情人小夏的感受，竟当着小兄弟安茨的面，跟小夏做爱；而后，又为了要娶一个电影公司老板的女儿，竟把怀了孕的小夏硬塞给安茨，而小夏和安茨居然也坦然接受了这种安排。一点做人的尊严和骨气也没有。他们怎么能那么下贱？我真不懂这部影片好在哪里。

说实话，我们由于常年接触外国影片，比较熟悉外国电影的蒙太奇语言，即使没有翻译，也能把原片的故事猜个八九不离十。像《生死恋》和《化身博士》初次放映时，我都因病缺席没有看到。事后，严崇德给我讲了《生死恋》，刘广宁给我讲了《化身博士》，事实证明，他们都讲得基本不错。可是我确实没看懂《蒲田进行曲》。

当影片译制完成以后我再看的时候，感受才完全不同了！

通过翻译准确的中文对白以及配音演员细致入微的情感诠释，我终于懂得了这些小人物的所思所想。

银四郎（童自荣配音）容貌俊美，风度迷人，是个当红的武打明星。而小夏（曹雷配音）虽说过去也是个大明星，可现在已经过气了。至于安茨（施融配音），则其貌不扬，举止猥琐，又没有演技，他只能依附于银四郎，做一个被踢、被打的银四郎手下败将的替身。所以，银四郎红了，他们也就有了生路，银四郎倒了，他们也将衣食无着，他们实际就是银四郎豢养的家奴。

但是，小夏和安茨在听凭银四郎摆布的过程中，也还是有自己的思想的。小夏认为，像自己这样一个怀着别人的孩子又被情人抛弃的女人，是不会有哪个男人肯跟自己结婚的。所以，她不但没有嫌弃安茨，反而感激安茨愿意娶她。而安茨还在小夏当红的时候，就在暗中爱慕着她。时至今日，尽管小夏已经沦落到如此地步，可在他心目中，小夏仍然是那个高不可攀的天使。

对小夏的爱，激起了安茨作为一个男人的自尊，他痛感自己的无能，痛感自己只能受人摆布的羞耻。这个一向低眉顺眼的窝囊废爆发了。译制前，我搞不懂原片编导为什么要安排安茨这样一场大吵大闹的戏。看了译制片，我懂了安茨的心，他感到自己不配赢得小夏的爱，他是在对自己不满啊。

安茨兴高采烈地带小夏回了家乡。安茨的妈妈（由我配音）和乡亲们宽容地、热诚地接待了小夏。人们的尊重与信任，使小夏备受感动。她说："对像我这样一个人，大家还说好媳妇好媳妇的。"这使她有决心拒绝银四郎的求婚，尽管她在感情上还依恋他。

妻子的接纳，使安茨的感情得到了升华。他意气风发，专拣最危险的镜头去拍，不再是仅仅为了糊口，而是为了给小夏筹措分娩的钱。他到处去寻找灰心丧气的银四郎，责备他不该放弃。这次他不是作为一个依附于银四郎的家奴去找他的，而是作为一个朋友、一个兄弟去帮助他的。为了鼓励银四郎重新振作起来，他不顾生命危险，愿意去滚最长的楼梯，以至银四郎也被他感动了。他不愿安茨为他冒险，大声喊道："我不做杀人犯！"他也不那么光想着自己了。

安茨还投保了巨额人身保险。他想万一自己死了，小夏就将得到一大笔保险金，而且每个小兄弟也将有份。他为自己也能帮助别人而感到无限自豪和满足。

这是些卑微的小人物，他们没有什么崇高的理想，也没有什么英雄的行为，但是他们懂得不能辜负别人对自己的信任与尊重。他们忠诚、善良。在他们身上有着人性美的闪光！这使我看片后备感温馨。

人的高贵与尊严

前几年上演的美国大片《泰坦尼克号》，有对海难的高科技描绘，有凄美的爱情故事，难怪有那么高的票房。可我却觉得上世纪五十年代英国拍的黑白片《冰海沉船》更有内涵，更令人难忘。

“泰坦尼克号”是上个世纪初英国建造的一艘超级豪华客轮，被称为“不沉的水上之城”。但是，它却在一九一二年驶往美国的处女航中撞冰山沉没了。船上两千余名乘客中，只有七百余人得救，其他一千五百人都遇难了。影片就是根据这个真实事件摄制的。这部影片特别令人欣赏的是：它并没有一味地表现这场悲剧的凄惨，却表现了人性中很多可贵的品质与情操。

每个人的生命只有一次！人死不能复生。因此在一个人的生死关头，最能看出他的道德修养和他作为一个人的品质。

虽然，影片中也出现了拥挤混乱的群众场面，也有人想偷偷溜上只有妇女儿童才能乘坐的救生艇等等，而作者更着重表现的是：船上工作人员的忠于职守，处乱不惊，以及英国各阶层人民从容赴死的绅士风度和夫妻间生死相守的忠贞爱情。虽然每场戏都只有短短的几句话，却能使人长久不忘。船长（程引配音）、设计师（邱岳峰配音）明明知道船在两个小时之后就要沉了，可是他们仍在有条不紊地工作着，惟一的目标，就是尽量拯救乘客的生命，然后以身殉职。更令人感到编导妙笔生花的，是那支小乐队。他们在人们已经纷纷逃难的时刻，仍然认真地演奏着，直到旅客都已经上了救生艇，船长说“你们的工作可以结束了”，他们才宣布解散。但是，看来已经无路可逃了。小提琴手又拉起了他的琴，众乐手也慢慢地跟了上来。乐曲的美和人性的高贵，如此令人震撼，看过影片，谁都不会忘了这场戏。

男爵（毕克配音）已经从设计师口中知道了轮船将沉，可他装着若无其事的样子，嘱咐妻子（赵慎之配音）把孩子叫起来，用毯子包得暖和点，还说，这不过因为船长太小心了，其实不会有什么大事。只有当妻子和两个女儿上了救生艇，他和抱在怀中的小儿子吻别的刹那，脸上才流露了生离死别的痛楚。可转眼间，他又向妻子挥手微笑了。而他的妻子也并非真的意识不到危险，只是她体会到丈夫不愿她担心的好意，便装着相信了，临上救生艇时，才提出不愿和丈夫分开。而丈夫坚持让她走时，她又顺从了。因为她知道，如果有办法不分开，她丈夫是决不会让她单独走的。这种夫妻间的默契，他们相互的体贴和信任，这种表面平淡的诀别，甚至比那种撕心裂肺的哭喊更令人心碎。

一对老夫妻，妻子（张同凝配音）说：“我们一辈子都没有分开过。现在也不想分开。”边上一个人说：“没有人会反对这位老先生上船。”老先生（程引配音）却说：“别的男人不上，我也不上。”在人群中听到这一切的新婚夫妻，像得到了启示，新娘（李梓配音）终于有了理由：“他们不分开，我们也不分开。”

他们静静地坐在空无一人的客厅中，在这最后时刻，幸福地相守在一起。设计师劝年轻的新娘：“如果我的妻子在这里，她一定会听我的话。”她问道：“你们有孩子吗？”设计师点点头。她说：“那当然不同了。”

那个经常骗人钱财的赌棍（杨文元配音），落到海里以后，竟把救生圈推给了别人，他说：“有妻子儿女在等你，这世上没有人等我。”那个拼命摆阔的女暴发户（潘我源配音），看到自己的救生艇上还有一些空位子，不顾被那些落海的人拉翻船的危险，毅然决定向他们划去。

二副应该是这部影片的主角。他是整个海难事件中组织、疏散旅客的指挥者。我怎么想都是于鼎来配最合适。可是这部影片人员这么多，戏的场次这么复杂、零碎，我又真怕老于给我添乱，因为他录音时一向爱吃“螺蛳”爱忘词。我跟胡庆汉商量二副的人选，他说：“这部影片，你敢用于鼎，我这个魄力的外号，可以送给你了。”可我不死心，我找了副厂长老许，请他关照于鼎务必多用点功。不知道他跟老于是怎么谈的，反正效果非常好。至今我看了二副的戏，仍然感到满意。那时，于鼎的声音是多么年轻啊！

这部影片开口说话的人，有五十名左右，而我们演员组一共只有十六个人，即使动用了从不配戏的导演时汉威和翻译慕容婉儿、叶琼，也还是差得很远，所以大多数演员都兼了三四个角色。如果再有个三男二女，音色上就可以更丰富一些了。那该多好！

震撼心灵的《苦海余生》

纳粹统治欧洲的日子转眼已经过去六十多年了，然而一部好电影却会把你带回到那个时代，好像当年的恐怖和黑暗仍然笼罩在我们的头上，使你感到绝望和窒息。英国影片《苦海余生》就产生了这样震撼人心的效果。

《苦海余生》描绘了圣路易号船上一群普通的德国犹太人在希特勒暴政统治下无法在祖国安身，不得不离开德国前往古巴避难的生活片断。影片主要描写了他们在船上的一段遭遇。圣路易号船上有九百三十七名旅客，尽管作者只着重塑造了十几个人物，而且在短短的两小时的影片中，每个人物的篇幅也是有限的，但是由于作者用了极其凝练、生动的电影语言和富有表现力的细节，这些犹太人的遭遇还是极大地震撼了我们的心灵。

狗的象征

一九三九年，德国汉堡港口，圣路易号尚未起航，影片用了短短的三个片断勾勒了当时的时代氛围，使观众一下子就了解了犹太人的悲惨处境。

在戈培尔的谍报总部里，特务头子向圣路易号上的船员——纳粹党徒希恩迪克交代任务，告诉他这一船旅客全是犹太人。希恩迪克问："犹太人?"这时，另一个更大的特务头子坎纳里斯推开了门，一条狗从门缝里溜进来。镜头跟着那条狗，这种声画结合的巧妙运用，立刻使观众产生了一种联想：在当时的德国，犹太人就等于狗。接着，在昏暗的隧道里，出现了两个穿灰色粗布衣、剃了光头的中年男子，他们是教师马纳斯和波兹纳。两个人是那样惶恐、畏缩，谁看到他们的打扮和神情都会立刻明白，他们是刚从纳粹集中营中放出来的。这时，一队纳粹党徒唱着党卫军的军歌迎面走来。钉了铁掌的大皮靴在隧道中轰响，这带钉子的皮靴，好像不单是踏在德国的土地上，而且也同时踏在德国百姓和今日观众的心上。

圣路易号停泊在汉堡码头上，乐队像往常一样吹奏着。一辆黑色轿车开过来停下。莱妮和她的丈夫来送两个小女儿去哈瓦那，到她们的生父身边去。莱妮想出种种理由哄她们，一会儿说坐这么大的船去航海有多好玩，一会儿又让她们听那乐队演奏得多么好听，其实那乐曲听起来是凄惨的。她看着两个女儿幼小的身影跑上舷梯时轻轻地祝愿："记住，我永远爱你们，不要忘了我。"然而她心里明白，孩子此去恐怕再也难以见面了。

莱妮是由我配音的。她和我在这部影片中配的另一个角色莉莉·罗森年龄相仿，又都是生活在上层社会的犹太妇女。开始我说，陈老头考我呢，让我怎么区别这两个人物的不同呢？有的"坏小子"也幸灾乐祸地说："是呀，你录戏的时候，得到棚里去学习学习。看你怎么区别这两个人物。"后来我想明白了，我不再去管什么区别。我只是根据人物当时所处的情景，顺着人物的感受，使自己的语言与人物的神态贴切就行了。

米拉的心灵

圣路易号到哈瓦那，却不许旅客下船。小儿科医生施特劳斯是莱妮的前夫，为了接女儿下船，不得已去求妓女米拉（李梓配音）。米拉也是一个德国犹太人。她本来是到古巴来教书的，不幸沦落为妓女，使她有机会接近了一些古巴的上层人物，所以有人建议施特劳斯去求她帮忙。

开始，她不知道施特劳斯为什么来找她，把他当成了一般的嫖客。她身体半裸地坐在镜子前梳头。施特劳斯进来时，她也不站起来，还要施特劳斯帮她扯开缠在项链上的头发，给她拿香烟，甚至跟他说："你随便点好了，是不是要我帮你脱啊?"当她知道施特劳斯是为了女儿的事来求她的，立刻抓起一件衣服，披衣端坐，客气地说："请坐!"这披衣、端坐两个细节，像一面镜子一样照见了米拉的心灵。当生活允许她作为正常人的时候，她立刻恢复了她的本来面目——一个端庄正派、有教养的姑娘。她到圣路易号船上见她的父母，把自己用血肉之躯换来的美金交给他们时，引起了母亲的怀疑和责怪，她说："我还是我，我没变。"是的，她还保持着心灵的纯洁。

揉碎的小白花

安娜（刘广宁配音）的父亲罗森（富润生配音）是个著名的律师，两年来由于受到秘密警察的迫害、追捕，已经有些精神失常了。但是到了圣路易号船上以后，眼看要逃出法西斯的魔掌了，大家都感到松了一口气。晚上，餐厅里灯火辉煌，乐队演奏着欢快的美国乐曲，人们翩翩起舞。安娜在德国可能从没参加过这样的舞会，她踏着生疏的舞步，生怕踩了对方的脚。这引起船员冈特的注意，他出神地看着这舞步生疏的可爱少女，她本该成为舞会上的公主，可是她却连舞也不会跳。他想着，以致把手中端的一盘餐具也弄翻了。由于冈特对安娜一家的关心，他们成了好朋友。

在另一次化装舞会之前，冈特去收拾餐厅。他偷偷地从餐桌花瓶里掐了一朵小白花，塞进裤袋里，准备送给安娜。舞会开始后，安娜溜到甲板上和冈特相会。因为冈特是船员，不能进入餐厅跳舞，他们只能在甲板上踏着隐约传来的音乐节拍缓缓地跳着，冈特拿出那朵小白花来，可花已经揉碎了。

由于不能在古巴上岸，而回德国就意味着进集中营，安娜的父亲切断动脉跳海了。安娜躲在冈特的怀里，急切地哀求："答应我，答应我，别让我进集中营。"冈特说："我答应，我答应。"可是他有什么力量拯救心爱的姑娘呢？惟一的办法是和她同归于尽。他们共饮一杯毒酒，死在对方温暖的怀抱里，这就是他们在极其短暂的人生里所能得到的最后的慰藉。他们正像那朵小白花，还没有盛开就被揉碎了。

然而由于他们相拥而死的镜头是裸体的，在影片公开放映时被剪掉了，只留下船长打开冈特船舱门时一个惊愕而痛惜的脸部近景镜头，观众也不知道船长看到了什么。另外，安娜的母亲莉莉·罗森（由我配音）由于爱女自杀精神失常了。她一面对着镜子乱剪自己的头发，一面嘴里念叨着女儿是不是会冷，可观众不知道安娜死了，看了这场戏也会感到莫名其妙的。我不知道谁会在看到这一对纯洁、年轻的生命这样被毁灭时还会产生邪念！怎么会把这样的镜头当成黄色镜头剪掉？这使我想起，"文化大革命"中，有一次一位工宣队师傅疾言厉色地来到我们演员组，说："有人揭发，你们演员组有人在看黄色书籍。"后来弄清，有人在看希腊神话，书中有些裸体画插图。可《苦海余生》的公映已经是八十年代了。确实，有些影片为了招徕观众，没必要地在影片中插进了一些裸露镜头，剪掉这种镜头大家当然都会赞成的。艺术部门的领导者怎么样掌握好这个分寸也早该提到日程上来了。

“远山”在呼唤什么

《远山的呼唤》是我导演的译制片中我最喜爱的一部。它也是日本颇负盛名的作品，曾被日本《电影旬报》评为一九八〇年十大佳片的第五位，并获日本电影艺术科学学院的多项最佳奖。导演山田洋次的导演手法明快、抒情、质朴而细致入微。演员高仓健、倍赏千惠子的表演真切、细腻、富有魅力。他们三人的合作被称为“三重奏”。影片具有非常浓郁的日本民族风格。

这是山田洋次继《幸福的黄手帕》之后又一部以北海道为背景的影片。故事发生在北海道的根钏原野，这里没有高速公路，没有超级市场，冬天冰封雪冻一片荒凉。然而，春天来临，原野上牧草葱茏，孩子挥鞭在晨雾中赶着牛群，夕阳下农舍的剪影如诗如画，几声牛叫更衬出村野的静谧。北海道的大自然是严酷的，也是生意盎然的。山田导演选择了北海道为背景，是因为在这样的环境中更适合展开他的故事，阐发他的思想，突出作品男女主人公的性格吧。

作者的理想王国

山田选择高仓健扮演他的男主人公田岛耕作（毕克配音），是由于他想塑造一个刚强的流浪汉。田岛幼年时，父亲因为经商亏本而上吊自杀，生活历尽艰苦。到了中年，妻子又由于借高利贷无力偿还而被逼寻了短见。他盛怒之下打死了放高利贷的债主后逃到了北海道的根钏原野，被养牛场的场主风见民子（丁建华配音）收留。

风见民子虽然生在大城市，却不顾家庭反对，嫁给了一个到北海道来办牧场的人。两年前，丈夫死了，她带着一个刚上小学的儿子武志（梁正晖配音）干着力不胜任的重活——挤奶、割草、放牧、清扫牛棚……但她却无论如何不愿放弃丈夫创办的养牛场。当她在熹微的晨光中给初生的牛犊擦洗的时候，当她一个个收捡鸡蛋的时候，她把爱和汗水一块洒在养牛场上，她也从养牛场得到了快慰。

影片的男女主人公都经历了生活的坎坷，但是他们没有向命运屈服，他们在严酷的人生道路上，不怕挫折，不畏艰苦，他们是善良的、坚强的，他们是山田洋次所着意刻画的理想人物。

在这个偏远的山区，正像那空气清新的原野一样，人与人之间的关系还保留着深切的同情和体贴，就是那个喜欢说长道短的邻居大嫂（王建新配音）和粗俗的饮食店老板虻田（翁振新配音），在民子遇到困难的时候也都是那样悉心相助，表现了一种人性的美和善良。北海道的根钏原野，没有霓虹灯和摩天大楼，这个远离现代文明的山村也没有被现代文明所污染，也许，这里就是作者的“理想王国”吧！

山田洋次的导演风格

《远山的呼唤》没有起伏跌宕的故事情节，也没有行为出众的英雄人物。它的魅力就在于导演以极其清新、隽永的手法把普通人的善良、富于同情心的人性美表现得那么诗情画意，令人心醉。

当田岛耕作第一次在雷雨交加的深夜来到养牛场投宿的时候，民子孤身带着一个孩子，附近又没有左邻右舍。面对这样一个神情阴郁的不速之客，她怎么能不疑惧重重呢？她嘱咐儿子赶快把菜刀藏起来，可她没拒绝他。她之所以没拒绝，是因为她看到田岛被雨淋得透湿，又冻又饿，而实在忍不下心来。她可怜这个流浪汉而忘了自己的安全，安置他到放农具的小屋住下之后又送去了灯和毯子，再让孩子给他送去了吃的东西。在观众认识她的同时也感受到了她那颗善良的心。

虽然民子还摸不清田岛的来历，但在和他的接触中，直感告诉她这是个好人，她想关心他，了解他。她给他送去了蚊香和工作服。可田岛却不愿和她深谈，这伤了她的感情和自尊心。她克制着自己的不快起身告辞，可临走时忍不住把门重重地一关，震落了挂在墙上的一个小篮子。我想，如果把门关得太重，不符合民子的身份和性格，声音不响，又怕观众不易察觉民子感情的细微变化，通过这个小篮子偶然的震落，民子的内心世界就清晰可见了。

命运的重压使田岛看起来阴沉、冷漠，但他是一股在地下奔流的岩浆，内里是炽热的。他默默地从民子手上把养牛场最脏最重的活儿都接过去了。他教武志骑马，这不单表现了武志这个没有父亲的孩子对他的依恋，也表现了田岛由于生活在这个充满温馨的环境中逐渐淡忘了心灵上的创痛而重新燃起了对欢乐的向往。

在黄昏的霞光中，民子凝望着在草原上纵马驰骋的田岛，镜头忽然换成高速摄影的慢动作，那飘飘然腾空而起的马蹄，更衬出田岛在马上的勃勃英姿，是那样充满了男性的魅力。我看过很多高速摄影的慢动作镜头，但没有任何一个镜头让我感到像《远山的呼唤》这组镜头这么充满美感的。和着奔腾的马蹄，节奏强烈的音乐也随之而起，那是民子心灵的震颤。田岛的形象似乎已经在民子的心目中升华了。

由于被便衣警察发现，田岛决定去自首。他根本不想把这一切告诉民子。当民子问他是否还回来时，他没有回答。民子苦笑一下去冲开水，手却禁不住发抖了。镜头移向了她拎着水壶的手，有几滴水洒到了暖水瓶外面。田岛正是看到了她这个动作，体会到了她的痛苦和对自己的真情，才决定把自己的身世讲给她听的。

山田洋次是以搞喜剧见长的，在《远山的呼唤》中也到处充满了令人忍俊不禁的幽默，有的地方甚至像闹剧一样夸张，但却使人感到整个故事的和谐。

例如，武志被妈妈派遣去问田岛的名字，田岛也问了他的名字并夸他的名字好，小武志为此兴高采烈地跑到妈妈面前迫不及待地告诉妈妈："叔叔夸我的名字好。"可是却把刚问来的田岛的名字给忘了。

民子的表弟胜男（施融配音）领着新婚妻子加代子（程晓桦配音）来作客。加代子高兴地跟丈夫说："表姐说你小时候可招人喜欢了。"胜男马上认真地说："对，大眼睛，圆圆的脸儿。"加代子不胜惊讶地问："圆圆的脸儿？"因为扮演胜男的演员脸是很长的。胜男惋惜地告诉妻子："没想到，上了中学以后，脸就慢慢地慢慢地越长越长了。"

虻田是个开饮食店的小老板，老婆死后常跟艺妓来往，作风粗俗。尽管他真心爱慕民子，却不懂如何表达爱情，他只会像对待艺妓那样去摸民子的手，这更引起民子的反感，拿棍子把他打跑了。但正是这个莽撞可笑的汉子，当田岛被押解去服刑时，他陪民子登上了同一列火车。他们在田岛附近高声谈起了家常，向田岛暗示：民子决心等他回来。这时，导演不让民子哭，也不让田岛哭，却让这个五大三粗的虻田掩面痛哭起来，这样，虻田这个人物也就更丰满了。

为了忠实于原片真切、自然的风格，我们从剧本翻译开始就尽量避免使用文字化的语言。如加代子说胜男小时候的长相，我们不用“长得可爱”而用“招人喜欢”。民子从医院回家，我们不用“离开家好久了”而用“一晃都半个月了”。田岛说马“它现在很烦躁”也改成“它现在使性子啦”等等。

田岛决定去投案自首，偏巧这天夜里，母牛又得了急病。夜黑风狂，雷雨交加，民子再也没有力量承受这一切打击了。她感情爆发地扑到田岛身上说：“你别去，哪儿也别去，我害怕。”我们译作“害怕”的这个日文单词从字典上看可解释为“冷清、寂寞、憋闷、孤单”，并没有“害怕”这个解释，但我和翻译赵津华从此时此地民子的心情出发，从人物关系出发，认为只有“害怕”才是比较确切的，演员也容易表达感情。在和田岛相处的几个月里，她感觉到在人生的道路上又有了依靠，因此再也无法忍受过去那样的孤单了，所以她是那样害怕失去他。忠实原片，并非是简单地忠实于原文的每一个字或每一句话，而更重要的，是忠实于原片作者的意图。

在演员的配音上，我们尤其不能简单地从台词表面去理解人物内心世界，否则就把戏配歪了。

例如民子腰伤住院，夜里，旷野上传来一声声狼嗥，武志一个人觉得害怕，抱着被子到田岛住的小屋。田岛留下他，武志悄悄地哭了。田岛这时跟他讲起了自己童年的遭遇，讲自己父亲如何上吊自杀，自己和哥哥如何去抬父亲的尸首……这时夜深人静，两个人又睡在被窝里，田岛的声音很轻，语调也比较低沉。影片鉴定时，陈厂长批评我们说：“毕克的感情太丰富了。他说这些不是为了诉苦，他说这段话的目的是为了鼓励小武志作为一个男子汉要善于忍受生活中的不幸。尽管表面的语调是低沉的，但是内在的感情却应该是昂扬的。”

养牛场的劳动是艰苦的，北海道的大自然更是严酷无情，但民子热爱养牛场。尽管她抱怨“冬天又是风又是雪，我又长得瘦小，去一趟牛棚，也被大风刮倒好几次”，可她的着重点是，“一到了春天，看到草场上绿油油的一片，我就又干起来了”。我跟小丁说：“你爱养牛场就像你爱你的女儿年年一样，尽管她十分顽皮，每天到托儿所都把衣服弄得很脏，需要你天天给她洗，可你还是爱她。”

由于男女主人公特定的身份——一个是在逃的杀人犯，一个是寡妇，所以尽管他们彼此爱慕，却不便公开表达。民子常常以儿子为借口，例如“武志想问问你，能在这儿待多久”、“武志听了一定很高兴”等等，来表达自己的心意。这是东方式的恋爱，也是北海道根钏原野特定环境中的恋爱。这种含蓄的人物关系，也使影片平添了它特有的韵味。

《远山的呼唤》中，音乐和声效对环境气氛的渲染及人物心情的烘托也起到了十分重要的作用。例如，田岛到北海道荒野时不祥的乌鸦叫，民子独处时深夜的寂寞的虫鸣以及民子和田岛谈话时那优美抒情的弦乐曲，就好像他们言犹未尽的心声，这些也都是作者展示人物心灵的手段啊。

一个婴儿的独白

一九八二年，我刚从杭州疗养回来，大家就告诉我来了一部日本彩色故事片《我两岁》，特别讲起其中一个小男孩的戏拍得好极了。这是一部充满生活情趣、非常好玩的影片。

过了两天，厂长老陈就找我去他的办公室交代说："《我两岁》交给你搞。先对口型搞本子，同时也把配音的人选考虑好提出来。"

电影开始了，银幕上却是光影闪闪，一片混沌。是放映员没把焦点对实吗？不是，这时出现了牙牙学语的奶声奶气的画外音："我生下来以后，先看到的是一闪一闪的影子……"原来这几个镜头是从一个生下来才十九天的婴儿——太郎眼中看到的世界。让一个出生才十九天的婴儿说出他的思想和感受，真是别开生面。

每个人都有过婴儿时期，每个做父母的也都是从初生的婴儿开始把孩子一点点抚养大的，但是有谁知道襁褓中的婴儿想些什么呢？妈妈千代（曹雷配音）幸福地凝望着太郎，看着看着，太郎哭了。她还以为太郎已经认识妈妈了呢。可太郎告诉我们："那时候我正在练习活动全身的肌肉，那只不过是碰巧活动了一下脸上的肌肉，这个以为我会笑了而高兴的人就是我母亲。可我生下来才十九天，还不知道你是我母亲。”是的，太郎说得不错，初生的婴儿不会看，也不会听，更不可能认识妈妈。

现实生活中没有一个生下来不久就会侃侃而谈的“神童”，然而《我两岁》中出现的情节和太郎大段的内心独白不仅使我们感到新鲜、有趣，而且使我们感到亲切、真实。影片作者别出心裁的艺术构思并非随心所欲，而是他们大量、细致地观察研究了婴儿生活习性以及年轻父母心理状态的结果。如有一场戏，太郎生病了，热度虽不高，却昏睡了一整天。晚上，爸爸妈妈刚睡下，太郎却哇哇地哭闹起来，妈妈以为他要尿尿，又担心他被虫子咬了，还想他可能饿了，忙给他喝牛奶。可怎么都不行，一关灯让他睡下，他就马上大哭。太郎说：“我白天睡了一天，所以一点也不困。我就想叫人陪我玩，可是爸爸妈妈一点也不理解。”看到这里，我们不禁恍然大悟，联想起自己不也曾做过这样的“糊涂爷娘”吗！

《我两岁》几乎没有什么故事情节，却非常引人入胜，导演市川昆简直像会变魔术一样，使扮演太郎的小演员——当时只有一岁零八个月的铃木博雄那么听他摆布，哭啊、笑啊、调皮、撒娇，都“表演”得那么合乎剧情的需要。太郎不仅会随着电视播送的音乐有节奏地手舞足蹈，还会假装要撒尿骗妈妈来抱他。当然，我相信市川昆导演并不会任何魔法，他之所以能使小铃木表演得如此精彩，只是他熟知电影表演技巧，同时又熟知婴儿心理，并善于驱遣他们的结果。在本片获得日本《电影旬报》（相当于我国的“百花奖”）一九六二年十大佳片之首的荣誉时，市川昆也获得了当年的最佳导演奖。

这部影片语言诙谐，人物关系微妙有趣，带有浓厚的喜剧色彩，这些微妙都是在译制工作中必须着意加以体现的。

首先是剧本的翻译。日文翻译赵津华曾与我多次合作，译过《啊，野麦岭》、《远山的呼唤》。她虽然不是我们厂的专业翻译，但她却聪明、好学，在近十年的工作中已经完全掌握了搞译制片剧本翻译的特点。她译的剧本不但口型与原片基本一致，中文对白也能考虑到原片的风格、语言的性格化以及时代感等等。她日文水平高，对日本的风土人情也非常熟悉。当时她已调到香港工作，正赶上她回内地休假。我一听到她回来了，立刻把她"抓"了来。这次译制《我两岁》能有机会再次与她合作，我觉得格外高兴。那时工作是没有稿酬的，完全是尽义务。

说实话，搞剧本最难的还不是口型问题，而在于既要保持原片语言的特点又不脱离中国观众的习惯，因此有些话就不能逐字逐句地死搬过来。例如有一句台词是"不知不觉他已经不是婴儿了，是孩子了"，在中文里，孩子也包括婴儿，如按日文直译，中国观众就听不懂了，所以我们译文就成了"不知不觉他已经不是婴儿了，长大了"。再如，妈妈千代向丈夫五郎（施融配音）抱怨婆婆（赵慎之配音）一面抢着干家务活一面又喊累，说婆婆"够瞧的啦""受得了吗"，这些语言既接近原文又使中国观众感到异常亲切。爸爸五郎不愿再要孩子了，他抱怨"小家伙生下来就像地震，像火烧，让人不得休息"。原片演员说最后一句话时，情绪十分激动，"不得休息"很难说出那种气势。我们改成："小家伙生下来，就像地震，像火烧，四面夹攻。"这才便于配音演员的感情表达。

译制这部影片最主要的难题还是太郎的配音人选以及如何保持原片婴儿"说话"的这一艺术特色。

这部影片别开生面地让出生才十九天的太郎开始说内心独白，一直说到他两岁。这些独白从幼儿的感情心理出发，用的是牙牙学语的幼儿语调，但说的是大人话，而且诙谐、幽默。如爸爸鼓励太郎学走路时说“加油啊，你是男孩子嘛”，太郎立即反驳道：“我是人，是不是男孩子我可不知道。可我是人，不像其他动物，生下来就会走路。”他生病，又说奶奶：“奶奶利用小孩子想得到消防车，就肯忍受疼痛的心理，硬给打针，太不应该啦。爱我的爸爸妈妈也用暴力逼我吃药，我再也不相信大人啦。”显然，像这样的台词真让一个两三岁的孩子来讲，肯定是他们难以胜任的。如果找一个十几岁的孩子来配呢？他们又不易掌握幼儿奶声奶气的味道。老陈也嘱咐我：“太郎的配音，一定要掌握好他牙牙学语的特点。”反复考虑，权衡利弊，我终于提出了人选——丁建华。

第一，小丁有配男孩的经验，曾在日本动画片《龙子太郎》中配过龙子太郎，在八一厂出品的故事片《天山行》中也配过一个四五岁的小男孩。第二，她可以做出小哑嗓，以增加原片那个胖墩墩的小男孩的调皮色彩。第三，她临场适应性强，可塑性大。

然而，这次任务还有一个新的困难摆在我们面前，《我两岁》不是动画片，太郎是真孩子演的，语气必须真实、自然，不能像《龙子太郎》那样夸张，可是又要说出奶声奶气的味道，又不能有做作的痕迹，而且是大段大段的台词，全靠演员做戏是很容易露馅的。怎么办呢？

我想起在录制日本动画片《天鹅湖》时，为了使影片中两只小松鼠的发音区别于普通人的形象，我曾和录音师金文江一起试验过几种速度的变速录音。记得有一种速度，演员的音色变了却听不出变速的痕迹，当时我们觉得这种速度作为动画片中小松鼠的声音还不够夸张，没有采用。如果把这种速度的变速录音用在《我两岁》中太郎的配音上呢？不是既可使小丁的声音具有奶声奶气的特点，又可使观众感觉不到录音变速的痕迹吗！

但是变速录音只可改变小丁的音色，幼儿牙牙学语的语气还得靠小丁自己说出来，录音师是无法帮忙的。为了表现幼儿说话的特点，我不得不提醒小丁不要把每个字说得那么清晰，以致小丁抱怨说："自从进厂以来，你们就要求我口齿清晰，这次你却要求我说话不要太清楚，这倒也还得好好练练呢！"诚然，对一个专门以语言塑造人物的配音演员来说，必须时刻注意口齿的清晰，吐字归音的准确，但是丁建华在为《我两岁》中太郎配音的过程中稍不留意把字咬得太清楚了或者音量大了一点，就立刻失去了牙牙学语的味道。同时，发音部位也要严格加以控制才能出现那种男孩的小哑嗓……真是工作得十分辛苦。

译制导演的主要工作，不但是必须准确、细致地理解原片，更主要的，是必须还原原片的特点和韵味，否则尽管把影片译成了中文，仍然打动不了中国观众的心，引不起中国观众的兴味。

《我两岁》表现的是凡人小事，但经过艺术家的提炼却变得如此生动、引人、富有艺术魅力。这就要求我们在译制工作中对原片人物心理活动抓得准，抓得细，才能把原片的趣味充分体现出来。例如五郎看见妻子千代从美容院做了头发回来，变得那么妩媚动人，兴致勃勃地想像当年那样一块儿去看场电影，可千代一心惦记着儿子，根本没理会丈夫跟她说了些什么。她忽然问："他尿裤子没有？"五郎的一团高兴给问得烟消云散，他像只泄了气的皮球似的回答说："刚才他尿过了。"配音演员只有准确充分地表达这对小夫妻的情绪变化，这场戏才会引起观众会心的微笑。

五郎的哥哥调去大阪工作了，五郎想把原来与哥哥同住的母亲接来，又怕千代不同意。他一边吞吞吐吐地讲，一边观察妻子的动静。千代听罢起身去冰箱拿大麦茶，她说："大麦茶还不够凉。"表面看来这句话与婆婆是否来住毫不相干，但这句话并非闲笔，她的语调是温存的，五郎正是听了她这句充满柔情的话，才有勇气把话全讲出来。千代虽然婚前就讲好不与婆婆同住，但现在却不愿丈夫为难。好胜心也使她想“跟奶奶的关系也一定比嫂子处得好”。

像《我两岁》这样的影片，没有大的波澜起伏，也没有什么深度和广度，它不像《华丽的家族》和《金环蚀》那样气势磅礴，也不像《尼罗河上的惨案》那样有离奇的情节和错综复杂的人物关系。它只不过是一首小曲，但却流畅轻快，温馨可人。

《我两岁》鉴定时，厂里大多数人都没听出来太郎是小丁配音。他们问：“苏秀从哪里找来的孩子？”甚至连小丁的妈妈都没听出来太郎就是她女儿配的。当然，小丁和我都为此感到万分得意！

令我倾心的《沙鸥》

《沙鸥》由北京青年电影制片厂出品，是北京电影学院八十年代初毕业的张暖忻导演的。

影片讲的是中国女排姑娘们为夺取世界冠军艰苦拼搏的故事。其中着重表现了女排队员沙鸥的个人命运。那时中国女排还没拿过世界冠军，总是输给“东洋魔女”日本队，所以不单女排姑娘们，全国广大球迷都热望中国女排能有所突破，早日登上冠军领奖台。那时女排球迷们的心情几乎就像今天中国足球迷热望中国足球冲出亚洲、走向世界一样，对女排的胜败非常关注。我当时也是特别关心中国女排命运的球迷中的一个，而且至今仍然关心，我差不多能叫出历届中国女排所有主力队员的名字。能负责指导这样一部影片的配音工作，当然特别让我高兴。

除了这部影片的题材能引起我的强烈共鸣，我也非常喜欢扮演沙鸥的常珊珊的表演和张暖忻的导演风格。

张暖忻说她在学校时就受过意大利新现实主义大师们朴素、自然的导演风格的影响，因此她也特别热衷于去表现生活的原形，而不加任何粉饰。

首先，她选择了一个非职业演员来扮演女主角。扮演沙鸥的常珊珊是北京女排的队员。她从没演过戏，也从没受过任何表演训练。但是她的表演是那样投入，那样恰如其分，简直比有些职业演员的表演还要到位。

张暖忻说："她要么来真格的，要么就什么也没有。"意思就是说，她很容易相信导演给她设定的规定情境，自己就成了剧中人，她不是在表演角色，而是在体验一段人生的经历。例如，在影片中，她的未婚夫是个登山队员，在一次雪崩中牺牲了。扮演她未婚夫的演员郭碧川为了帮助她入戏，就扮作死人躺在地上，这个假定的情景引发了她真实的感情，她痛哭起来，不是那种号啕大哭，却令人感到了她深深的悲痛。

女排姑娘们摸爬滚打，忍着伤痛苦练，可结果还是输给了日本女排。沙鸥知道自己由于腰伤再也不能打球了，而这最后拼死的一搏仍然未能实现多年的愿望，她把银牌丢入海中。她坚信拿破仑的话"不想当将军的士兵，就不是个好士兵"，所以"不想当冠军的运动员就不是个好运动员"。她把沙鸥那种壮志未酬的痛苦和失落表现得深沉而悲壮。

她回到北京跟妈妈说："我再也不打球了，以后就给他（指未婚夫）当后勤部长，让他去攀登。"但是就连这样一个可怜的愿望也落空了。她一个人走在去圆明园的路上，满脸孤独、寂寞。张暖忻告诉我，当时街道一旁满是看拍电影的人群，她却能视而不见，真是个好演员。

我跟张暖忻说："你真大胆，怎么敢用一个完全没有经验的人演主角?"她说："一个没受过排球训练的演员很难演出球员的气质。而运动员，她们经常在观众面前比赛，也是当众表演。"事实证明她的预想成功了。其实，非职业演员一下子就挑大梁的也不乏先例。如意大利新现实主义代表作《偷自行车的人》的男主角就是非职业演员。再如李连杰在主演《少林寺》的时候也是非职业演员。当然，这也不是说任何人都可以成为演员的。据我所知，拍摄《偷自行车的人》的导演德·西卡以后再没有使用过非职业演员扮演主角。好像张暖忻也没再这样做过。

我是那样欣赏常珊珊所扮演的沙鸥，以致张暖忻说我“你简直迷上她了”。我真是迷上她了。

我也特别欣赏张暖忻那种纪实的导演风格。影片中，沙鸥穿的黑毛衣就是导演平时穿的衣服，沙鸥的家也是北京一家普通四合院的小屋。我听说连沙鸥家屋外墙上挂的一串红辣椒都是原来房东挂在那儿的。

有一场戏是沙鸥和同伴走在北京大街上。张暖忻让摄影师躲在警察岗亭里，沙鸥就混在真正的行人中，真是再自然不过了。在这种情况下，演员也不可能做戏。据说，张艺谋的《秋菊打官司》有些在大街上的戏也是这样偷拍的。张暖忻早在十年之前就这样做了。

录完《沙鸥》的对白之后，我跟张暖忻说：“有了像沙鸥这样的女排姑娘，中国女排一定会拿下冠军，你这部影片就是预言。”果然，《沙鸥》上演不久，中国女排就拿到了世界冠军。看着五星红旗升起的时候，我不禁想起了沙鸥，那确实是几代人的努力。也想起了张暖忻，想到了她作为一个电影艺术家对生活的敏感。

可惜，那么富有才华的年轻导演张暖忻，竟然被癌症夺去了生命。她的前途正未可限量呢！

还记得对口型时，在影片中扮演教练的张暖忻传了一个好球，我大咧咧地说：“不错嘛，一传到位呀。”一位男同胞揶揄我道：“哈，你还懂一传到位呢。”我说：“怎么？你不服气？我还懂背飞、短平快、时间差……”后来我才知道，暖忻原来是电影学院女排代表队的呀。我真是班门弄斧了。

作家电影《广岛之恋》

《广岛之恋》是西方电影史上一部非常重要的作品。因为它跟过去传统的电影有着明显的区别。它一反传统电影有头有尾的叙述方法和非常贴近生活的台词对白，而是将小说中的文学语言、时空交错的意识流及象征性带到了电影中，并且运用画面表现了人的潜意识活动。这部影片的编剧是法国著名女作家玛格丽特·杜拉斯。影片中男女主角的交谈，就像在吟诵散文诗。

男人说：你在广岛什么也没看见，什么也没看见。

女人说：我都看见了，都看见了。

她又说：我还知道一些别的事，一切都会重新开始。

二十万人死亡，八万人受伤，在九秒钟之内……

这种语言特点，明显带有作者本人的风格，又有十分浓烈的文学色彩，因此被称为“作家电影”。它是法国“新浪潮”的一个流派，因为这些人都住在莱茵河左岸，所以被称为“左岸派”。

今天，重新看这部电影，觉得完全是一目了然的事，当年竟看得大家云里雾里，不知其所以然。其实，故事并不复杂：一九五七年，一个法国女演员到广岛来，拍一部呼吁和平的影片。她偶然邂逅了一个日本男人，产生了短暂的爱情。这个男人又使她想起了她的初恋情人，一个二十岁的德国士兵。但是，那是第二次世界大战时期，爱上德国人就是法奸。在法国光复那天，那个德国士兵被打死了，她也被人们剃光了头。她变疯了，她的父母只好把她关在地窖里。十四年过去了，她的痛苦本已慢慢淡忘，是广岛的残酷景象，使她想起了二战，是这个偶然相遇的日本男人，使她想起了那个德国青年。广岛的惨剧和她个人的痛苦，都混淆起来了。当时，我们之所以觉得看不懂，首先是非常不习惯那种时空错位的电影语言。两个人在床上的谈话，却插进了许多当年广岛被原子弹轰炸后的废墟以及被原子辐射灼伤的人群。两个人明明都在广岛，却不时出现不知是哪个小城的街道和不知为什么会出现的一座小楼。

赵慎之配女主角法国女人，拉着我帮她排戏。我们两个人一面反复看片，一面感受原片演员的语调、神态，好像懂了一点。女主人公和男主人公谈话时，画面上出现的是广岛一九四五年被轰炸时留下的纪录片，是女主人公记忆中的印象，也有她这次来广岛时参观过的地方。那座不知名的小城街道，就是女主人公的故乡，法国内委尔的街道。那座小楼，就是女主人公的初恋情人死在下面的那座房子。这些都出现在女主人公的意识里。

从那以后，人们不但习惯了意识流的表现手法，还出现了生活流等等理论。应该说，《广岛之恋》的影响是非常巨大的。它打破了很多戏剧理论对电影的束缚，使电影可以更加自由地发挥自己的特长了。

精致的《格洛丽亚》

在一次座谈会上，复旦中文系教授严锋说，他在纽约长岛看到范德比尔家的一座庄园，他说我觉得应该让苏老师来那儿住，她配住在那儿。我开玩笑说，那儿本来就是我的家。曹雷解释说："我们配过一部电视剧，就是写范德比尔家的故事。老苏配的就是一家之长范德比尔太太。"

那部电视剧叫《格洛丽亚》，是我认为自己担任译制导演以来遇到的最精致的一部电视连续剧。英国的影视作品一向比较考究，这部片子尤其如此。

那是一九八六年我退休以后在上海电视台译制的。

这部电视剧是根据上世纪二三十年代发生在美国的一个真实事件编写的。出身外交官家庭的格洛丽亚，父亲死后没有留下任何遗产，后来她结识了美国豪门范德比尔家的独子雷奇并嫁给了他。婚后，格洛丽亚生了一个女儿，也取名格洛丽亚。没过几年，雷奇死了，按法律规定，小格洛丽亚可以继承二百五十万美元的遗产，在她未成年阶段，这笔钱由监护人掌管。为了争夺监护权，格洛丽亚的母亲劳拉竟不惜和雷奇的姐姐勾结起来诬陷自己的女儿行为不端，以便剥夺她的监护权，并让奶妈挑拨格洛丽亚母女的感情，吓唬孩子，说她母亲要害她，以致小格洛丽亚见到母亲竟吓得大哭。格洛丽亚终于没能打赢官司，被夺走了女儿。直到她死后，小格洛丽亚才醒悟到她被剥夺了最宝贵的母爱，可是已经晚了。她剩下的惟有一张小时候和母亲的合影。

说这部作品精致，是因为它的编剧、导演、演员都没有一点人为做作的痕迹。雷奇的姐姐格楚德是个拥有八千万美元的巨富，可她不能容忍格洛丽亚这样一个穷人也跻身上层社会。她居心险恶表面却温文尔雅。格洛丽亚的母亲劳拉则低三下四，为了钱，自尊和骨肉之情什么都不顾了。格洛丽亚是有弱点的。她从小生长在欧洲，喜欢住在欧洲，还常跟那里的一些年轻贵族来往，可她真心爱女儿，远比她的母亲和格楚德善良、正派。不过她是个老实人，老实人往往斗不过要阴谋的。

在剧中扮演格楚德的演员安琪拉·兰恩斯伯里是我国观众熟悉的演员，她曾在《尼罗河上的惨案》中扮演黄色作家奥特伯恩太太。老演员蓓蒂·戴维斯扮演雷奇的母亲范德比尔太太。她也是美国影坛的一棵常青树。她不靠美貌而靠演技长盛不衰。据说，她年轻时，不管跟哪个男演员搭戏，她都必须挂头牌。在这部连续剧中，她虽然戏不多，可是作为豪门望族的一家之长，她那种高贵的大家风度和处变不惊的镇定都给人留下了极深的印象。她出场时的音乐，和一扇一扇次第打开的门，把她烘托得就像一个女王。

这部电视剧，我请了我们的老厂长陈叙一担任翻译，由丁建华配格洛丽亚，乔榛配雷奇，曹雷配格楚德，朱莎配劳拉，我自己配范德比尔太太，袁国英配奶妈。

这部电视剧播出后深受知识阶层的欢迎，很多人也都认为是一部精品。

5

余音袅袅

我们厂，我们的大学

前几天，赵慎之打电话问我一个什么字的标准读音，这是一个延续了五六十年的老习惯了。她不爱查字典，什么字吃不准怎么念就问我，我也不知道的，就由我来查字典。她总爱说自己“虽然没念过多少书，但是从来不念白字。因为‘不耻下问’。”我说：“你早已不是那个没念过多少书的赵慎之了。你现在是上海电影译制厂这所大学毕业的‘研究生’。电影学院毕业的大学生也未见得比你更懂得怎样说电影对白。”

回想起来，我们厂真的是我们的大学。

我敢说，没有人会像我们这样看电影。

我们是把电影掰开揉碎了地在看。

为了让中文台词与原片的演员表演贴切，让人感觉就是外国演员自己在说中国话，我们会把影片剪成二三百小段，接成循环，反复地看。从这样反复、细致地观摩中，我们就可了解原片演员是如何诠释他的人物的。译制导演讲戏就要把他理解的原片讲给大家听，演员也要参与讨论，这就是我们在工作中学习的独特方式。拿译制《简·爱》来说，翻译兼导演陈叙一阐释原片的人物关系时，就说：

“罗杰斯特对简·爱不恭维、不温柔，有时甚至很粗暴，这是他的求爱方式。简为什么爱罗杰斯特，因为他把她视为知己，罗杰斯特给了她最看重的平等。”而邱岳峰和李梓则通过自己的配音很好地表达了这一切。再如我担任《砂器》的译制导演时，看到不论是童年的秀夫（男主角和贺英良的真名）还是成年的和贺，他们的扮演者都是面貌俊美，让人产生好感的演员；在父子一起逃难的过程中，大雪纷飞的黄昏里，二人躲在别人的廊檐下，在篝火上热着讨来的饭，那美丽的霞光，跳动的篝火；小秀夫舀一勺饭来喂爸爸，还把爸爸给烫了一下，两个人一块笑了。那温馨的画面所反映的父子情，是那么感人，我由此领悟了原片导演对杀人犯和贺英良——这个才华横溢的钢琴家，所抱有的惋惜与同情，并由此懂得了编导对他主人公的爱憎，不唯表现在情节上、台词上，也会表现在对演员容貌和气质的选择上，还有摄影的色彩啊、镜头的角度啊、音乐的陪衬等等。说起音乐，再没有比《魂断蓝桥》，更令人难忘的了。这是一部爱情悲剧，男女主人公，在小酒吧中最后相聚时，那朦胧的灯光，舞者的身影，加上乐曲《一路平安》（“今朝相逢已太迟，今朝又离别”）所传达的离愁别绪，真是胜过任何万语千言。

至于我们为之配音的演员，可以说几乎涵盖了当时世界上各国的表演艺术家。像孙道临为之配音的《王子复仇记》中哈姆雷特的扮演者劳伦斯·奥利弗，曾十一次获得奥斯卡奖提名；由于他对莎士比亚戏剧的贡献，一九四七年被英国女王授予爵士爵位。邱岳峰为之配音的卓别林和毕克为之配音的高仓健，以及尚华、于鼎在《虎口脱险》中为之配音的法国喜剧大师德·富奈和布尔维尔；乔榛为之配音的《爱德华大夫》的主演格里高利·派克；童自荣配音的佐罗扮演者阿兰·德隆，无不是名满天下的巨星。李梓配音的《巴黎圣母院》中艾丝美拉达的扮演者吉娜·劳洛勃丽吉达；赵慎之在《望乡》中为之配音的阿崎婆的扮演者田中绢代，她在日本的地位相当于我国的白杨。我在《化身博士》中为之配音的酒吧侍女艾维的扮演者英格丽·褒曼；刘广宁为之配音的《魂断蓝桥》的主演费雯丽；丁建华为之配音的《卡桑德拉大桥》的主演索菲亚·罗兰；曹雷为之配音的《穿普拉达的女王》主演梅丽尔·斯特里普，她们几乎个个都是奥斯卡最佳女演员的得主。

我们的演员为了吃透原片演员是如何诠释人物的，少说也会看十来遍原片（不是看全片，是看自己有戏的主要场次）。有时演员为了更好地掌握比较困难的段落，如尚华为了《虎口脱险》中指挥乐队排练那场亮相的戏，甚至看上几十遍。在这个过程中，原片的人物就会逐步在尚华的脑子里活起来，让他感受到人物所感受到的一切，使中文台词和原片的表演融为一体。

再如我在为褒曼扮演的侍女艾维配音时，有一场戏，她被海德先生折磨得快要疯了，海德还要她唱歌。译制导演陈叙一提示我："口齿要清晰，神态要昏迷，要唱，不要有旋律。"使我学会了怎样去表演一个人的半疯癫状态。经过长期的工作熏陶，也使我们每个人都学会了不少表达喜怒哀乐的手段。有的观众说："有些国产片拍得并不好看，但是知道是上译厂配音的，也会去看，就为了听上译演员的配音。"

复旦大学中文系的教授严锋甚至说："我觉得，邱岳峰在《简·爱》中为罗杰斯特配的中文台词所传达的信息量，比原片演员斯科特更为丰富。"

在工作中，我们还有机会接触到世界各国的大导演，如好莱坞的悬疑片大师希区柯克，我们译制过他的《爱德华大夫》、《美人计》、《三十九级台阶》和《西北偏北》。英国的大卫·里恩，他导演的《桂河大桥》曾获包括最佳导演在内的七项奥斯卡金像奖。我们译制过他的《孤星血泪》和《印度之行》。意大利影片《偷自行车的人》，导演德·西卡是意大利新现实主义的领军人物。日本导演山田洋次的《远山的呼唤》，曾获一九八〇年蒙特利尔国际电影节特别奖。他和高仓健、倍赏千惠子的合作，被日本观众亲切地称为“三重奏”。苏联的大导演米哈伊尔·罗姆，当年曾导演过《列宁在十月》、《列宁在一九一八》，后来又导演过《第六纵队》和《一年中的九天》。我们也译制过六七十年代导演的作品。如美国导演科波拉导演的反越战片《现代启示录》，新德意志电影的代表人物维姆·文德斯导演的《得克萨斯的巴黎》，苏联新浪潮的始作俑者格里高利·丘赫莱依导演的《第四十一》（该片曾获一九五七年戛纳国际电影节特别奖），以及苏联后起之秀瓦西里·舒克申导演的《红莓》等等。这些电影手法不同，风格各异，但都是视角新颖、内涵深刻的精品。这些都大大地增长了我们的见识，也形成了我们得天独厚的工作环境。

不少我们从小读过的，或者没读过只听说过的古典名著，也在银幕上活了起来。而且，我们还能成为其中的一员，体验一次那些仅存在于书本上的人生。如俄国托尔斯泰的《安娜·卡列尼娜》，李梓成了安娜，毕克成了卡列宁。而在《战争与和平》中，丁建华成了伯爵小姐娜塔莎，乔榛成了比埃尔，杨成纯成了安德烈亲王。在陀思妥耶夫斯基的《白夜》中，邱岳峰是幻想者，李梓是娜斯金卡。卫禹平做过果戈理的“钦差大臣”。我是法国司汤达的《红与黑》里，叛逆的侯爵小姐玛季德。于鼎则成了大仲马的《三剑客》里的剑客达达尼昂。我厂的译制导演时汉威一生没配过多少戏，却做过雨果的《巴黎圣母院》里的敲钟人。胡庆汉则是《悲惨世界》里的冉·阿让。英国狄更斯的《远大前程》（即《孤星血泪》）则有过两套配音班子，黑白版的，尚华和我是匹普和埃斯泰拉，路珊是哈维夏姆小姐；彩色版的，童自荣和刘广宁是匹普和埃斯泰拉，我是哈维夏姆小姐。还有夏洛蒂·勃朗特的《简·爱》啊，莎士比亚的《王子复仇记》、《奥赛罗》、《第十二夜》、《无事生非》啊，德国席勒的《阴谋与爱情》啊……这也大大提高了我们的文学素养。

为了能更好地理解原片，陈叙一不断地要求我们多读翻译小说，以便熟悉各国的风土人情、各色人等的思维方式。要求译制导演学一点外文，以便和翻译沟通。要求翻译、导演读读《圣经》，因为西方人生活中经常会用到圣经典故。为了丰富文化素养，他还提倡大家背唐诗宋词，听评弹，看话剧。那时，我们厂的学习空气非常浓。不录音的时候，你会看到，休息室中常常是人手一本书。

老陈培养演员是有一盘棋的。某个阶段重点培养一两个人，给他（她）各种机会，直到他（她）“修满学分”。然后，再换一个人。就以赵慎之为例：一九五二年配《华沙一条街》里的女主角，那大约是她配的第一个主角。之后在一九五七到一九六一年期间，她配了各种身份、各种性格的角色——反法西斯影片《当我们年轻的时候》的爱国青年，《偷东西的喜鹊》里，沙皇时代被贵族豢养的农奴演员，《大墙后面》里，由于阿根廷农村破产，从农村进城的打工妹，《不同的命运》里，美丽、骄傲但爱慕虚荣的中学女生，《神童》里，上层社会出身，活泼、俏皮的少妇，在法西斯统治下，不畏强权，坚守自己的人生本分，以及《穷街》、《三剑客》、《科伦上尉》、《两姊妹》、《阴暗的早晨》、《驯虎记》、《鬼魂西行》等等。还有根据法国左岸派女作家玛格丽特·杜拉原著改编的作家电影《广岛之恋》。这样，在“文革”前，赵慎之就应该算修满本科学分了吧。

再以尚华为例：从一九五三年开始，他陆续担任了多部影片主角的配音，如《牧鹅少年马季》、《卡塔林的婚姻》、《祖国的早晨》等。一九五六年，更在陈叙一亲自担任译制导演的《孤星血泪》中，为主角匹普配音。之后，又配了《红与黑》中的老年贵族德拉·木尔侯爵；《不同的命运》里，中学刚毕业的青年工人；《雁南飞》中，死于二战战场的苏联士兵，还有《圣彼得的伞》、《新婚之夜》、《她在黑夜中》等等。一九七二年，尚华在陈叙一亲自担任译制导演的《冷酷的心》中再次担纲主角，配魔鬼胡安，一个有江湖气的热血汉子。在《警察局长的自白》中，配杀人不眨眼的意大利黑手党头子罗蒙诺，他说话轻声细语，却令人毛骨悚然。《悲惨世界》中配警长沙威，他忠实于为虎作伥的职守，最后良心发现而自杀。他这几个角色，都是经历复杂，身份不一般的人物。那就等于修满研究生的学分了吧。

实际上，我们每个人都在不同时期，得到过或长或短的重点培养。因此到了八十年代，陈叙一说："我们的演员就像梁山泊的一百单八将，个个都能上阵独当一面了。"

邱岳峰和毕克就不用说了。有了合适的机会，每个人都可以担当重任。如：李梓的《猜一猜谁来赴晚宴》的老年知识妇女、《啊，野麦岭》中的少年女工；于鼎、尚华的《虎口脱险》；尚华的《总统轶事》、《得克萨斯的巴黎》；赵慎之的《望乡》；刘广宁、乔榛的《生死恋》、《苔丝》；童自荣的《佐罗》、《黑郁金香》、《铁面人》、《梅菲斯特》；曹雷的《非凡的艾玛》、《国家利益》、《爱德华大夫》；丁建华的《远山的呼唤》、《卡桑德拉大桥》、《老枪》；胡庆汉的《悲惨世界》；盖文源的《汤姆叔叔的小屋》、《斯巴达克斯》；施融的《雾之旗》、《希茜公主》，施融、程晓桦的《奴里》；戴学卢的《白比姆黑耳朵》以及我的《印度之行》、《为黛西小姐开车》等等。

特别是人物众多的戏，如《尼罗河上的惨案》，简直就是我们可以大显身手的机会了。

那时的工作是有追求的，所以，是迷人的。

今天是九月七日，就在六十一年前这一天，我踏进了上海电影制片厂翻译片组的大门。

二〇一一年九月七日

闲话台词

近几年，在北京和上海偶尔看了几场话剧，发现有些年轻演员，有的甚至还是比较有名气的演员，读词不够清晰，叫人听着费劲。其实我都是坐在三到五排之间，是剧场里最好的位子，尚且听不清，那么坐在后排或者楼上的观众，可能就更听不清了。话剧是以台词为主要表达手段的，如果连台词都听不清的话，又叫人怎么去欣赏呢。

我觉得自上世纪中叶开始，大家就意识到，电影应该尽量摆脱戏剧的影响，无论是编剧还是表演，都应该更自然，更贴近生活。特别是二战后兴起的意大利新现实主义文艺思潮，主张故事片也应像纪录片那样记录下生活原貌，尽量去除人为的编造，成了世界性的一股潮流，也是被中国影视界所认同的。但是，改革开放后，港台片得以大量涌入，更有许多人主张向港台演员的读词方法靠拢。不刻意点送，完全放松了说。因此也产生了一个误区，好像影视表演，台词只要像生活中那样随便一说就行了，用不着下功夫去钻研。他们忽略了，不刻意点送，不等于不要点送。生活中，我们说话也是要点送的，不过，说话的人不自觉罢了。同样一句话，不同的逻辑重音，就代表不同的意思。譬如“我今天不想看电影”，如果把逻辑重音放在“今天”上，那意思是我不是不想看电影，只是今天不想；如果把重音放在“看电影”上，那意思就成了散步、聊天都可以，只是不想看电影。同样，声音放松、语气自然，也绝不等于口齿不清。生活中你没听清对方说什么，还可以问一声：“你说什么?”，而观看影视剧时，你是没法问的。再说，无论是在家看电视，还是到影剧院去看话剧、电影，都或多或少要受到客观环境的干扰，所以你必须比生活中，点送更到位，口齿更清晰。

当年，我们厂的每个译制导演和录音都有一张卡，可以凭卡到全上海任何一个电影院去看电影，以便了解我们影片的实际效果。

记得，上世纪八十年代初期，年轻的导演江海洋把他的第一部电影拿到我们厂做后期配音，他曾向我提出：“能不能像港台演员那样读词?”我告诉他我们可以那样读词，在我们的棚里也可以听清台词。因为我们的棚是强吸声的。但是经过混录，清晰度会受到一定损失，电影院的条件不可能都像我们厂的设备那么好，除了国泰和大光明，在别的影院就会听不清台词了。结果，他还是选择了我们惯常的读词方法。

二〇〇五年夏天，我以前的译制厂同事施融回国探亲。早年曾接受过我辅导的林栋甫，请我和小施去吃饭。这天没去他开的酒吧，而是在他家里，由他亲自下厨做西餐。我一直喜欢他烧的小菜，并不觉得饭店里那些很贵的菜就一定好吃。所以我对施融说：“你好大面子，我一直说喜欢吃他烧的菜，他都不肯做。你来了，他就亲自下厨了。”小林赶紧对我说：“下礼拜你们再来，我专为你做。”其实，我知道，他现在既要打理酒吧，又要做节目养家，不再有多余的精力。再说，每年母亲节，他总不忘请我出来吃顿饭；或买束花、买盒巧克力，已经够有孝心了。我哪里会真的计较他是不是亲自下厨。我这样说，不过为哄施融开心罢了。

那天饭后，他们一人一小杯酒，一面品着酒，一面兴致勃勃地谈起该怎样读台词来，什么电影、电视和舞台剧的区别呀，对台词的处理呀……小林说："当年她听我读一篇散文，我读到一个地方，她说：'停顿呀，你怎么不敢停顿？'"施融问："谁说？"小林指着我说："我的老师啊。她说你不敢停顿，因为你没有生活在人物的状态里，怕一停顿情绪就断了。你如果生活在角色中，就一定会停顿，观众也会和你一起感受到需要这个停顿。那篇散文中有一段说，'我以为，这回上帝终于给我送来了一个天使……我又错了。'从兴致勃勃地以为来了个天使，到发现错了，是有一个过程的，你把这个过程省略掉，整篇文章就失去了节奏。"两个人还谈起了对舞台的迷恋，小林说有好的话剧剧本，你会回来吗？施融说一定回来。

不知不觉快十点了。我跟栋甫说："你叫司机送我回去吧。"小施说："真的不早了，我跟你一块走吧。"

到了车上，小施意犹未尽，又说起港台式的读词来。他说："如其听那种小和尚念经，我情愿听北京人艺那个……"

"你想说郑榕吧？""就是郑榕。他虽然有很重的舞台腔，可表达的是人物的感情，所以反而使人感到他刻画的人物色彩浓烈。像《茶馆》里的常四爷。"

"所以你老学他撒纸钱那句台词。" "不是我学他，是盖文源老学他。"

"还有一个舞台腔很重的演员，辽宁的李默然。他的邓世昌多棒。"

"是，是，他的读词铿锵有力，把个爱国将领的赤胆忠心表现得淋漓尽致。"

我说："不过，我更喜欢于是之和林连昆的读词。"

车已经到了他家的楼前，他匆匆地抱了我一下以示告别。转眼便消失在大堂明亮的灯光中了。

没想到，他回到纽约还不忘这个话题。有一次在越洋电话中问我："你说赵丹的台词怎么样?"

我说他有南方口音。他又问："那他表达人物的思想、感情是不是到位?"

"当然是很到位的。"

"那他的台词到底算好呢还是不好?"

"当然算好。"赵丹是个伟大的演员。我特别喜爱他扮演的林则徐和《乌鸦与麻雀》中的小广播。林则徐作为钦差大臣的高贵、威严，对同僚的谦恭、诚恳，以及对英国鸦片商人的凛然正气，这一切都通过他的台词和身段，升华成了一种艺术的美。你被他的表演所吸引，根本就不会想到，他的台词哪个字读音不标准了。尤其令人难于想像的是，他怎么既能演好那样有身份有抱负的高官，又能演好上海的小混混——小广播。他那场"轧金子，卖黑市，再轧金子，再卖黑市"，越算越得意，"我发财了"，忍不住哈哈大笑，把破竹椅也笑塌了，真是精彩绝伦。那一口上海普通话，更使这个人物锦上添花。

当然，影视和话剧为了便于全国老百姓接受，应该以普通话为主。说好普通话，是影视、话剧演员的基本功。但是，在特殊情况下，方言却是不可代替的。如黄蜀芹导演的《孽债》。上世纪七十年代末，在云南插队的，广大上海知青可以返城了。但是，必须是没结婚的才能回上海。因而，有些已经结过婚，甚至有了儿女的男女知青们，为了回上海，不惜离婚，抛却了配偶和儿女。十几年后，他们在上海又成了家。他们留在云南的儿女也懂事了，知道了自己的父亲或者母亲原来在上海，于是成群结队来上海寻亲。他们的到来，引发了他们父母新的家庭很多矛盾。而他们最后决定回云南去，不懂上海话，也是使他们无法融入父母生活的一个重要原因。因此，该说上海话的段落，必须说上海话，他们不知道父母在说什么，才会感到茫然无措。

总之，语言是为刻画人物服务的。一句精彩的台词，可以表达无比丰富的内涵。例如《红楼梦》中，林黛玉初到贾府，府中的老老少少都早早陪在贾母身旁，迎接这位贵客。只有王熙凤姗姗来迟，而且不等进屋便高声叫道：“我来迟了，不曾迎接远客。”只这一声，便把王熙凤这个人物自恃能干，又受贾母宠爱，以及她在府中的权势与地位，都表达出来了。

台词功夫，是值得每个戏剧工作者，花一辈子去钻研的。

二〇一二年五月九日

译制片研讨会

失而复得的机会

《我的配音生涯》(初版) 二○○五年八月在上海书市上卖得还不错，因此出版社还想到北京去搞一次签售。我则想，如能去北京可顺便召开一次有关译制片的“研讨会”。《艺术人生》和崔永元的《电影传奇》知道以后，也来联系过我。可惜由于我生病无法成行，便全都没了下文。

没想到，二○○六年中央六套《流金岁月》又来请我们去做节目。《艺术人生》也表示，去年的邀请还算数。这样，我们的“研讨会”也就可以顺理成章地召开了。原以为，错过了就永远失去了的机会，老天爷又补还了我。飞雪说：“是你的，总归是你的。”这两年，出书、做《我的配音生涯》有声版，几乎是“心想事成”，真要相信什么事都是命中注定的了。

我觉得，这一切都源于有一批始终不渝地关注着译制片的影迷，才会促使媒体关注我们。

二○○四年，施融回沪探亲，我和配音网的站长穆阑为他组织了一场和网友的见面会。在去参加活动的路上，他问我："你估计会有多少人来？"我说："二三十人吧。"他说："我想目前还关注译制片的，恐怕也就这二三十人了。"当天，大约来了六七十人。还有外地（包括国内、国外）发短信来的，可能也不足百人。

但是，我的书《我的配音生涯》八千册，三年之内基本卖光了。网上电子版也差不多有万人浏览。那么我们的译制片爱好者到底有多少呢？

我瞎算过一笔账，我国十三亿人口，去掉十亿农民，城市还有三亿人口。爱看电影的算百分之一，就是三百万，爱看译制片的，如果只占这三百万的三分之一，就是一百万了（我专指上世纪五十年代至八十年代）。

一百万！这是一个多么庞大的数字啊！

那是一个深不可测的爱的海洋。我们被包裹其中，该是多么巨大的幸福。我想，这就是能心想事成的秘密了。

雨夜惊魂

中央台邀请了我、李梓、曹雷和童自荣。同行的还有我的责编陈飞雪、中国配音网的站长穆阑夫妇、版主家干、随行摄像五月。一行人浩浩荡荡，简直就是一个代表团。

十二日晚是我们出发的时刻，不巧从下午起，雨就淅淅沥沥下个不停，而且六七点钟又是下班时刻，考虑到这些，七点半的火车，我让儿子牧心六点钟就开车来接我去车站了。我女儿还说，没必要去得这么早。不过，一路上还算顺利，牧心说："七点以前肯定可以到车站了。"当时我还在担心，曹雷和小童是否叫到了出租，牧心打电话去问，曹雷说他们已经在火车上了。

就在车到淮海路重庆路的时候，忽然，完全给堵住了。眼看着前面换了几次绿灯，而车仍然一动都不动……一等就是二十分钟。曹雷看我七点了还不到，打电话来安慰我，叫我不要急，可以改签下一班火车，他们会安排人，明早在北京车站等我。

幸好，我们赶到车站时，距开车还有十一分钟。我知道不会误车了。可我没法通知车上的人。牧心两手要拿行李，我要快走，已经狼狈不堪，哪还有力气打手机，只有让他们再急一会吧。不巧的是，火车停在七站台，差不多就在长长的走廊的尽头。我觉得，那似乎有一千米。只见从我背后窜出来的几个年轻人，都以百米冲刺的速度向七站台飞奔而去。可我已经上气不接下气了，无论如何也快不起来。当我好容易走到七站台入口时，广播正好宣布“停止检票”。终于，我儿子先把行李给我拎上了车，随后我也上了车。这时才腾出手来给曹雷打电话，让他们到六车厢来接我。这时距开车，大约还不到一分钟。曹雷说：“你也可怜可怜我的心脏。”她前几个月刚装过支架，不能受刺激。童自荣说：“好你个老太，你倒还这么气定神闲的，差点把我们急死。”

译制片讨论会

我之所以想召开这个“研讨会”，是因为我为之付出了一生的译制事业，一夜之间，忽然陷入了低谷。年轻观众以不屑的口吻谈到它，“我们从来不看译制片。”认为译制片是没多少文化的老头老太太看的。高档影院经理骄傲地说，“我们的观众都是白领，我们只放原版片。”美术家、散文家陈丹青说：“苏秀他们那一代，不是承前启后的一代，而是空前绝后的一代。译制片死了，他们应该高兴。”被誉为北京戏剧圈两大才子之一的史航说：“每个时代有每个时代的产物。唐代兴旺的是诗歌，到了宋代，就让位给了宋词。我们应该以欣赏唐诗、宋词的心情来欣赏八十年代的译制片。那么，你们就不会感到失落了。译制片的辉煌必将一去不复返。”

还有人说，“现在懂英文的人多了，所以大家更愿意看原片”，“八十年代，除了电影就没有其它娱乐项目，现在娱乐项目多了，电影观众就被分流了”。

但是，我认为，所有这些论断，都不能成为译制片必然衰落的理由。我知道意大利开展影片译制事业还早于我们。如今，法国、德国、意大利的译制片依然受到百姓的欢迎和重视。难道他们的娱乐项目比我们少吗？他们国家懂英文的人没有我们多吗？我听说，意大利从来不放英文原版片。我还听说索菲亚·罗兰的所有影片都是别人为她配音的。我从法国市场买来的译制片，既有四十年代的美国片《煤气灯下》（我国又译作《郎心似铁》，英格丽·褒曼因此片获得了她第一座奥斯卡最佳女主角金像奖）、也有七十年代的英国片《尼罗河上的惨案》、还有我国当年出产的《植物园》（法国投资，林栋甫、李小冉等主演），可见他们选片的时间跨度之长，地域之广。

我曾经问过好几位在美国和英国生活、工作二十多年的朋友：“是否能够看懂原版片?”他们一致回答：“看一般生活片、武打片没有问题。但是对文艺片或有哲理的影片就不能完全看懂了。”如果只求大概看懂故事，即使不懂英语，也能猜个八九不离十。我们厂每部影片到厂时，都会放一遍原版片给全厂看。有两次，我生病没有看到，一次是刘广宁给我讲了《化身博士》的故事；一次是严崇德给我讲了《生死恋》的故事，他们讲的大致都不差。但是，你如果不能听懂每句台词，你就无法领略爱情是如何改变了《生死恋》女主人公夏子的性格，使她从一个任性的娇娇女变成了一个温厚宽容的姑娘。更不必说，像《虎口脱险》这类影片，台词里充满了相声般的幽默，又岂是单单看懂故事就能欣赏原片的？连我在法国留学、工作八年的影迷朋友张露佳，提起《虎口脱险》来，也还是要看译制片的。

那么，中国的译制片为什么衰落了呢？

大环境使然

张露佳说：“一部好的译制片，原片必然也是一部优秀的影片。如《简·爱》、《王子复仇记》，故事有内涵，人物有性格，加上译制人员的努力，二者相得益彰，影片才会好看。像现在进口的都是一些打打杀杀的‘大片’，又有什么可配的呢？”

我觉得她说得很对，进口什么样的影片是个最基本的问题。而今，整个社会心情浮躁、急功近利，很少有人再从提高我国人民的鉴赏力，或者给我国电影人以借鉴，这些角度考虑问题，甚至，也很少考虑到国际间的文化交流。考虑的似乎只有票房。

而且，对译制片的质量好像也没有人严格把关，似乎只要配上中国话就行了。鱼龙混杂，也败坏了译制片的名声。崔永元说：“野台班子配的片子，就像当年温州用纸壳做的皮鞋，而你们配的片子是上等小牛皮做的鞋，应该在大商场有专柜。你们没必要跟他们扯到一起。”曹雷说：“但是一般观众不会去区分的。”由于有些译制片质量低劣，译制导演不研究原片，无从指导演员，配音演员没有剧本，甚至不知道原片的故事情节，只要照着纸条上的话念就行了。这样的译制片，有的让人连故事都看不懂。也难怪大家鄙弃它。

几颗老鼠屎，腥了一锅汤。

我仍看好译制片

我有很多在国外留学或工作的亲戚、朋友，他们离开上海时，都会带上一大堆我们配音的老译制片影碟。带到国外去，再和朋友交换着看。我的同事赵慎之总是让我帮她买我们过去配音的碟，可是她手里总是一张也存不下。她两个女儿，谁回国谁就把她的影碟搜刮一空。她们的英文水平应该比国内的四级、六级更高一些吧。所以我认为译制片的衰落，跟懂英文的人多了，没多大关系。固然多看外国电影可以提高听力，但是，那并不是大多数人看电影的目的。

如果说因为九十年代以后娱乐项目多了，不是只能选择电影了。那么现在应该比那时的娱乐项目更多了吧，为什么反而会有那么多人去淘老的影碟呢？诚然，有些人是看着这些影片长大的，这些影片是跟他们的青少年时代联系在一起的。但是，不可否认，他们看重的也是我们当年对影片译配的精工细作吧。这次研讨会的主持人张帆，他就是一个二十五岁的青年，从南昌特意赶来北京参加活动。我问他："你怎么会喜欢译制片？我们红火的时候，你才刚生出来。"他说："我是看老的影碟，迷上译制片的。"

电影学院教授徐燕说："世界上只要有不同语言的存在，就有译制片存在的理由。"看外国电影既是人们娱乐的需要，也是我国人民了解世界的一个窗口，更是国与国之间文化交流的需要。精通外语的人尽可去看原片。而大多数人，只有通过母语，才能毫不费力地了解原片，才能领会语言细微之处的含义。确实，把一国语言转换成另一国语言，不可能每字每句都找到相对应的话。使原文受到一定损失是必然的。但是，中国观众通过译制片所获得的信息量，肯定远远大于它所受到的损失。这也是被我们多年的实践证明了的。除了母语的优势，配音演员的艺术功力也是译制片能否被接受的重要前提。我一直认为，一部好的译制片，应该让观众感觉，好像就是原片演员自己在说中国话，或者像《少林寺》导演张鑫炎说的，"看内地的译制片，就像我自己看懂了原片一样”。而脱离开影片，译制片的录音剪辑应该像广播剧一样，语言是有人物性格的，通过台词可以了解人物内心世界的。不管角色大小，上译厂的配音都是在塑造人物，因而它是有生命力的。

虽然，大多数人都认为“再续写译制片的辉煌”是个很可笑的提法。前几年，我也曾认为，“译制片八十年代的辉煌，将一去不返”。但是，近年来，我却看到了一些有可能重新振兴的苗头。例如，二〇〇六年中央台的《艺术人生》和《流金岁月》相继做了我们的节目之后，中央六套的《电影人物》栏目、上海东方台的《魅力人声》栏目，也大量介绍了我们配音演员。不仅介绍健在的，还介绍那些已经逝世的。今年五月，邱岳峰的坟墓由苏州迁回上海，他的家属和同事为他举行了一个小小的落葬仪式。居然来了五六十人，而且，还有一些媒体不请自到。第二天上海很多媒体都发了消息，还登了照片。老邱去世已经快三十年了，还有这么多人记得他，怀念他，作为他的同事，真叫我们感动。我想这一切，既可以说是对我们过去工作的一种肯定，也可以说是大家对译制片未来的一种期待吧。

二〇〇八年九月十五日

游子兮归来

自去年以来，我就一直盼望着施融回国。

小施是一九七九年从部队转业考进我们厂的。他聪明、勤奋，配戏肯动脑子，无论做什么事都有一股争强好胜的劲头，从来不肯服输。我非常喜欢他，觉得他是我厂年轻演员中的一块可造之材。我让他在我厂当年的重点片《雾之旗》中第一次配了男主角。随后在我担任印度片《奴里》译制导演的时候，再次让他配了男主角。《雾之旗》是由当时在我国非常受欢迎的山口百惠和三浦友和这对金童玉女主演的，在当年的文代会上放映过，给大家的印象很深。所以，陈叙一厂长还特别召集我们几个导演开了一个会，说人家会对比着看，搞不好会影响整个译制片的声誉，嘱咐我们务必把这部戏搞好。小施现在告诉我，他当时尽管不完全知道那部戏的背景情况，仍然感受到了巨大的压力。他问我："你当时感到有压力吗？"我认真地回想了一下，当时并没有感到什么压力。首先，我认为自己对演员不会看走眼，相信施融有这个能力。其次，我的演员名单是陈厂长批准的，就说明他支持我的选择。在那时，如果你有大胆的设想，就会有人支持你，肩上的责任，也会有人替你分担。那是一段多么幸福的时光啊！

一九八四年我退休离厂，但是不管我到上海电视台译制部，还是到上海音像资料馆，我所执导的译制片，小施几乎都是我男主角的首选，例如好莱坞名片《飞越疯人院》、《后窗》、《普通人》等等，直到他去美国留学。

即使在他离开上海之后，遇到有些戏的时候，我还会想“要是小施在上海就好了”，正如我在遇到某些戏的时候，会想“要是邱岳峰还在就好了”。老邱已驾鹤西去，不能复返，而施融却是可以回来的呀！

虽然他去国后的十八年间我们从未中断过联系，但不过也就是一年里通两三次电话，互相寄一张贺卡而已。去年网上的风波引发了我们共同的译制片情结，越洋电话才频繁起来。共同的眷恋和共同的向往，使我们有了说不完的话题。他说：“等我回上海，我们再一起搞一部戏吧。”这个话题我们反复说了几乎半年，可我从来没有奢望过它会实现。

没想到，天下竟有这样机缘巧合的事。二〇〇四年四月份，中央台《基因之战》剧组找到童自荣，希望这部戏在上海做后期配音工作。小童又找到了我。我则像一匹老马听到了号角声，忍不住又想到战场上去冲杀。这部戏有两个男主角，小童提出，由他和施融两人来配。当我在越洋电话中召唤小施：“你快回来！我这里有一部戏等着你配呢。你想配吗？”他欢呼道：“我太想配了。”

终于，盼到了五月二十一日。这是施融从纽约回到上海的日子——

傍晚，大雨滂沱，小车在雨中疾驶，一路上电闪雷鸣。我说：“不要飞机不能在上海降落啊!”有人就说:“如果飞机在杭州降落，那我们就把车开到杭州去。”当我们一行人赶到浦东国际机场的时候，飞机已经准时到达。我的同事小程挤到出口处的人群中去等他，我坐在大厅中的长椅上等，交通台《声音传奇》的主持人金蕾则等在外面的小车里。终于，我看到他推着行李车过来了。说实话，如果不是小程走在他旁边，我还真的不敢认他，他比从前胖了一圈。

我依稀看到了他脸上的笑容，迎上前去，和他轻轻地拥抱了一下，然后就互相打量着。对方还是自己十八年前的故人吗?他不再是当年那个瘦削、清秀的青年了。我无法在瞬间跳过十八年的岁月，接受眼前这个陌生的施融。我也无法在镜子里判断出自己衰老到了什么程度，因为我是看着自己一点点变老的。可他的变化太突然了。好在我们一直在通电话，他的语调和笑声，还是我感到亲切的。当然，外貌的改变并不重要，重要的在于我们是否还有共同语言。后来，他一直对我说他胖“耿耿于怀”，反复强调像他这个年纪，他根本不能算胖。别人也一致附和:“他的身材够好了，一点都不胖。”我说他胖，只是因为他当年太瘦了。

我的仲夏夜之梦就这样开始了!

录音棚中的团聚

二〇〇四年六月三日是我们《基因之战》后期配音开工的日子。

我早早地来到了音像资料馆。录音师沈雁也早早地来了。随后，施融也到了。曹雷、沈雁她们欢呼着和他互相拥抱。倒是林栋甫他们男士之间，反而羞于做出这样亲昵的动作。有人喊:“快看!谁来了?”施融回过头，却愣在了那里。是狄菲菲站在门口。我拉过她来:“菲菲，这是施融。”“这是狄菲菲。”一九八六年小施离厂后，菲菲进厂，他们当年是擦肩而过的。现在，终于见面了。在这部连续剧中，他们配夫妻。两个人都是中国留学生。小童配美国医生，和小施是情敌。在剧中，他们有着纠缠不清的感情戏。

剧中，中美两国生物学家为了抢救病人，捐弃前嫌，奋不顾身。施融和童自荣的角色都是被歌颂的人物。这部连续剧人物众多，我一共请了二十几个配音演员。他们多半是我当年的老搭档。有些人也都多年不见了，所以，候场室内，老友重逢，欢声鼎沸，录音室内外空气中都流淌着快乐。曹雷说，录制现场，就像在过“团圆年”。

尤其让我高兴的是，当我坐到录音台前的那一刻，我所有当年工作时的感觉，全都回来了，好像我昨天还在录戏。施融也一样，一下就进入了状态。沈雁说：“你们的基本功大概已经渗入骨髓了。”这种感觉真是美妙！

另一点让我高兴的是，经常活跃在配音话筒前的那些人，他们不光是速度极快，而且也没有忽略感情表达的细腻，像金琳、赵屹鸥、魏思芸、计泓、陈兆雄、刘家桢、刘彬、倪康，在表演上还都有了很大的进步。他们并没有像我曾经担心的那样，追求了速度忽略了质量，并没有被目前市场上流行的粗制滥造之风所腐蚀。所以，合作起来得心应手，非常开心。

也就是说，可以做到又快又好！

我们这次录音的速度不算慢，十一天录了二十一集，平均一天两集，可以算是上海配音界的平均速度吧。

这次是我头一回采取多轨录音的做法。早在八十年代，我听说德国译制片就采取了多轨录音，当时非常羡慕。这次经过实践，更觉得有种种的优越性。

多轨录音有着无限大的自由度，可以分，也可以合。最大的好处，是不必让所有人都耗在那里，可以极大地节约劳动力，又可以提高效率。不过我认为，同场戏的对手，还是应该一起录。演员之间的交流，会产生意想不到的火花。这是没有对手相互刺激的情况下所不可能出现的。

可林栋甫对所有新生事物均持“反对态度”。他刁难我说：“没有对手，让我跟谁交流?”我告诉他，施融就在隔壁录音棚，你耳机里可以听到他的声音，跟他搭戏。他说：“那也不行，我看不见他人，怎么搭戏?”小沈不理他那套：“小林，对准话筒，试一遍声音给我听。”他又感慨起来：“好久没有人叫我小林了。这一叫，真显得我年轻啊!”大家就是这样一边说笑一边工作，享受着录音棚中特有的快乐。

在我第一天录童自荣和狄菲菲的戏的时候，我不停地在给小童提各种要求和建议：要他声音放松，要他情绪再饱满些，要他为病人再焦急些。但是却要他安抚菲菲，叫她“不要太担心”。总之，要把他纳入汤姆·莱恩的状态中去。菲菲说：“好久没这样录戏了。真像回到了过去。”我问她：“是好呢，还是不好呢?”“当然是好了!”菲菲的话像一股春风，简直让我陶醉了！原来怀念那时的不光是我呀!

有一天，陈兆雄迟到了。他自知“罪孽深重”，先就带了一大包香蕉和冷饮来，主动争取“宽大处理”。随后，刘家桢来了，我说：“我让你几点到?”他说十点。“那现在呢?”他说：“十一点了。因为昨晚录像搞得太晚。”边上立刻有人教训他道：“来晚了还敢强调客观理由。自己说，怎么罚吧。”他可怜巴巴地表示：“我身上一共就八十五块钱。我拿出七十块钱请客。总得给我留十五块钱坐车吧。”丹青说：“迟到了，还想坐出租回家。给他留五块钱，坐公共汽车回去。”还有更狠的：“一块钱也别给他留，叫他走回去。看他下次还敢迟到。”迟到罚款是我们多年来的老规矩。不过这次，看在家桢虽然迟到一小时但并没有耽误工作的份上，大家嘴上说着过了瘾，也就饶了他。

老朋友在一起工作，连相互间的调侃也是甜蜜的。这就是我可爱的配音班子！

当年给《为戴茜小姐开车》配音时，我知道扮演戴茜的演员杰西卡·坦迪已经八十岁了。她是年龄最大的奥斯卡影后。当时我就祈盼，我也要工作到八十岁。没想到，现在我真的也快到这个年纪了。真要感谢中央台给了我这个机会。

我一直热爱陆游的一首诗："僵卧孤村不自哀，尚思为国戍轮台。夜阑卧听风吹雨，铁马冰河入梦来。"我倾慕这样的情怀，而且以中国有这样的知识分子为荣。

十一天的紧张工作结束了。聚餐，拍照，依依惜别。没有人知道，下次重逢，究竟在什么时候？

但是，这个梦真美呀！

七月四日的盛宴

当我在中国配音网上看到网友们为邱岳峰和毕克建立的纪念馆和墓碑的时候，当我在网友赛人给我的信中看到他称我们为"直立行走的人"的时候，我真的感到"受宠若惊"，感到我们几十年的工作真的是得到了特别丰厚的回报。

虽然当年在工作时也接到过许多观众来信，在邱岳峰的追悼会上也看到过有那么多不请自来的影迷，可我真的没想到，在我自己已经淡出了这个圈子十年之后，连我自己都不再关心这个事业的时候，居然还有那么一批观众仍然痴心不改。他们那么热情地怀念着我们八十年代的作品，怀念着我们这些老的配音演员，他们不但熟知《简·爱》、《尼罗河上的惨案》、《佐罗》、《虎口脱险》这样的影片，连《天鹅湖》这样一部小小的动画片，他们说起来也如数家珍。当我看到有的网友说“那两只小松鼠简直可爱得没法形容”时，我禁不住眼睛湿润了。当年，程晓桦曾为了配这个小松鼠，冒着损伤身体的危险，在人工流产第二天就来工作。她怎么也不听劝，一定要配这个小小的角色。我和录音师金文江为了找到小松鼠奶声奶气又唧唧喳喳的味道，同时能让观众听清台词，把录音车加快到各种速度反复试验，直到满意为止。我们当年的一片痴情，能换来今天观众的恒久喜爱，还有什么比这更令人欣慰的呢！

他们不单单喜爱邱岳峰、毕克、李梓、刘广宁，甚至还记得配戏不多的周瀚、戴学庐等人，真可以说是上译厂的“死党”啊！

我深埋在心中的译制片情结，又被唤起，我对工作的向往，又被点燃。所以，我想见这些可爱的影迷，也想让他们见见他们所牵记的施融和沈晓谦。这就是我和中国配音网的站长穆阑筹划了半年之久的“施融见面会”的由来。那天陪同见面的有童自荣、曹雷、沈晓谦、富润生和我。本来尚华也说要来的，可他四号早上突发心脏病不能来了。不过并不严重，用药后就缓解了。

有个网友形容见面会的会场，“一进门就感觉到满坑满谷的快乐”。怎么能不快乐呢？网友们见到了一直只闻其声不见其人的配音演员，我们见到了一直厚爱我们、支持我们的事业上的知己。我们体味着共同的欣喜，也体味着共同的无奈。其实，和大家情相通心相连的还不止到会的这些人。许多人因种种原因无法来沪，穆阑等人一直在给他们发短信，告诉他们会上的一切，他们则急切地想知道得更多。他们中有的人情不自禁嫉妒起到会的人：“你不是也说没空去上海吗？怎么还是去了？”有的则感叹：“还是住在上海好啊！什么时候我们在北京也搞个这样的聚会。”

网友家干说：“上译作品之所以好，不单是主角好，而是每个群众都好，是整体好。”老富接过话茬：“我们那时每个人都能配主角，也都愿意跑龙套。”曹雷则激情洋溢地念起了她写的一首小诗《女人乙》。诗中讲到她配的一个角色，没名没姓，只有三句话一声笑。尽管她在影片中只是一闪而过，但她也应该有自己的身份、经历，以及对人对事的态度，也同样是需要认真对待的。

应主持人的要求，我简单地介绍了《基因之战》的故事，并告诉大家在戏中，小童和施融配的是情敌。这引起了大家一片欢笑。我们互为对方表演了节目。首先由童、施二人各自朗诵了一段《基因之战》的独白，然后是一位瘦瘦的青年反串女声，学了我《尼罗河上的惨案》中黄色作家的一个片段。他实在学得很像，刚开口说了一句话就获得了满堂彩。小童和曹雷表演了《蒲田进行曲》片段，他们又哭又笑，激情四溢，获得了全场最热烈的掌声。网友弋舟展示了他特意编排的一部短片，其中汇集了尚华、曹雷的《总统轶事》，富润生的《金环蚀》，童自荣、施融的《希茜公主》，我和小童的《尼罗河上的惨案》，最后则是曹雷在电影《年青一代》中告别上海的一段戏。我看，完全够资格做成珍藏版了。

中间休息，大家就更忙了。签字、拍照，一个都不想错过。站长穆阑还得替没能来的人索要签名。小施说这辈子都没签过这么多的名。

休息后，话题沉重起来。一个网友说：“现在很多译制片质量极差。看这种垃圾，我更情愿看字幕。”本来就神情抑郁的童自荣听了这话，更是感慨万千，抚今追昔，几近哽咽。我不得不打断他。

振兴译制片是个太大的话题。从长远来说，译制片是不会消亡的。中国话是我们的母语。它的亲和力、表现力、我们对它细微之处的领会，是其他任何语言无法取代的。正如翻译小说是不会消亡的一样。冰心老人有极高的外文修养，她本人就翻译过作品，可她还要看别人翻译的小说。小施说："二十年一个轮回。"但愿他说得有理。而会场气氛依然压抑。

主持人张帆点名要沈晓谦表演节目。晓谦说："我已离厂多年，台词早都忘了，给大家唱个歌吧。"他是用印度语唱的。唱得果然有滋有味。老富说："你给大家翻译一下吧。"他说："一句也不懂。"终于引来一阵欢笑。

晓谦是一九八六年进厂的，那时我已经退休了。有一次，曹雷导演法国喜剧片《糊涂警官》，邀请我去配音。那时晓谦只有二十几岁，一张娃娃脸，浓眉大眼，很俊朗，一副聪明相，没想到他却能配那个糊涂的警官。他糊涂得自然、到位，把我的喜剧细胞也都激发出来了。那种心气相通的合作，令我至今难忘。随后，我总是请他配难度特别大的戏，他则总是笑笑说："苏老师又要考我了。"他是这样一个才华横溢的配音演员，他离厂，我觉得实在太可惜了！今年春节时，他曾向我许诺："你有戏需要我，随叫随到。一分钱稿费也不要。"这次《基因之战》没有特别合适他的角色，又正赶上他的工厂进货，没有能在戏中团聚。但我们还是在这个聚会上团聚了。

也许，今生我们再也没有机会合作了，但是只要我知道他心中那一棵小小的火苗还没有完全熄灭就可以了。

最后，施融先用英文再用中文朗诵《草帽歌》，又把大家带进了伤感和怀旧的氛围中去了。

该是散会的时候了。

人有悲欢离合，月有阴晴圆缺，此事古难全。

梦醒时分

晓谦于九日离沪。施融于十一日返美。

他们都将回到各自惯常的生活轨道中去。

小施临去机场前打电话来辞行。我说："祝贺弗兰茨皇帝访沪圆满成功。"他哈哈大笑，接口说："这都是皇太后的照应和安排。"我们一起开怀大笑。

我终于从梦中笑醒过来。

仲夏已经过去。酷暑开始了！

二〇〇四年八月

重回话筒前

光阴荏苒，一眨眼我已经十几年没进过上海电影译制片厂的大门了。这次因为接受狄菲菲的邀请，在她担任译制导演的中英合拍片《伯爵夫人》中，为一个流亡到上海的白俄贵族——维拉·柏林斯卡亚公主配音，才第一次走进虹桥路广播大厦我们新的厂址。故事发生在上世纪三十年代，维拉原是一位钢琴家，已届耄耋之年，一贫如洗，和弟媳妇奥尔卡（曹雷配音）一家挤住在一条狭窄的弄堂房子里，靠侄媳索菲亚·柏林斯卡亚伯爵夫人（狄菲菲配音）做舞女为生。

虹桥路的译制厂，对我来说，完全是一个陌生的所在。

演员候场室十分宽敞、明亮，迎面墙上，是老厂长陈叙一的提词“剧本翻译要有味儿，演员配音要有神”。除了靠墙的一溜黑皮沙发，中间还有四五张小圆台子，每张台子周围各有几把带扶手的小沙发。几位年轻演员围坐在台子旁，安静地读着剧本，场景舒适而温馨。他们好年轻啊！

这不禁使我想起一九五〇年，我第一次走进翻译片组（译制厂前身）的情景。

那是在梵皇渡路（即今万航渡路）六一八号，一间旧汽车棚改造的房间。大约有四五十平米，有一张长条台子，几条长凳，一张很旧的三人沙发，我不记得有没有椅子了。那既是我们的排练间，也是我们的审片间，同时还是我们的会议室、休息室和食堂。即使一九七六年搬到永嘉路的时候，我们的候场室大约也只有二十平米吧。配人多的影片就显得非常拥挤。现在的环境真是今非昔比了。特别是审片间，是阶梯式的，红色的沙发和地毯，非常气派。放在中间的混录用的调音台，足有三米多长，上面都是密密麻麻的旋钮。这是我从未见过的。我问录音师小魏，它有多少轨，他告诉我：这部调音台拥有六百多轨。我的天！记得我们当年使用的混录调音台也就四五轨吧。一轨录对白，一轨录音乐，一轨录效果，还有一两条备用，如此而已。——六百多轨！应该可以录出多么丰富的声音啊。

走进录音棚后，一下子就被熟悉的气息包围了。那支被吊在长长吊竿上的话筒，那话筒前的小木架子，可能还是从万航渡路老厂带来的吧？还有那棚中特有的暗暗的灯光，对面墙上那块大大的银幕，这是我生活了一辈子的地方。我就像一条流浪的鱼．不经意间游回了故乡的小河，那水流，那气息，都曾经养育过我。哪怕我有五十年不配音，这一切也是深入骨髓的。

配音开始后，有一些简单的戏，我居然还能一遍过。狄菲菲说："还挺快嘛。"我也开玩笑说："那当然，我是谁？"但是，大段的词却无法一气呵成，到底"业务生疏"了。

《伯爵夫人》是狄菲菲在厂里担任译制导演的第一部戏。她同时还要为女主角——伯爵夫人索菲亚配音。当她配音时，我坐在导演的位置上。她笑说："看你坐在那儿，我好紧张。"但是，话虽如此，当我配音时，她丝毫也没有因为我是前辈而有所顾忌。无论是我口型不准确，还是感情不到位，她都会毫不犹豫地提出来。而对年轻演员她又是那样温和、耐心，处事果断，胸有成竹。她又导又配，她配的索菲亚既有贵夫人的矜持、优雅，作为舞女有时又不得不低声下气，讨好别人。本来我还担心为盲人外交官配音的刘风，会缺少原片人物的潇洒，可刘风很好地表达了人物的沧桑感，以及坎坷命运留下的淡淡的忧伤。看着看着，我就认同了这是角色在说话，忘记是刘风在配音了。此外，跟我同场戏的，无论是詹佳配的卡佳，还是吴磊配的安东尼，也都不错。我还觉得配格里申卡的田水非常棒。菲菲笑道："敢情，人家是人艺的一级演员，戏剧学硕士啊。"

配完《伯爵夫人》不久，厂里请大家聚餐，一些离厂多年的配音演员看到连我和富润生这样年届八旬的人都能回厂配戏，不免深受鼓舞，纷纷提出，只要有合适的角色，都愿意回厂工作——这也包括早已远离上海的那些人。

二〇〇六年，上海国际电影节，《伯爵夫人》被选作开幕式放映的影片。女主角索菲亚·柏林斯卡娅的扮演者娜达莎·理查德森也将光临上海。所以《伯爵夫人》译制组的一些人也被邀请来参加开幕式，还生平第一次走了趟红地毯。

二〇〇六年秋

刘广宁「省亲」

还记得我二〇〇四年底打算写《我的配音生涯》的时候，曾打电话给定居香港的刘广宁，问她要一张近照，她斩钉截铁地拒绝了。她说："我已经离开配音圈子多年，不想再掺和进去。对不起，我不能给你。"因此我只能用她八九十年代的旧照片了。其实，我很理解她，我自己也有十几年没跟厂里来往，也没跟小刘以及其他很多同事联系了。

但是，我的书写好，给她寄了一本之后，她的态度就完全不同了。她多次从香港打电话来，一次说："还有谁谁一件可笑的事，你怎么忘记写了？"又一次说："我们要有进片权和发行权的意见真是我提出来的吗？我儿子说我'你好有雄心壮志哦！'"最使我想不到的是，去年那么坚决拒绝我的她居然说："你多保重，说不定我们还有机会合作呢。"原来她心中的"译制片情结"也还在呀。

于是，就有了二〇〇六年春我们在北京、在《流金岁月》节目组的相聚。有的朋友说："你们十几年不见了，但是说出来的话，就像商量过一样。"那是因为我们曾经共事三十年，相识四十多年，我们有着共同的留恋，也有着共同的向往。所以我们一旦相聚，立刻又成了最贴心的知己。

她在香港的工作很忙，最多也就能请两三天假，回一趟上海非常辛苦，可她还是同意回沪做两期《魅力人声》节目。她自一九九一年离开上译厂以后，恐怕再也不曾踏进过虹桥路新厂的厂门了。她一进录音棚，看到那话筒下面的小木架子，就像看到了久别重逢的亲人一样，扑过去，抱住它。那个小木架子，是为了让演员站在话筒前固定的位子上，不要随便移动而摆放的，从五十年代就有了，它是我们几十年来的工作伙伴，也是我们青春岁月的见证。无怪乎小刘那样珍视它。它也是我们每个人的老朋友啊。

在为刘广宁饯行的饭桌上，我们的副厂长刘风说："明年（二〇〇七年）厂庆，请你们二位（指我和曹雷）回厂导一部戏，把健在的老同事都请来，大家一块过把瘾。"太好了！这正是我所期待的。我想，这也是大家所期待的吧。

赵慎之听说后，立刻对我说："其中有老太婆的角色，你不许配，要让我配。"大家看，她有多霸道！

后来，刘风还多次打电话告诉我，他在选片子。我还说："一部片子里，不容易有那么多老年角色。选两部也可以呀。我们也可以跟厂里的年轻演员合作一次。"

不知什么原因，最后这件事竟无疾而终。不过作为个人，我们每个人都回去配过戏了。我和曹雷、富润生配了《伯爵夫人》；赵慎之、戴学庐配了《达芬奇密码》；童自荣配了《云风决》……

二〇〇七年七月十日

可是你干吗那么急？

尚华一向脾气很急，就跟他在《虎口脱险》中配的指挥家一样。可没想到，他在人生的舞台上谢幕的时候也还是那么急，没有一句临别的嘱托，也没跟任何人打一声招呼，就这么说走就走了。

他离开已经二十多天了，可我还是无法接受他已不在人世这个事实。我总觉得，他还待在他丰庄的家里，我只要拨一个电话过去，他就会过来接电话。尤其是当我在电视上看到他那么生气勃勃地谈配音、谈理想，好像他起码还能活十年八年，怎么能相信，他居然就走了。

他说他还要配一部戏；他还埋怨我去年搞《基因之战》的时候没有叫上他。我没叫他，是因为现在的配音速度很快，他万一跟不上就要着急、发火。但是我理解他的心情：他留恋录音棚的气氛；他难舍话筒前的生活。我郑重承诺："如果有下次，我一定叫上你。"可老尚你为什么就不肯再等等了？早知你走得这么匆忙，无论如何也要去搞一部片子来，让你再配一次音，哪怕只两三句话。

今年春节，我和曹雷都生病住院，老尚很惦念我们俩，说要到医院来。我说：“你千万不要来，医院都是感冒病人。我搬家以后，你还没来过我家，等天暖和点，你过来，我把曹雷也叫过来。”曹雷说：“你们都到我家来也行啊。”

晓谦夫妇回沪探亲，请几个老朋友吃饭，先到丰庄去接他，再和他一起来接我。可上了楼坐也没坐一会儿，晓谦就催我们快走，说时间已经晚了，怕大家等我们。老尚一边往外走一边说：“这次不算，我还要正式来一次。”他是那么兴高采烈地期待着在我家中和老朋友们的聚会。可现在一切都来不及了，就连这样一个小小的愿望，也终于未能实现。生命是何等脆弱！人生又是多么无奈！

他们一个接一个地走了

从五十年代走过来的他们——邱岳峰、毕克、尚华、于鼎、胡庆汉、杨文元……已经一个接一个地离去了。

五一长假期间，有时有人来看我，有时朋友请我出去，我没有时间定下心来仔细体味一下，他们的离去究竟意味着什么。现在，长假过去了，生活清静下来，我才终于意识到，“我们的时代”行将结束。老尚是看着自己为之贡献了毕生心血的事业正在滑向谷底的时候走的。记得有一次，有人在永嘉路厂门口碰到他，他气愤地说：“简直看不懂。我不是说原片，我是说翻译好的片子看不懂。”他是一个与世无争的人，绝少指责别人，他发火，说明他已经忍无可忍了。

老邱、老毕、老尚他们忠实地追随着陈叙一的脚步，义无反顾地走完了自己的一生。他们无愧于老厂长，也无愧于厚爱他们的观众。但是谁也无法留住一个时代，“我们的时代”行将结束，对此我不免有些伤感。

他说“我要死在话筒前”

特别是近两年，老尚多次提到这句话。他说这句话时，常常是不好意思地笑着，好像很为自己这个“奢侈的愿望”感到惶恐，又好像为自己的“非分”感到不安。听他说这句话的人，绝对不会觉得这是一句“豪言壮语”，心中反而会感到一丝凄凉。

尚华留恋话筒，因为只有在话筒前，他的生命才有价值，他的生活才有滋味。他虽然最终未能实现死在话筒前的愿望，但是他可以理直气壮地说：“我已经把自己的一生，毫无保留地贡献给了译制事业。”

老尚，你可以安心地走了。走吧！

二〇〇五年五月十五日

邱岳峰落葬

好一座漂亮的墓碑

我想邱岳峰生前一定想不到，他死后会有一座这样漂亮的，白色大理石墓碑，而且设计者是中国著名的美术家陈丹青。他也许连陈丹青是谁也不知道，因为在陈丹青为他设计墓碑之前，根本不认识他们一家。陈丹青只为喜欢邱岳峰的配音，才主动提出要为他设计墓碑的。

陈丹青说："邱岳峰似乎比罗杰斯特还要罗杰斯特，比卓别林更要卓别林。当我后来在美国看了《简·爱》和《凡尔杜先生》，感觉那原版的真声竟像似假的。我无助地想念他，在一句句英文台词中发生重听。他，一个上海居民，一个在上海电影译制厂上班的中国人，直到我在纽约再听邱岳峰这才恍然大悟：他没有说过一句外国话，他以再标准不过的国语为我们塑造了整个西方。"

我认为陈丹青的话，是代表了很大一部分观众意见的。央视主持人崔永元管他叫"绅士邱岳峰"。法文翻译家周克希说："邱岳峰是个很高贵的人。"我的朋友复旦大学中文系教授严锋早就说过："我看过全本原版的《简·爱》，初一听，邱岳峰的声音和斯科特的声音几乎一模一样，可多听听就听出差别了。斯科特的声音干、粗、硬、直，比邱岳峰少了许多韵味和内涵。”他还说：“这些年，原版片看得不少，喜欢的外国演员的声音也不少，可总觉得没有一个人比得上邱岳峰。邱岳峰的声音比他们更丰富、更成熟、更有魅力、更像外国人。”我把他的这些话，跟远在美国定居多年的我的同事施融说过，施融说：“我也这么认为。”

二〇〇八年初夏，邱岳峰的长子邱必昌终于在经济上有了这样的实力，在奉贤海滨的一个墓园，在我们老厂长陈叙一的墓旁，给他的父母买了一块墓地，准备把他们的遗骨从苏州迁回来，并决定举行一个小小的落葬仪式。我们这些老同事当然是为他感到高兴了。我想他的一些忠实影迷也一定想来参加，所以就在配音网上发了一条短短的消息。

邱必昌为参加仪式的人安排了一辆大巴，从虹桥路我们厂出发。有一位网友看到这辆车上，只有赵慎之和狄菲菲两人，不免有点心寒，心想：“怎么只有她们两个人？”后来，在墓园又看到李梓、曹雷、童自荣、孙渝峰和我。觉得该来的人都来了，这才心下释然。其实，那天来的不光是我们演员组的，翻译组的、录音组的、剪接组的、后勤的，还有我们集团的副总兼任我们厂的代厂长许朋乐，真正是能来的人都来了。说明他有多么好的人缘。

那天是个大晴天，太阳照得人睁不开眼，和现场的气氛一样热烈、明亮。我们早就说好了，这应该是个欢乐的聚会。

黄毛（必昌的小名，我叫惯了）为我们每人准备了两朵小白花，一朵是献给邱岳峰的，一朵是献给老厂长陈叙一的。他刻意地把他父母的墓地买在陈叙一坟墓的边上，就因为他一直听他父亲说：“没有陈叙一，就没有我。”确实，在陈叙一领导下，有运动来了，他是“牛鬼蛇神”。平时，在业务上，他是被器重的。“文革”中，由于江青对《红菱艳》的配音质量不满意，要我们厂返工。工宣队不得不请出陈叙一做译制导演。陈叙一又坚持要邱岳峰配男主角。那时，老邱还在木工车间监督劳动。前一刻，他还要夹着尾巴做人，进了棚，他就要成为“霸气十足”的芭蕾舞团的班主。莱蒙托夫，是个说一不二的芭蕾舞团老板，执着的艺术家。老邱由生活中卑微的邱岳峰，瞬间，就要进入莱蒙托夫高贵、自信的精神状态，说明他有多么强大的控制力。

那天，我也搞不清到底来了几家媒体。有些媒体是我们请的，有些则是听到消息自己来的。如今，很多年轻人不知道白杨是谁，更不知道金焰和舒绣文了（他们三人加赵丹是我国仅有的四位一级电影演员）。而邱岳峰不过是个长年隐藏在幕后的，不为人重视的配音演员，何况他去世已经快三十年了。没想到竟有这么多人远道而来参加这个小小的私人聚会。所以，当黄毛要我向来宾致辞的时候，我说：“我非常想以邱岳峰老同事、老朋友的名义，向大家说一声‘谢谢光临！’我为他感到欣慰，我为他感到骄傲。”

曹雷说：“他是一座峰，他是一座岳，他是无人能超越的。”童自荣说：“他死后，留下了一片空白，没有人能来填补。”发言的嘉宾还有他的学生、上影导演彭小莲，作家程乃珊、配音网站长穆阑……

邱岳峰的一生虽然命运坎坷，但是他遇到了陈叙一，他配了那么多各种各样的角色。无论是绅士，还是小偷，是好人，还是恶棍，至今仍为人津津乐道，作为一个演员，还要怎么样呢！

所以，这应该是个庆祝会。应该为他感到高兴啊！

二〇〇八年六月二十五日

舒绣文

绣文大姐和高博是最早来到翻译片组参加配音工作的演员，为了配上海译制的第二部影片——《乡村女教师》（又名《桃李满天下》）。那时候我还没进翻译片组呢。他们才是地道的上海第一批配音演员。

舒绣文早在三十年代就进入了上海电影界，抗战时期，在重庆与白杨、张瑞芳、秦怡被称为影剧界的“四大名旦”。她在著名影片《一江春水向东流》中扮演“抗战夫人”王丽珍，那段与陶金一起跳的探戈特别脍炙人口。她也是解放后，电影界全国仅有的四名一级演员之一（另外三人是赵丹、白杨和金焰）。她的头上罩满了光环，但她却没有一丝一毫的大演员做派。我们这些刚进入电影界的晚辈，也跟着高博、韩非“绣文儿长，绣文儿短”地叫她，她也不觉得我们没大没小，而且像对待老朋友一样地跟我们聊天，甚至跟我们讲她初恋的故事。后来我跟她一块配过《安娜·卡列尼娜》和《母亲》。她配母亲，韩非配儿子，我配儿子的女友。那是高尔基笔下一位革命的母亲，她在广场上演讲，激昂慷慨，号召大家起来反抗。我在录音棚中看她录音，感觉她并没有声嘶力竭地叫喊，可是全片鉴定的时候，却觉得她的感情特别到位，又有力度，让我领略了什么叫“举重若轻”，也让我明白了，感情不到位，不能以喊叫代替激情。

其实，配音演员归根结底也是演员。演员需要解决的问题：理解人物、塑造人物、掌握人物的节奏，都是一样的。所以，很多好的电影演员，第一次参加配音，就能担任主角，像舒绣文、高博、卫禹平、孙道临以及后来的程之、林彬和中叔皇等人，莫不如此。

我们在配《安娜·卡列尼娜》的时候，恰巧电台请她去广播一篇什么作品，拿了三十元稿费。她非常高兴地要拿这笔钱请大家去吃西餐。那时，电影局对门有一家叫“宝大”的西餐馆，每份大菜一元，包括一盆汤，一道菜和一些面包、果酱、奶油之类。而且，每天的主菜是不同的，有一天是“罐焖鸡”，我们还特意选了那一天去吃“宝大”。

吃过“宝大”之后，大家既觉得玩得非常开心，又觉得应该还请绣文一次。于是，说好了每人烧一个菜，到绣文家去聚餐。那天都有谁参加，吃些什么菜，我已经全不记得了，只记得下着很大的雨，我和邱岳峰合乘一辆三轮车去的。

孙道临

孙道临应该是来我们厂最多，也是时间跨度最长的电影演员。从一九五〇年配《列宁在一九一八》中的捷尔仁斯基，到一九五八年配《王子复仇记》中的哈姆雷特、《白痴》中的梅斯金公爵，再到一九七六年配《基督山伯爵》，差不多将近三十年。当然，他配的王子是众人交口称赞的，而我则更喜欢他配的梅斯金公爵。他的梅斯金那么善良，那么单纯，道临的声音一点不华丽，一点不张扬，简直单纯得像个婴儿。我甚至觉得，这个角色天底下没人能比他配得更好了。

他在“文革”中担任好莱坞影片《春闺泪痕》的译制导演，我有幸被他选中配女主角伊丽莎白。那是一个与我以往所配的角色很不同的人物。她贤淑、温柔，丈夫在第一次世界大战中阵亡，那时她已怀孕，得到公司老板无微不至的照顾，后来嫁给了老板，儿子也不知道父亲不是亲生的，一家人非常幸福。及至太平洋战争爆发，儿子要去参军，母亲由于曾经失去丈夫，坚决反对，父亲则是支持儿子的。这时，丈夫却领来了一位从国外回来的客人，这个残疾的中年人，就是伊丽莎白“阵亡”的丈夫。原来他一条腿残疾后，不愿连累妻子，竟谎称阵亡。没想到，二十年后，又闯进了妻子的生活。伊丽莎白要与前夫相认，并希望儿子也与前夫父子相认，却被前夫断然拒绝。他不愿破坏伊丽莎白现在的美满家庭，他说：儿子第一次失去父亲的时候，他还没生出来，不能让他再一次失去父亲。我配的角色一般都是个性很强的人物，很少有这种“缠绵悱恻，柔肠百转”的类型。感谢道临给我这样一个改变戏路的机会，可惜这部影片也没上映过。

我和曹雷都可以说是不知“天高地厚”的人，我们这两个音乐的门外汉，居然敢去染指音乐广播剧。她写了讲述“圆舞曲之王”约翰·斯特劳斯生平的《播种欢乐的人》，又写了关于柴可夫斯基的故事《柴可夫斯基》。她自己要扮演其中的主要角色，于是请我去做导演。而我们竟然想到邀请孙道临做男主角，他也竟然同意了。

不过，我们再大胆，音乐方面的事也不敢随便瞎写，因此一有问题便去请教音乐学院的谭冰若教授。那天，曹雷先到我家找我，再一起去谭先生家。她看见我书架下面放着一套金光闪闪的茶具，就问：你哪来的这么一套花里胡哨的东西？我说是广东的朋友送的。那时正是广东经济开始腾飞的时候，很多人都以与广东沾边为荣，讲话也操着一口广东腔。这使我们很反感，就把气撒在广东人身上了。我说广东人能有什么审美观点？不过是土包子发了洋财。她说就是嘛，好好的牙齿非要去镶个大金牙，戴个金链子，像抽水马桶上的链子那么粗……

我家离谭先生家大约只有两三分钟的路，我们一路走一边还在编排广东人如何如何，一直到谭先生家还在说个没完。谭先生说："你们俩客气点好不好？我就是广东人哪。"我们赶紧说："你不算，你不算，其实好多广东人都不那样，我们说的那种广东人，不包括你们。"好在谭先生是大人不见小人怪。那时，真不知天高地厚啊！

林　彬

林彬比我大几个月，比赵慎之小几天，所以老赵一直用越剧里宝玉叫黛玉的腔调管她叫"林妹妹"。她五十年代中期开始来我们厂配音。她台词好，声音好听，抢了我们好多主角戏，如《生的权利》、《第十二夜》、《生活的一课》、《第六纵队》等等。虽说如此，并不妨碍我们成为好朋友。从五十年代到"文革"，她几乎就是我们厂的人。配《罗马之战》的时候，我们一起加班，一起住，一起吃桃子，不分彼此。还记得配《罗马之战》时，陈叙一要求我作为女王要端庄、沉稳；曹雷要刀子嘴；林彬作为拜占庭皇后，老躺在睡榻上接见使节，让她用毛边嗓子说话。当年，我们配出来的人物色彩是各不相同的。可惜后来出的碟片中，大概缺失了中低音，我们之间不同的声音造型已然荡然无存。

还记得，一九七六年有一部英国影片《铁道儿童》，其中的主角，是一个十六七岁的女孩，一般来说，应该是刘广宁的戏，但是为了培养新人，有人提出让丁建华来配。那时丁建华刚来厂几个月，还没配过主要戏。因此，演员组就有两种意见，一是主张大胆起用小丁，认为尽管她没配过主要戏，但是从她配的一些群众角色中，可以看出她有很大潜力。另一种意见认为，这样做完全没有把握，是拿工作冒险。最后导演伍经纬采纳了第一种意见，决心起用小丁。为了确保影片质量，还委托林彬全程为小丁保驾。从对口型起，林彬就时刻和小丁在一起，帮她找口型，分析人物，帮她排戏，直到陪她进棚录音。

除了戏配得好，她还有一手烙饼的好手艺。我烙的饼，新鲜的还可以，第二天就变硬了。可她烙的饼，一直不会变硬，于是大家约好，几个女同胞一块到我家去，让她现场操作，好把她的绝活学来。我们一边看她做，一边听她讲，至今我都记得那些要领：温水和面，顺着一个方向擀，烙好一面再翻，不要反复翻……可我始终没学会，我烙的饼还是没她烙的好吃。

前年，上海影协为大家过生日，我问老赵“林彬去不去”，我说她去我就去。那天她说，她是为我来的。我说以后常通通电话吧，她说光通通电话怎么行，我们得聚一聚。可是，又过去差不多两年了，我们还一次都没有聚会过。转瞬间，大家都已届耄耋之年，想聚会一次也不那么方便了。

康　泰

五十年代末期，杨沫的小说《青春之歌》曾经风靡一时，后来，听说小说要搬上银幕，大家除了对小说女主人公林道静会由谁来扮演特别关心外，其次，就是在猜测会由谁来扮演那个令女主人公一直倾心的革命青年卢嘉川了。谁将扮演这个英俊潇洒而又革命意志坚定的可爱人物呢？荣耀最终落在了上影演员康泰身上。《青春之歌》公映之后，扮演林道静的谢芳和扮演卢嘉川的康泰都在一夜之间大红大紫起来。接着他又和秦怡主演了《摩雅傣》。

康泰在“文革”时也曾多次来我们厂配音，在《战争和人》的二、三集中，我配伍代由纪子，他配由纪子情人青年军官拓植。在《罗马之战》中，他配一个歌特王国的枢密院大臣，后来的国王。他为人随和，毫无心计，脾气又好，哪怕跟他开很过头的玩笑，他也不会生气。

有一次，他到我家来玩，一进门看见我的厅里放着一架钢琴，立刻兴高采烈地说：“哦，你家有钢琴，我唱一个吧。”

我们演员组有些人，专门对康泰精心策划了一场恶作剧。我原以为是些坏小子干的，后来才知道，赵慎之才是主谋。因为康泰经常吃她抽屉里的糖，还特别得意。他们把夹心糖的夹心挖掉，把一小条肥皂塞进去，然后包好。等康泰在场的时候，从口袋里掏出一大把糖来撒满一桌子，让大家来抢，故意把那块特殊的糖留给康泰。康泰吃到最后说：“这块糖的味道怎么那么怪呀?!”没有人接他的茬，也没有人笑。他们这样欺负老实人，可真作孽呀!

我少女时代的偶像——刘琼

大约在我十四五岁的时候，看过刘琼主演的很多影片，别的都不记得了，只记得有一部叫《两地相思》的影片，由刘琼和陈燕燕主演，好像是根据一部美国电影翻拍的。讲一对青年男女在轮船上偶然相遇，彼此一见钟情，相约某日某时在一处顶楼的阳台见面，也没有约定其他的联系方式。结果，男的先到，左等右等，女的始终没来。原来，姑娘见情人心切，在过马路时，抬头向顶楼张望，被车轧断了腿，成了残疾人。然而，没有等到意中人的男子，却终身未娶，直到多年后，偶然相逢，才得知真相。这个故事非常凄美，浪漫，正是少女们对爱情所憧憬的模式。我因而也就特别喜欢上了刘琼。那时我根本没想到，有一天我会走进电影界，更没想到，有朝一日我会和刘琼一起配戏。

大约是一九五六年，有一部东德电影叫《危险的货物》。请了刘琼来配男主角，我在影片中配他的妻子。故事的内容我已经全忘光了，我们在剧中是什么身份的人物也不记得了。那时我很想告诉他，他是我少女时期的偶像。可当时我太把自己当回事了，觉得我已经是翻译片的老演员了，还要帮助他对口型，怎么能像个追星族的小女生那样讲这么“小儿科”的事?！其实，我在他眼里不过是个小丫头。有一天很暖和，我说：“今天一点也不冷，你干嘛穿那么多?”他说：“你是小丫头，不晓得冷，我是老头子了，我怕冷啊。”

八十年代，有一天我站在永嘉路厂门口，看见一个人，穿了一身牛仔服，骑了一辆脚踏车，冲我招手。我心想“这是谁呀”，到了近处，我才看清是刘琼。他那时该有七十多了吧，那副样子可真不像个老头啊。

有一次孙道临说自己老了，我说：“你算什么老？人家刘琼穿一身牛仔，骑个脚踏车，远看还像个小伙子呢。”他说谁能跟他比，他是妖精。然而道临还在，刘琼却已不在了。

刘琼一九三四年进入电影界，在电影《大路》中扮演了角色。从此成了中国电影界的当红小生，并以扮演《国魂》中的文天祥，被誉为中国的“电影皇帝”。

上世纪五十年代，刘琼与舒适等十人因参加共产党外围组织读书会，被港英当局押解出境，回到内地。可惜，当年由于极左思潮，片面强调文艺为工农兵服务，使电影的题材受到了很大的限制，几十年中他除了主演了《女篮五号》之外，就只在《海魂》和《牧马人》中扮演过次要的角色，对于一个如此富有才华的演员来说，实在是一种极大地浪费。当然，那时候也不单是刘琼有此遭遇，而是很多演员的共同命运，一向以演技好著称的一级演员舒绣文，解放后也只演过一部《火车女司机》，恐怕也没什么人记得。幸而，刘琼随后改行作了导演，他导演的《女驸马》使黄梅戏和严凤英一夜之间红遍了全国。本来，我在看舞台剧黄梅戏《天仙配》和《女驸马》时，更喜欢《天仙配》，可经过刘琼的导演处理，我就更喜欢《女驸马》了。他导演的《阿诗玛》也使杨丽坤成了全国影迷的最爱。曹雷在少年时代曾参加过他导演的《两个小足球队》，后来，曹雷都已经退休了，跟当年那些小足球队的同伴到他家去做客时，还被他称做“小家伙们”，还特意去买了奶油蛋糕请这些小家伙们吃。

“中式英语”专家陈述

早在上世纪五十年代初，我就跟陈述一起做过上海市运动会的大会司仪。我不知道当时怎么会选中我，也许因为我那时是电影局乒乓球女队代表队成员吧。

我刚上中学就开始打乒乓球了。解放初期乒乓球运动还没有像后来那么红火。尤其是女运动员的水平更加有限，所以我还是三级运动员呢，至今我还保留着那张等级证书。

陈述多次来我们厂配音，但是，好像从来没配过什么主要角色。可有一件事我至今记忆犹新，那就是他讲给我们听的“中式英语”了。

老上海很多警察局的头头都是外国人，还有一些外国人家里也要请中国保姆。而一些中国警察和保姆只会一些英语单词，根本不懂文法。比方说一个交通警察向他的上级报告，出了车祸，他说，“a car from east a car from west tow car kisskiss glass bingpang”（每个字的意思：一辆车从西面来，一辆车从东面来，两辆车亲亲嘴，玻璃，乒乓）还有的想说炮仗，说成“outside paper inside powder fire peng”（外面，纸，里面，粉，火，嘭）。

受了陈述的启发，陈叙一也想起了一个女保姆跟男雇主提的工作条件。她原意想说，我要吃在你这里，住在你这里，可她说成了“I eat you I sleep you”（即：我吃你，我睡你），把男雇主吓了一跳，这样的保姆可不敢用。

于是大家纷纷学会了这样的英语，胡庆汉拎着两个热水瓶喊道“open water 来了”（开，水），还有的把你的表妹说成“your watch sister”（你的，钟表，姐妹），这样的英语不但中国人听不懂，英国人也是没有人能听懂的。

风华绝代的上官云珠

远在中学时代，我就知道上官云珠了。那时我看过她演的一个话剧，内容是根据德国作家席勒的名剧《阴谋与爱情》改编的。上官演剧中的女主角，其中有一场哭的戏，我至今都记得她是那样痛不欲生，一点也不像三四十年代那些女明星那样，一边哭一边还想着自己的样子是不是好看，声音是不是好听。所以我从此就记住了上官的名字。

后来我又陆续看过她扮演的各种角色，如《一江春水向东流》中的阔太太、《乌鸦与麻雀》中的“亭子间嫂嫂”、《丽人行》中的被凌辱的女工……这些人物尽管也身份不同，性格各异。但是她们也还是上官所熟悉的身边的人物。特别令人震惊的是她扮演的《南岛风云》中的抗日军队里的护士长符若华，那么有革命军人气质，那么像个专业医护人员。她的表演使整个上影厂都思想混乱了。因为，自解放后，就有一种理论，即“没有生活，就不可能塑造出鲜活的人物”，那么上官既没去过老区，也没参加过抗日的军队，她怎么能把一个革命军人演的那么活灵活现呢？她岂不颠覆了“演员必须有生活”的理论吗？

我记得当时曾引起一片争论，好像也没得出什么结论。其实，现在想想也没什么难以理解的。任何艺术创作都离不开想象，和借助别人的间接体验。上官虽然没有参加过抗日战争，没有做过护士长，但是她看过描写抗战的小说，电影。她可以从别人的生活中，吸取间接的营养，再加以演员的想象。当然对所扮演人物的生活，能有亲自的体验，可能感受的更深刻，更丰富。然而，人生不可能对任何事都能亲自去体验。比如，去年我们做《艺术人生》节目的时候，主持人朱军曾问我们："如果配一个妓女或者情妇，怎么体验生活呢?"不但我们不会为了配妓女去做妓女，也绝不会为了配杀人犯去杀人。这个道理不是显而易见的吗。

上官云珠不惟是个演技超群的演员，也是个风华绝代的美女。她两次到我们厂来配戏，一次是来配一部叫《世界的心》的影片，另一次是来配苏联拍的《牛虻》，两次我都没能跟她同组，但是也同样跟她相处了一段时间。

有一天，卫禹平跟我说"上官年轻时可真是个美女呀"，我把这话告诉了她，她兴致勃勃地问："谁说的？是男的说的，还是女的说的?"我说："是卫禹平说的。"她一听就泄了气："男的说的有什么稀奇，谁年轻的时候都好看。"也许，她的美貌，成就了她的演艺事业。但是，谁知道呢，也许，正由于她的美貌才应了"自古红颜多薄命"那句话吧。现在回想她一生扮演的角色，大多数都是苦命的。像《丽人行》中被日寇强暴后沦为妓女的女工；《舞台姐妹》中，人老珠黄被老板抛弃的越剧名伶，最后上吊自杀的商水招，《早春二月》中的寡妇文嫂……我真怀疑她的薄命是与生俱来的。

二〇〇七年十月十日

孤雁失群

在厂里工作的三十多年中，我跟李梓的关系，并不是很密切。但是如今她走了，我却有如孤雁失群般感到凄凉。

她走了，她的种种好处，却凸显出来。她的丈夫任荣魁，“文革”前夕，被领导派往西藏。他们的三个孩子，最大的彭彭，只有十岁，他只会管自己。九岁的放放，是女孩，照顾八岁的弟弟。每到周末，李梓要把一家人的衣服都洗出来。万一有哪个孩子生病，就更困难了。他们夫妻都是南下干部，上海没有老人，没有亲戚。不管遇到什么情况，她都要自己扛过去。小魁一去十五年。我从没听她抱怨过。她的坚强，让我心疼。

我们之间在业务上，有一种互相信任的默契。她弟弟要考电影学校，她委托我替她辅导。（后来，他果真考取了，但那时他是首钢工人，工厂不放。）

五十年代，她刚从演员剧团调来，我就说，她语言好，声音甜美、圆润，是个好材料。果然，不久，她就成了我厂当家花旦。我曾经几次让她配男孩子。都是在困难条件下，让她顶上来的。第一次，是六十年代，有个西班牙影片《瞎子带路人》，根据西班牙名著《小癞子》改编的，当年的文化部长夏衍亲自点名引进。主角是个六七岁的男孩。那时，李梓还从没配过男孩。第二次，工宣队坚决反对她配男孩，我们一起成功“突围”了。第三次，是《英俊少年》。陈叙一厂长问我：“你怎么没考虑用丁建华？”我说：“你如果认为丁建华好，我也同意。”他说：“你自己做主。”“那我就用李梓。我觉得她的声音更容易跟原片的唱衔接。”她把原片的唱段都录下来了。虽然不用她唱，但是她要找到唱的感觉。

她有时似真似假开的玩笑，如今想起来也那样亲切。有一天下班，她催我“快走啊，你磨蹭什么”，我说我们又不同路，谁让你等我？她说，“怎么不同路？从厂门口到襄阳路口有半条多马路呢。你这人怎么那么无情无义？还不如贾宝玉呢。”我不由笑了起来：“跟贾宝玉有什么关系？”

二〇〇五年《我的配音生涯》出版以后，第二年，《艺术人生》和《流金岁月》都来约我们去北京做节目。那时，她已经得了帕金森综合征，眼睛也不太好，还有严重的骨质疏松。万一摔一跤，就可能骨折。我原想请节目组派个人在出门时照顾她。她坚决拒绝了。倒是有一天，忽然热了起来，大家纷纷脱了外套，我刚想脱，她大吼了一声：“你不能脱！你要受凉发病怎么办？”顿时让我感到一阵春风袭来，把我包裹其中。一种被关切，甚至被娇宠的感受，真的好惬意。似乎，她还是当年，在我发哮喘时，用百米冲刺的速度跑回厂替我拿药的强者，而我还是那个三天两头上医院挂急诊的病秧子。

如今，她走了。带走了她的才华，也带走了她的信任与关切。

特别让我感到孤雁失群的，还有最近林彬的逝世。除了我们自己厂里的同事，自然是三十多年朝夕相处最亲密的伙伴，孙道临、林彬、中叔皇和程之等人，也该算我们次一级亲密的伙伴了。“文革”那些年，孙道临和林彬几乎长年待在我们厂 。他们很多人从五十年代到八十年代，不断来我们厂工作过。所以，我的同龄人中，不但我们厂只剩我和赵慎之两人，连故事片演员那些合作过的同龄伙伴，也一个接一个地走光了。

怎不叫我感到失群呢。

二〇一四年六月九日

洛阳城东桃李花

“洛阳城东桃李花”是乐府诗《代悲白头翁》的头一句。作者在这首诗中抒发的“韶华易逝，物是人非”的感怀。也表达了我的很多感受。

曾几何时，我们还是青春年少的姑娘、小伙儿。

好像就在昨天！

去年，长影译制片举行成立六十周年纪念活动，长影译制片创始人袁乃晨打来长途说：“当年我到上海见到你时，你和赵慎之都还是小姑娘。”那时我们都只有二十四五岁。而胡庆汉、杨文元还比我们小一两岁。比我们大几岁的邱岳峰、尚华也还不满三十。算上常来我们厂工作的孙道临、卫禹平等人，也不过刚三十出头。今天看起来，真可以叫姑娘、小伙儿了。

甚至，“四人帮”倒台之后，我们已经年届半百，仍然觉得来日方长，不曾意识到老之将至。

可是，很多事情都来到了眼前。还在八十年代初，从故事片调来我厂的卫禹平就得了中风。虽然保住了性命，但是眼睛严重双影，不能看书甚至也不能看电视，话也说不清楚了。我们有时去看他，想讲一些厂里的事或者社会新闻给他解闷儿，他总是一副木然的表情，也看不出他对这些是否有兴趣，不由让我想到《代悲白头翁》中所言“此翁白头真可怜，伊昔红颜美少年。王孙公子芳树下，清歌妙舞落花前”。卫禹平的父亲是天津的名医。他自己毕业于上海音乐学院，是学大提琴的。孙道临毕业于北平燕京大学。他们差不多可以称得上“王孙公子”了。

卫禹平和上官云珠是我考“北京表演艺术研究所”（北京电影学院前身）的考官，可以说是引我进入电影界的恩师。卫禹平也是来我们厂工作最多的一位前辈。五十年代初期，他在苏联片《伟大的公民》中配沙霍夫，我配沙霍夫的母亲；“文革”中，他在美国片《春闺泪痕》中，配一个在第一次世界大战里成为残疾的士兵，我配他刚刚怀了孕的年轻妻子；在德、意、罗马尼亚合拍片《罗马之战》中，他配罗马城防官，我配哥特女王，大家在一起加班加点，甘苦与共，差不多一起工作了一辈子。他为人活跃，会打篮球，会拉大提琴，特别会侃大山，什么事到他嘴里，都会变得活龙活现，趣味盎然。所以他一来，有点空，我们就会围上他，听他“吹牛”。

九十年代，毕克由于哮喘病严重发作，不得不装了呼吸机。这位一辈子靠着语言工作的配音演员，再也不能说话了，而且不知为什么，还拔掉了满口的牙齿。但是他的头脑却非常清醒，对自己的处境明明白白。有一次，我去看他，我说：“医生告诉我，你的病最近有好转。”他友善地苦笑一下，在小黑板上写道：“我的病不可能有好转了。”这就更让人感到心疼。

庆祝电影百年的聚会上，我在后台看到孙道临坐在那里。我走到他面前喊了他一声，他抬起头来望着我，客气地点头微笑，完全是对待陌生人的样子。我不由心里一惊，“他不认识我了”。他五十年代来我们厂配《列宁在一九一八》和《白痴》，六十年代，来配《王子复仇记》。“文革”中，搞内参片那些年，由于他英文好，能做翻译、能做导演、还能配戏，几乎成了我们厂的人。他翻译剧本，我帮他对口型；他导演的《春闺泪痕》，我配女主角；还在有些影片中一块配戏，上世纪九十年代，我和曹雷搞过两部音乐广播剧《柴可夫斯基》和《播种欢乐的人》(她是编剧，我是导演)，我们还没大没小地请他来演主角，可以说是多年一起工作的同事。潘我源回上海时，我告诉她：“你知道吗？道临不认识我了。”她说：“不认识你算什么，他有一次，连自己女儿的名字也想不起来了。”

想当年他是何等风流潇洒！《渡江侦察记》中的连长、《永不消逝的电波》里的李侠、《早春二月》里的萧涧秋……赢得多少影迷的倾慕。

我还记得，大概是一九五四年吧，孙道临、卫禹平还有刘琼、毕克一帮人，在梵皇渡路618号院子里的篮球场上，举行了一场比赛。他们运球、投篮、传接、抢断，依然历历在目，就像刚刚洗印出来的拷贝，清晰而鲜活。

早在八十年代老卫就走了。而今，更不停地传来“道临走了”、“刘琼走了”……以至与我朝夕相处半个世纪的毕克、尚华也走了，才猛然感到真像《代悲白头翁》中所言：“今年落花颜色改，明年花开复谁在?”特别是每当院子里桂花飘香的时候，更是不由得想起“年年岁岁花相似，岁岁年年人不同”。深感我的同时代人已经逐渐远去，上海电影制片厂初创时期的老兵队伍已经凋零殆尽了。

我常常觉得自己就像一朵孤独的浪花，和我一起被冲上岸的那股大潮都已渗入沙滩，了无踪影，唯有我还寂寞地留在沙滩上，放眼四顾，已经没有多少同伴了。

春去秋来，花开花落，这是任谁也改变不了的自然法则。

想到此，唯有更加珍惜有限人生的今天，善待自己，也善待他人。

二〇一〇年一月十二日

她们都出身名门

上海电影译制厂是个只有百多人的小厂。上译厂的演员组，只有二十多人。但是我们这个小小的演员组却有三位来自名门的大家闺秀。一位是刘广宁。她的祖父刘崇傑曾是上世纪三十年代中国驻欧洲诸国——德国、法国、西班牙、奥地利的全权公使。抗战前，他不愿与蒋介石为伍，全家到了香港，所以刘广宁是生在香港的，胜利后一直闲居上海。解放后，刘崇傑曾任上海市政协委员，同时还担任他老家福建省的政协委员，是一位爱国民主人士，他于五十年代去世。

八十年代，刘广宁在《大众电影》上看到一张梅兰芳和电影明星胡蝶在三十年代访问欧洲时，和一对中年男女的合影，没人知道那对中年男女是谁。刘广宁惊呼道："那是我的爷爷奶奶呀！"照片的背景是一幅刘海粟画的鹰。她说："这幅画在我们家也挂过。"可是，她家里所有关于她爷爷奶奶的照片，在十年浩劫中全被抄走，她自己一张也没有了。

另一位出身名门的是曹雷。她的父亲曹聚仁不仅是一位著名记者、学者，与鲁迅等人往来密切，曾写有《鲁迅评传》等大量著作。而且由于他既是被称为“和平老人”的邵力子先生的学生，也是蒋经国的朋友，因此解放后，成了毛泽东、周恩来和蒋家父子之间的密使。多次来往于海峡两岸，为双方筑起信息的通道，曾受到周恩来、毛泽东的多次接见。可惜由于“文化大革命”，未能促成国共的第三次合作。

再一位是潘我源，她的父亲潘仲鲁和母亲张岫岚都是国民党派遣的第一批去苏联的留学生，与蒋经国是同学。她父亲抗战时，是国民党中央通讯社昆明分社的社长。著名的陈香梅女士，后来的“飞虎队长”陈纳德夫人，当年就是他手下的记者。她母亲是国民党监察院的终身监察委员，一直到她九十岁去世。

小刘刚考进译制厂不久，大家就知道她祖父曾做过高官。但是她不张扬，生活上不挑剔，一点也没有官宦人家娇小姐的习气，却只有一种端庄气质。当年，我们在和美影厂合办的食堂吃饭，菜的味道也就是一般水平吧。可她却吃得非常开心，说：“居然一个人可以吃一盘菜，从来没吃过这么多菜。”她们家是个大家庭，祖父母、父母和一大帮弟弟妹妹，一盘菜轮不上她吃两口。所以她在厂里能一个人吃一整盘菜就感到很满意了。可见，她的祖母——曾经的公使夫人，持家有多么节俭。真正的贵族，并不奢侈。最近，跟她谈起这事，她告诉我：“我奶奶是个非常要强的人。她是个小脚，却能在高跟鞋里塞了棉花跳探戈。而一场舞跳下来回到家，脱鞋时脚都在颤抖。奶奶虽出生于官宦人家，不过没念过几天书，但是她聪明好学，不仅给文史馆写过好多史料，还会说法语。她不想让孩子们听到的话，就和我爷爷用法语说。”奶奶自幼生活在北京，小刘同奶奶一起生活，因此也会说一口纯正的普通话。

不知是否也是受奶奶影响，小刘生活俭朴，勤奋好学。她两个儿子都曾在国外留学，并取得了高等学位，她自己也有高级职称，生活应该还算富裕。可直到前两年，她出门还是尽可能乘公交，极少喊出租车，觉得既有公交可乘，坐出租就是一种浪费。直到近两年，体力不行了，才不得不喊出租。但是她却绝不肯无功受禄。有一次，她收到一笔稿费，搞不清是哪里寄来的。打电话问我怎么办，我说："寄给你的你就收下吧。想退也没处退呀。一般来说，不会寄错。"她才收下。还有一次，她参加一个活动，主办方给了几百元"车马费"，她慌了，说："我打车用不了这么多，剩下的怎么还给他们呀？"她就是这么个一板一眼的人。不管是什么单位，电台、电视台也好，里弄居委会也好，请她做节目，她都要认真准备，就和当年配音一样，绝不肯随便应付。

曹雷的父亲，长年住在香港，每次来大陆，都会和中央最高领导人会晤。有一次，邵力子请他去北京颐和园游湖，周恩来已经等在船上了。当时蒋介石方面想摸清中共当局对台湾的意图。周总理请他转告蒋介石："不是招降，是商谈，只要政权统一，什么都可以商量。国共曾经合作过两次，为什么不能第三次合作？"曹聚仁把这次与周的会见详细情况写成文章发表在《南洋商报》上，全世界都看到了。毛泽东也曾多次接见曹聚仁，让他传话给台湾的蒋家父子。

当时，我们只知道曹雷的父亲在香港做记者，没人知道他的特殊身份，更不知道他曾多次回来过。七十年代初，曹聚仁先生在澳门逝世时，曹雷和她弟弟景行陪同她母亲去澳门奔丧，大家都觉得非常奇怪，猜不出曹雷家是什么路道。因为那时候澳门是葡属殖民地，普通百姓是不可能随便去那里的。直到"四人帮"倒台后很久，才真相大白。

我曾多次去过曹雷家，见过曹雷母亲。她本人虽不是密使，却经常陪同曹聚仁先生去北京和参加他在国内的活动，并帮助传递信件。

有人问我："曹雷母亲是个什么样的人?"我觉得她非常普通，像个退休教师。丝毫看不出她有什么特殊经历。

现在，不但曹聚仁先生的特殊经历曝光了，他的很多著作也得以在大陆重新出版了。整理父亲的遗作，就成了曹雷近年一件重要的工作内容。

曹雷和小刘有一个共同点，那就是生活非常简朴。也许因为曹雷比小刘能干，所以有过之无不及。八十年代，我们热天在家里穿的方领衫，曹雷都不肯花钱去买现成的，而是到卖布头的小摊上，买两块碎布头自己缝一件。我们录音时，常常要吃盒饭，女演员一般都吃不了，也就当垃圾丢掉了。可曹雷总是会把剩的半盒饭带回去，说明天早晨可以煮成泡饭，还说："小时候，听妈妈讲，糟蹋粮食要遭天雷劈的。"还有一点是我和她共同的，那就是喜欢买处理品。比如，天快热时买冬天穿的衣服；或秋凉时买夏天的衣服。因为我们是根据自己的喜好买衣服，不在乎款式是否新潮。我曾花十九元买了一条细条灯芯绒的长裤，花二十九元买了一件黑色绒线衫。这就是我穿着上中央台《艺术人生》的"礼服"。我们不单自己不愿花高价买名牌，有一次还数落年轻演员狄菲菲，"干吗要穿名牌？应该相信你自身有足够的魅力，用不着靠名牌来撑市面。"这既是玩笑，也是真心话。我们认为流行款式只是张扬了设计者的创意，并不一定适合每个人。尽管有些名牌穿在菲菲身上还是蛮漂亮的。

有一次，大家闲聊，刘广宁说起她小时候，电影明星胡蝶到她们家做客，还抱过她。曹雷接着说："我小时候，蒋经国来我家，也抱过我。"真是人世沧桑，世事难料，这种事，要是在某个时期说了，真会招大祸的。

三个人中最不像名门闺秀的就是潘我源了。她父母在她很小的时候就离婚了。可能她母亲也没空管她，随她去疯玩、疯闹，小小年纪就学会了抽烟。一九四九年一月她竟然背着母亲跟电影演员夏天去了解放区，参加了文工团。但是她也没有正经演过戏。半年后，她又随解放军回到上海，进了上影厂工作。当年她十九岁。为人大大咧咧，笑起来不管不顾，嘴里还总叼根香烟。既不像个大家闺秀，更不像个来自解放区的革命干部。因此她有很多外号。我们管她叫“鸭子”，因为她笑起来嘎嘎地像鸭子叫，走路又撅个屁股。而陈叙一老厂长则管她叫“妖婆”，因为她无所不能，又无所不敢。她对老陈也同样没大没小。可她聪明能干，是一个对口型的好手，又准又快，还常常能帮助导演、翻译想出些好词。

有一次，陈叙一有一句台词想不出怎么说好，小潘问他：“什么地方卡壳了？”老陈说：“腓比斯要去见艾丝美拉达，不能说‘约会’，因为不是事先约好的。”小潘说：“用幽会嘛。”老陈调侃她道：“你怎么想出来的？是不是因为你经常跟人幽会呀？”小潘笑着用上海话骂道：“侬个老缺西。”

改革开放以后，潘我源和母亲取得了联系，去了台湾。终于在母亲的晚年尽到了一份孝心。现在她母亲已经过世，她又回到了上海，和老姐妹们团聚了。我们五十年代进厂的所有男同胞已经全部回到了另一个世界，只剩了我们四个女同胞——赵慎之、我、李梓、潘我源，被网友戏称为“夏天最后的四朵玫瑰”。

二〇一〇年十二月十四日

上海的天空，一下子明朗起来

我从小生活在东北哈尔滨，从六岁到十九岁都生活在日寇的铁蹄之下。我们在自己的国土上，却是这个国家的二等公民。我们不能说自己是中国人（要说是满洲国人），学校每周的朝会，都要向日本天皇鞠躬，受尽了民族的屈辱。因此，我打小就懂得什么是国土沦丧，李后主那些抒发国恨家仇的词作“春花秋月何时了，往事知多少，小楼昨夜又东风，故国不堪回首月明中”，特别能引起我的共鸣，我也特别喜爱陆游那种至死心系故国的诗篇，“王师北定中原日，家祭无忘告乃翁”，一直盼望着祖国的独立、富强。

可是，终于盼到抗战胜利的时候，苏联红军却像到了战败国一样，把哈尔滨值钱的东西，如真皮沙发、钢琴之类成车皮地拉回苏联去了。人们说，“走了小鼻子，又来了大鼻子”，何尝感受到我们是战胜国的人民。一九四七年，由于丈夫工作调动，来到上海。盼来的却是国民党的“五子登科”——也就是从重庆回来的接收大员，借口没收汉奸财产，抢金子、抢银子（或称抢妻子，即汉奸的小老婆）、抢房子、抢车子、抢票子。那时，一只大饼要卖到三千法币，每个月凭户口本可以买到一份极端劣质的大米，被上海人称作“轧户口米”。物资匮乏，物价飞涨，民不聊生，怨声载道……整个社会已经到了崩溃的边缘。“反饥饿，反内战”的学生运动蓬勃开展，民心思变，于是上海百姓把希望寄托在共产党身上。很多人真是唱着“解放区的天，是明朗的天”来迎接解放的。

一九四九年五月二十七日，为了不惊扰百姓，深夜入城的解放军，都和衣睡在马路上。上海人民一觉醒来，看见露宿的子弟兵，不由被深深地感动了。

十里洋场的上海，一夜之间，没有了地痞、流氓，没有了大烟鬼，没有了赌场、妓院，也没有了耀武扬威的洋人。天空一片明朗。

所有我喜爱的文学家、艺术家——巴金、曹禺、冰心、白杨、赵丹、梅兰芳都参加了新中国召开的第一届政治协商会议。流浪在海外的学者、科学家钱三强、钱学森，歌唱家张权，纷纷来归。那时的祖国，一片繁荣景象。百年半封建半殖民地的耻辱，一朝得雪。

我们再不是列强口中争抢的那块肥肉了！

我们是有尊严的民族了！

我们中国人站起来了！

新中国，给了我一片新天地

一九五〇年，我身穿列宁装（蓝布列宁装，是当时职业妇女的标识），走进了上海电影制片厂翻译片组，我成了新中国第一代配音演员。

在中学时代，我就看过刘琼、陈燕燕主演的电影，也看过赵丹、周璇的《马路天使》，赵丹、白杨的《十字街头》。但我从没想过，有朝一日我会进入电影界，成为他们的同事。他们都是红极一时的大明星，但是没有人端架子。当我有机会跟他们一起工作或一起活动时，无论是刘琼、赵丹，还是白杨、秦怡，都像隔壁邻居的大哥哥、大姐姐一样平易近人。这也是当年使人感到心情舒畅的社会风气。

我非常非常喜爱我的工作。它不但能让我接触到世界各国的电影(那是一个何等五彩缤纷的世界!)，而且能让我有机会扮演各种各样的人物——从小偷妻子到罗马女王，从纯朴的农妇到圣洁的修女，一会儿是法国的贵族小姐，一会儿是沙皇俄国的革命家……这些人物的故事，简直就是一个林林总总的万花筒。如果说，每扮演一个角色就是经历了一次人生，那么天底下，还有谁能像我们配音演员经历过那么多各不相同的人生?!

繁忙的业余生活

我从小兴趣广泛。尽管工作繁忙，又有家务和孩子，可我还是把业余时间安排得满满的。那时，我们翻译片组和美术片组都在梵皇渡路六一八号大院，所以我们共同组建了一个合唱队。那可不是一个唱唱流行歌曲的队，我们是一支正规的四部混声合唱队。美影的作曲是我们的指挥，每周我们都有固定的排练时间。我热爱唱合唱，每次都盼望着练歌的那一天。直到七八十年代，每当女儿回沪探亲时，我们还会常常在临睡前，倚在床上，一起唱女声二重唱。

我还是上海电影局乒乓球代表队的成员。平时要练球，有时还要去打比赛。那时早上八点上班，我经常七点钟到厂，练三刻钟球。中午休息时，我倒不去和大家抢着打。所以程引（他在《警察与小偷》中配警察）不知道我会打球，和我比赛输给我，还欠了我一顿国际饭店的饭呢。可那时的国际饭店不是我们这种工薪阶层能随便去的地方。所以他一直到去世都没能还上这笔“债”。一九七一年我们配《罗马之战》时，他配哥特老王，戏中老王死了，配完这部影片，他也得心脏病去世了。

一九五四年，上海市开运动会，需要几名司仪，也许正因为我是个运动员吧，局里推荐了陈述和我。记得当时除了打球、唱歌，我还响应陈叙一厂长要大家学一点外文的号召，在跟广播学习俄文。大家看，我们在大会主席台上工作的照片里，还可以依稀看到在我面前摊开的俄文书呢。

二〇〇九年七月十日

命运掌握在谁手中

人有命吗?

我常常想,“人有命吗?”

上世纪八十年代,我应上影导演黄蜀芹的邀请,帮她做《青春万岁》的配音导演。片中描写的是一群男女中学生,配合解放战争,积极参与地下斗争的故事。王蒙编剧,写的基本是他的自传。剧中人物也差不多都有原型。建国后,这些以王蒙为首的进步青年几乎都被打成了右派。我问那位女主角怎么样了,黄蜀芹说:“她倒不是右派。”我们俩就猜测,也许她到苏联留学去了不在国内;也许她正好生病了,没参加整风。因而不胜唏嘘,觉得很多事都命中注定,个人很难掌握。

我还总忘不了百乐门舞厅门前的雨棚突然掉落下来,砸死了一个过路的妇女。不由得想,怎么那么巧,早几分钟掉下来,那个女人还没走到,晚几分钟,那个女人已经走过去了。更让我相信“人是有命的”。

我自幼学习成绩优秀,而且喜爱学习。但当时东北三省受日寇统治,日本法西斯实行的是愚民政策。整个东北也只有几所理工科大学和医科大学。而且不收女生，他们提倡的是“妇女回到厨房去”。

中学毕业后，我尽管费了九牛二虎之力，到了当时的北平，然而由于不会英文，还是无法考上一所好点的大学。而且，即使这样一个学校也没读满一年，就被日本宪兵队以“反满抗日”罪名，押解回哈尔滨了。原因是我在读中学时，参加过一个“读书会”（可能是东北大学的外围组织）。由于我当时不满十八岁，再说也没参加过什么活动，关了三个月便被释放了。

最快乐的日子

自中学三年级，我参加了哈尔滨广播电台的合唱团起，就一直向往去上海音乐学院深造。一九四七年随丈夫调动工作，来到上海。由于原本可以资助我读书、开钱庄的姐夫家破产，丈夫的工资根本无法供我读书，还是不能圆我的读书梦。

解放前，我已经读过了一些关于解放区的书和杂志。知道我喜爱的作家丁玲在延安极受重视，也知道共产党主张“妇女解放”，因而盼望上海早点解放。

解放后，我果然凭借自己的能力，先考取上海广播电台的业余广播剧团，随后又考取北京电影表演艺术研究所，被分配到上海电影制片厂翻译片组工作，终于有了可以发挥自己聪明才智的岗位。特别是国家强大了，中国人终于可以扬眉吐气了，再也不做二等公民了，我以能为这个国家尽一份力而感到欢欣鼓舞。当时，有一首歌中唱道：“解放区的天，是明朗的天。解放区的人民好喜欢。”那一段时光，是我一生中最快乐的日子。我生于一九五二年的儿子回忆说：“我小时候看到妈妈脸上，每天都是阳光灿烂。”

我最近看了纪念赵丹的电视片。我觉得，他的命运，不单是他个人的命运，也是中国这一代知识分子共同的命运。抗战时，他在重庆，为了学习苏联斯丹尼斯拉夫斯基的表演体系，去了新疆，想由新疆再去苏联。想不到却被盛世才关进监狱，而且一关就是五年。

所以，解放怎不使他欣喜若狂？他在天安门城楼的观礼台上豪情万丈地大叫："今后可以拍想拍的电影了。"一九五二年他主演的电影《武训传》上演，本来好评如潮。可没想到，影片落到了江青手里。江青曾叫蓝萍，当年在上海电影界当演员。她当时的男友叫唐纳，赵丹的女友叫叶露茜，还有顾而已和他的女友杜小娟，他们三对好朋友曾经一块在杭州六和塔下举行婚礼。可如今蓝萍是毛泽东夫人了。也许正因为，赵丹是她那段不愿让人知道的历史的见证人，她才容不下他吧。上世纪五十年代初，她是个管电影的什么官，竟使毛主席亲自写了批判《武训传》的文章。那一棍子打得赵丹又是五年抬不起头来。

不过，那时到底还不是江青可以一手遮天的"文革"时期。国庆十年，上影拍了十部献礼片，就有赵丹主演的两部。头一部是《聂耳》，最后一部是《林则徐》。被上影同事称为"红烧头尾"。我想，可能那也是赵丹一生中最快乐的日子吧!?

乌云蔽天的日子

经过了十多年的夙兴夜寐，孜孜以求，到了"文革"的时候，我觉得自己的胸中好像有了一架钢琴，有了一个标准音，能够迅速抓住一部影片的基调。演员开出口来，我就知道他的调子高了还是低了，他是否摸准了人物的脉。

可是"文革"来了，我不知道我这些年悉心积累的经验，今后是否还会有用武之地。看不到前途，心中一片迷茫。因而我把自进厂后，多年保留的翻译剧本和全套的《世界电影》等杂志都当废纸卖掉了，一共卖了十九块钱（那时大饼只有三分钱一只）。其实，不光我如此，后来搞内参片，从外语学院请来了几位俄语翻译，她们都曾在苏联留学多年，也把从苏联带回来的很贵的原版书籍，成麻袋地当废纸卖了。

对我的审查，直到一九六九年才开始。据当年参加过造反派的朋友后来告诉我，把我们这批人揪出来审查，是因为上级认为，我们厂被审查的人太少了。因为我在中学时曾参加过一个“读书会”被日本宪兵队关过三个月；抗战胜利后，又在哈尔滨，去一个“国民党训练班”听过几次课。“文革”时，就一会儿说我是日本特务，一会儿又说我是国民党特务。实际上这些都是我在自传上写的。组织上早已去外调过，那个“国民党训练班”的档案上，根本就没有我的名字。解放初期，我觉得自己对解放事业没做过贡献，不配做党员。直到三年困难时期，为了表示我愿与党同甘共苦，才提出过申请。我被审查时，真觉得自己非常可笑。我自认为是党的积极分子，党却把我当做内控对象。后来，我也见识多了，解放前，那么多出生入死的革命功臣都被诬陷为叛徒、特务，甚至送了命，如潘汉年，如刘少奇，以及我身边许许多多无辜的同事——上官云珠、顾而已、郑君里等多人被逼自杀，赵丹再次被投进监狱……我这点事儿，实在太微不足道了。

三十年河东，三十年河西

真不敢想，十年“文革”一朝结束。又一次云开雾散了。

我还记得，“四人帮”倒台时，老百姓敲锣打鼓，奔走相告。纷纷到菜场去买四只螃蟹，而且要三公一母。把这些螃蟹当成横行霸道的“四人帮”，消灭他们，出一口恶气。

译制片又迎来了十年的繁荣。我们也再一次意气风发地投入了工作。那时，我已年届半百，却几乎忘记了老之将至。

“四人帮”倒台以后，我的同事伍经纬说：“早知道，你那些剧本卖给我呀!”我说早知道有今天，我还不卖呢。

记得有一天，我和赵慎之、邱岳峰几个人为了教乔榛、施融、王建新、程晓桦等人跳交谊舞，搬开了休息室的办公桌椅，刚开始不久，赵丹就来了。他那天，穿了一件中式黑布棉袄，一双家做的蚌壳式的黑布棉鞋，就也兴致勃勃地跟我们一起跳了起来。他那天是到我们厂来看电影的。听说他有一系列的计划，他想扮演李白、扮演张闻天、扮演周恩来、扮演鲁迅。可到头来，竟连一个也没能实现。已经成立的《鲁迅》剧组，也被柯庆施要“大写十三年”（只能写解放后的十三年）而叫停。

世事难料，真是“三十年河东，三十年河西”，一九八四年，根据当时一刀切的政策，我退休离厂。我那时正处于工作的巅峰状态，却不再被上译厂所需要。随后，译制事业也日益陷入低谷。我想，这辈子我再也不会回到这个圈子里来了。这次，不单是剧本，连同所有的业务书籍，都让我又一次当废纸卖掉了。而且，除了个别私交比较好的人，跟厂里的几乎所有同事也不再来往。一九九五年我离开上海，去了杭州女儿家。

二〇一一年三月二十日

我家的「一片红」

我们家本来五口人——我们夫妻俩和三个孩子。一九六九年，根据毛主席“知识青年上山下乡，接受贫下中农再教育”的最高指示，中学毕业生都要到广阔天地去。尤其是六八届的更属于全国一片红。我的女儿牧遐和小儿子牧人一个是六八届高中，一个是六八届初中，都是要到农村去插队落户的。惟有大儿子牧心根据政策分在了郊区工厂，因为离家太远，也只能住到厂里去。而根据毛主席“备战、备荒、为人民”的另一条最高指示，国内所有的设计单位都要从大城市搬到三线城市去。所以在第二设计院工作的我的先生也最后一个离家去了遵义。

牧人离家时尚不满十六岁。他是我们家最小的孩子，却要第一个离开家了。他那时不但没离开过家，甚至没坐过火车，没离开过上海。但是解放以来，我们受到的教育就是：凡是国家的政策，都应该拥护。作为一个爱国的知识分子，就要听党的话，跟党走。哪怕心里不十分情愿。

牧人穿好了大衣，戴上了帽子，也背好了背包，却没有走出去，而是坐到了钢琴前，弹了起来……牧心看到他去弹琴，不由背过身去。也许，今后他再也没有机会弹琴了。他是上海音乐学院附小的学生，师从盛建颐老师学习钢琴。当年，他是从一千多名考生中，被选拔出来的二十八个孩子之一。

我送他到楼下，下午还要上班。我告诫自己，一定不要在他的面前哭，好像这不过是一次平常的旅行。

晚上我回到家，不知为什么，先生也不在，看见牧遐把家里所有的灯，三个房间的顶灯，台灯都打开了。我想她是因为感到孤单无助才这样做的吧。家里只剩我们两个人了，惨白的灯光显得格外冷清，我们俩不由放声痛哭起来。

多年后，侯牧人在他的博客中写道："我们在杨树浦码头上了船，家属都挤在一条马路上，不许他们靠近码头。我哥哥和姐姐来送我，姐姐那天围了一条白围巾，所以我很容易在密密麻麻的人群中找到她。船开动了，像受到指挥棒的指挥一样，轰然一声响起哭声一片，惊天动地。大多数男孩子和部分女孩子不约而同地把手中的小红书，投向了海里。"

我厂有个录音师，叫何祖康。他的妻子在纺织厂工作，被动员去了四川。他们家里没有老人，但有两个年龄很小的孩子，好像一个刚上小学，一个尚在幼儿园。冬天，两个孩子盼望爸爸回家，常常坐在门口的冷风里等。他的困难恐怕更甚于我。据说这样的人可以被领导用来作为"标杆"，便于再去动员别人，说："你看，像他那么困难的人都能克服。你的困难还有他大吗?"

我一个外甥女，是个党员干部，她说："舅妈是多年的老病号，这种情况，舅舅是可以申请不去的。"可那时，我们还不懂得"会哭的孩子有奶吃"的道理。后来，观察下来，果然会哭会闹的处处占便宜。我偶尔一用，也很灵验。不过，我还是不愿意做那种人。

先生走后，我就只有一个人了。生起病来，也只能自己骑自行车去医院。我们的劳保医院——华东医院，“文革”前是首长医院，服务态度特别好。一位女医生看到我一个人来看病，上气不接下气，呼吸困难得嘴唇发紫，脸色苍白，特别同情我。她常常先给我打一针，让我的哮喘平复下来，我再去配药，之后把药针还给她。七十年代，我们厂搞内参片（就是给首长做内部参考的影片了）。那时的内参片电影票，是花钱也买不到的。为了表达我的感谢，有时，我会送两张票给她。她反而觉得欠了我好大的人情。我生病在家，她还会买水果来看我。改革开放以后，她去了美国。否则，可能到现在我们还是朋友呢。

在那段日子里，我生病无法起床，亏得我楼上邻居的女孩，帮我买米、烧粥。为了感谢她，我说：“春节阿姨请你看电影。”到那天，小姑娘打扮得漂漂亮亮的跟我一起往静安文化馆走去。还没走到门前，我就觉得不对了，电影开场前十分钟，应该是人最多的时候，怎么一个人也没有。原来电影票是昨天的。我平时工作仔细，几乎没出过错。可不知为什么，老把电影票的日子看错。以至我儿子说：“妈妈，你以后把电影票放在台子上，不要说话，日子让我们自己看。”

我并不特别心疼孩子们在农村干农活、没菜吃的苦，但是我却非常痛恨我小儿子的前途被毁了。学钢琴的孩子是不可一日不练琴的。因此在襄阳公园门前遇到一位上影同事——她女儿也是上音附小的学生，我说：“审查我，我都可以原谅。但是，毁了我的儿子，我真恨不得杀了他们。”她说：“我也恨不得杀了他们。”那还是“文革”时期。我说：“快别说了。万一叫人听见，两个老太太要杀谁呀？还不得把咱们俩抓进去。”不过，比起我的同事和亲戚来，我又觉得自己该谢天谢地了。同事叶琼的大儿子已经高中毕业，却在两派武斗时，被乱枪打死。我二哥的儿子在东北建设兵团，因为和一个女同学谈恋爱，被勒令在大会上检讨。两个孩子哪里经历过这种场面，吓得双双自杀了。

我先生的设计院是设计厂房的，常常一工作就要到“天南海北”，即天津、南京、上海和北京，不知道浪费了多少国家的出差费。每到春节，两个在东北插队的孩子要自己买票回家过年；我先生探亲也只能报销坐票，不能报销卧铺，所以我大儿子说：“我们家这些年积攒的一点钱，全贡献给铁路上了。”

十年噩梦，幸而一朝苏醒！

我的先生于一九七九年退休回到上海。八十年代我厂工作繁忙时，正好成了我的内勤。

我的长子牧心，在结婚、生子后，考取上海师范大学中文系。后来，调到房地产报任记者。幼子牧人考取北京中央歌舞团做歌队钢琴伴奏。他自己经常混到中央音乐学院作曲系去听课，后来改为作曲。女儿先是调到我先生所在的设计院，后与设计院一起迁回杭州，也是在结婚生子后再去读半脱产大学。她又要工作，又要管孩子，又要读书，一百斤的体重，只剩了八十五斤，总算也圆了大学梦。比起那些回城后一无所长，进了工厂又首先遭遇下岗的同龄人，我又觉得自己该谢天谢地了。

写于电影《高考1979》观后

二〇一二年五月三十日改写

七十五岁学电脑

我学电脑，并非因为我要“与时俱进”，也不是因为我多么要强，别人会的我也要会。只因为我三十岁就患有哮喘，走不动路。所以从年轻时起，我就没有逛商店的习惯。另外，我也不喜欢打麻将，因为我不会算牌。老伴过世后，我去了杭州女儿家。白天，女儿、女婿都上班了。我一个人在家，总得找点什么东西来玩儿。于是我选择了电脑。

我自小喜欢中国古典诗词，但很多都是只记得其中的名句，不能整篇背诵。工作时也没有那么多时间去背这些。现在有时间了，可以从头到尾在电脑上打出来。这样，一来熟悉了键盘；二来熟悉了拼音字母；三来熟悉了每一首名篇。当我一个字一个字在键盘上敲出了杜甫的《兵车行》、白居易的《长恨歌》或者李清照的《声声慢》时，我的快乐不啻逛街的淘到了一件又便宜又时尚的衣服；打麻将的和了一把清一色。而且在敲击键盘时，有机会仔细去品味这些名篇，每每会有新的感受和体验。例如我老伴死后，我移居杭州，恍惚间，常常感到我在杭州住了这么久，老伴还在上海什么地方等我，我该回上海了。再读李清照的“寻寻觅觅，冷冷清清，凄凄惨惨戚戚”时，就懂了她为什么要用“寻寻觅觅”这几个字，她一定是不相信她的丈夫已死，只是不知道他待在什么地方。我又想起电影《老枪》里的一段戏，男主人公于连的妻子克拉拉，在乡间已死于德国法西斯的火焰喷射器下，在回城的路上，朋友问他：“你要愿意，我来陪你几天吧?”他说：“那太好了，克拉拉最欢迎你来了。”朋友想提醒他，“于连!”他茫然：“怎么?”“这个……”朋友终于不忍把克拉拉已死说出口。于连也是无法相信自己亲爱的妻子已经不在人间了。

后来，我女儿退休，我们一起回到上海。从网上看到很多老观众在怀念我们八十年代译制的影片和我们这些配音演员。为了回答他们，我就又开始往一些报刊投稿了。

这才感到用电脑写作的种种便利。你觉得这一段多余了，可以一键抹去；若感到什么地方需要加一段，也可以任意插到那里。把前面的挪到后面，或者把后面的挪到前面，都轻而易举。永远不用重新抄稿子。

还有一点，就是快。不用邮寄，也不用找人送。只要鼠标一点，稿子就发出去了。编辑有意见，把修改后的稿子发还给我，我看后再还给他，也都是瞬间的事。记得尚华去世的那天晚上，我一面不停地应答采访的电话，一面在午夜前把悼念的文章写好发给《新民晚报》，保证了第二天能及时见报。

除此之外，互联网也是万宝全书。不论你想查哪部电影是哪年得的奖，还是哪部片子的男女主角叫什么名字，也都是举手之劳。

不仅如此，电脑为我的老年生活，开辟了一片广阔的天地，使我可以做到“秀才不出门，能知天下事”，也使我到了耄耋之年，还可以跟天南海北的朋友们时刻在键盘上相聚，因而心胸开阔，从来不知道孤独、寂寞为何物。

二〇一二年六月十日

馒头夹白糖

春节期间，到一个老朋友家去做客。大家一面包饺子，一面聊天，这是我最喜欢的聚会方式。因为现在可以说，在吃的方面，家家每天都在过年。因此朋友聚会，没有必要花力气弄多少菜，谁的肚子里也不缺油水。倒是在一起聊聊天更重要。

那天在座的有一对八〇后的年轻夫妇。不知怎么会提到“三年自然灾害”，那一对在丰衣足食中长大的青年，简直无法想象，在北京、上海这样的大城市里，也有过真正挨饿的日子。一位朋友告诉他们：“那时买什么都要凭票，有粮票、油票、布票、肉票、鱼票、蛋票、糕点票、香烟票等等等等，而且鱼、肉平时有票也是买不到的，只有春节才供应。还得起大早去排队，否则还可能买不到。”我告诉他们：“我有一个装番茄酱的小铁听，是我用来量米的。因为米是定量的，如果随便吃，后半月就要没米下锅了。那时我的定量是二十一斤，放在今天肯定吃不了。可那时每人每月只有二两油，没有荤菜可买，就是蔬菜也很有限，只能买到一点卷心菜，而且因为没有肥料，菜的叶子卷不起来，是散开的，所以被上海百姓称为‘光荣花’。这个小铁听，我一直保留到二〇〇三年，搬家的时候被我女儿丢掉了。”那男孩子说：“太可惜了!”我接口说：“否则，是可以进历史博物馆的。”他说是呀是呀。

当时，我作为十级演员，受到国家照顾，每月可买两斤黄豆，被称为“黄豆干部”。具有八级以上职称的，除了两斤黄豆，还有两斤白糖。六级以上，具有高级职称的，像白杨、赵丹他们，好像还有两斤肉吧。

我记得，当时在看一部电影，可能是《平原游击队》。一位农村老大娘，拿出一笸箩花生和枣，说：“乡下没什么好吃的。”全体观众哄堂大笑，因为那时花生和枣都是有钱也买不到的珍稀物品。很多人由于缺乏营养得了浮肿病，在吃中药，如果药里有两粒枣子，简直就是宝贝了。

那时，买什么都得排队，所以见到有人排队，大多数人都会先排上再说，免得打听清楚了，后面又排上一大串了。那天，我的女儿牧遐和弟弟两个人去逛街，身上还有几毛钱。看见有人排队，也赶快排了上去，满心想能买到点什么稀罕的东西，也为家庭做点贡献。前面排队的人都用惊奇的眼光看着这两个小孩。牧遐大约十岁左右，弟弟只有七八岁。因为大家排队是为了买“堂吃老酒”。

我一向爱吃甜食，那时又吃不饱，就更加想吃甜的东西。我当时最想吃的就是馒头夹白糖。

那位女孩问：“这两年又是雪灾、又是地震，也没听说哪个地方有人挨饿呀。”女主人一面擀饺子皮一面插话：“就说今年，南方发大水，北方干旱，市场的供应好像也还可以嘛。”“当年，是什么样的灾害?怎么会那么严重?”可是在座的似乎没有一个人搞得清，当年到底是哪个地区，发生了什么样的灾害。也可能是当家人某一个决策的失误吧。

好在，经过刘少奇、邓小平等人对经济政策的调整，终于渡过了难关。一九六二年市场慢慢恢复了供应。可是直到现在，我也没吃过当年最想吃的馒头夹白糖。那男孩好奇地问：“为什么?”“是呀，为什么?”我自己也在问。也许因为好吃的甜食太多了，上海的栗子蛋糕、草莓蛋糕、各种各样的巧克力，北京的豌豆黄儿、驴打滚儿，哪里还有胃口去吃馒头夹白糖啊。

这时，男主人在厨房喊：“你们快收摊儿吧，剩下的不要包了。饺子好了，大家趁热吃呀。”

二〇一一年春节

在陌生人之间

读了十月九日《文汇报》“笔会”上柳延延的文章《大城市，陌生人相聚之地》，非常赞同作者的观点：“城市让生活更美好的要义，不光是高楼林立，汽车奔驰，它是能够培育出严格遵守规则的人群，以使陌生人之间能够建立起信任、责任和同情。”

我记得，建国初期，曾经有过一段那种“路不拾遗，夜不闭户”的盛世。有一次，我到淮海路第二食品厂去买饼干，钱付了，却忘了拿饼干。直到第二天才想起来，我去跟售货员一说，她二话没说就把饼干给了我。我们家附近有一个小水果店，我经常去买水果，尤其喜欢买菠萝。有一天，店主告诉我：“今天的菠萝质量不大好，你不要买了。”我不怎么会做家务，买菜时，常跟卖菜的说：“我不懂什么样的菜好，你给我挑吧。”我几乎都会买到质量较好的菜。那时候的人与人之间是相互信任的。生活在这样的社会里，真的叫人心情舒畅。有一部苏联电影，女主角说：“一个好的社会，就像一个不沉的湖，不论你遇到什么困难，都会有无数双手托住你，不会让你沉下去。”

是“文化大革命”，彻底败坏了我们的社会风气。教唆孩子们去打老师，去揭发父母，不问情由去打、砸、抢。以至儿女揭发父母，夫妻、朋友互相揭发……甚至有的红卫兵小将竟以打人、杀人为乐。搞得人人自危，完全破坏了人与人之间的信任、友爱和做人的尊严。我觉得特别像《第三帝国》中所描写的德国法西斯上台后的情况，连车间里要张贴希特勒语录都一样。终于导致人们没有了道德，没有了是非，更没有了信仰。那些生产三鹿奶粉的人，难道不担心他们家的外孙，也许正在幼儿园喝这种有毒的牛奶。用破皮鞋做胶囊的人，也许他正在吃别人用地沟油烧的菜……要知道，我们生活在这个社会里，是时时、处处都要和陌生人打交道的。无论是吃的、穿的、用的，无不由陌生人所提供。甚至喝的水，呼吸的空气，都要靠政府的监管。孩子要上托儿所，是把我们至爱的宝贝，交到了陌生人手里。生病就医，是把生命交到了陌生人手里。坐火车旅行，就是把个人安危交到了铁道部手里，如果铁道部某个人有所疏忽，就可能造成列车追尾……每个人都跟整个社会息息相关。所以关爱别人，就是关爱自己。你排污水害人，就不怕别人也会在其他方面害你？聪明的人类，这样浅显的道理，就那么难懂吗？

二〇一〇年十一月三日初稿
二〇一二年五月十五日改写

我奉献给你们的礼物

上世纪九十年代初，上译厂老厂长陈叙一已经病情严重，曹雷等人去探望他，安慰他说："你放心，你的事业我们会继承下去。"那时，他由于喉管切开，已经不能说话。他在一块小板上写道："不是我的事业，是我爱的事业。"并拿笔在"爱"字上用力地戳了几下。

他确实可以毫无愧色地说，把自己的一生都贡献给上海电影译制事业了。是他，从无到有创立了上海电影翻译片组；是他，带领大家把译制片的生产当成了一种艺术创作，铸造了上译厂这个品牌；从而培育了几代译制片的爱好者，并延续至今。

电影译制事业是我们共同爱的事业，没有这支队伍，便不可能有其中任何一个个人。因此我深爱我的每一位伙伴，并以他们为荣。我深深怀念我们当年那种全身心投入的创作氛围。也特别享受当年那种精工细作所带来的快乐。我也极想把我们当年所做的点点滴滴告诉厚爱我们的观众。希望让大家知道，被你们珍爱的那些译制片，是如何被我们呕心沥血打造出来的。

如今，很多人——五十年代进厂的男演员全都不在了，我们仍然活着的女演员也都已进入耄耋之年，我们的时代结束了。为了让那些逝去的伙伴在我的书里重新活过来；为了纪念那一段美好的时光，为了向我们亲爱的观众告别，我写了《我的配音生涯》。

现在，承蒙上海东方广播电台《夜阑书香》节目主持人淳子的好意，愿意把《我的配音生涯》做成有声版——《余音袅袅》，那就不但在文字上可以回到过去，而且可以在这十几个小时的节目里，重新听到我和同事们几十年间，在不同时期、塑造的不同人物的声音。我几乎自己都想不起来了，我和赵慎之曾有过那么清亮的少女的声音。胡庆汉曾经是那么迷人的“奶油小生”；黏黏糊糊的于老鼎当年也曾配过那么潇洒、干练的人物；潘我源不光能配咋咋呼呼的土财主，也配过出身名门望族的修女院院长。不经意间，我又听到了童自荣在《啊，野麦岭》中，为日本工头配音时咧着嘴说的那些台词，想起当时大家对我这个角色安排，所感到的诧异，今天我仍忍不住在嘴边浮现出一个浅浅的微笑，那是我为小童开拓戏路的一次大胆尝试，而且得到了厂长老陈的支持。我静静地听着自己做的节目，当我听到李梓为小女工阿峰配音时，她用那种嘶哑无力的声音说“我又看见飞陀了，我又回到飞陀了”的时候，仍然感到鼻子酸酸的。我想，我们的创作是经得住去仔细品味的。

我们爱这份事业，我们也把自己的一生奉献给了这份事业。因此，我觉得这套碟片，它配作为临别的礼物，奉献给你们——我亲爱的观众们，希望你们接纳它。

二〇一〇年二月十四日

总会遇到「同志」

自二〇〇五年我的书《我的配音生涯》出版以后，这六七年来，我总是心想事成。以至有朋友跟我开玩笑说："你快想想，哪只股票会涨，让我们也沾点光。"看结果，这些年我做的每件事，都做成了。其实，每件事都经历了一段山重水复疑无路的过程。之所以后来能起死回生，一是由于我的性格，做一件事就要做成，"不到黄河心不死"。更重要的是，总会遇到贵人相帮，或者说总会遇到"同志"。"总会遇到同志"这句话源于我书的责编陈飞雪，在《我的配音生涯》审稿时，能够顺利通过，她说"总会遇到同志"，也就是喜欢译制片的人。

这份荣耀不属于我个人

二〇〇五年，《我的配音生涯》在上海书展举行签售活动时，译制片正处于低谷。很多时髦青年以不屑的口气说："译制片是给乡下人和老头老太看的。"一些高档影院经理骄傲地宣称："我们从来不放译制片。到我们这里来看电影的，都是要看原版的。"因此，我很担心是否会有人来买这样一本写译制片的书。直到去书展的路上，我还跟飞雪说："要是没有人来怎么办?”所以，当我踏进书展大厅，看到大厅挤满了排队的人，而且队伍从大厅绕到楼梯上，又从楼梯上绕下来的时候。我感到我们一辈子的付出都得到回报了。

上海女作家程乃珊不直接来找我们，而是站在楼梯上排了两个钟头的队来买我这本书，也使我如遇知音，从此成了朋友。

新书得到了许多家报纸和电台、电视台的介绍和宣传。我和飞雪说：“我那本《银幕后的岁月》（上世纪九十年代初，我写的一本小册子）像个童养媳，半夜里一头小毛驴就接了来。而现在这本《我的配音生涯》像个大家闺秀，半条街的嫁妆，招摇过市，真是天上地下了。”

我深知这份荣耀并不属于我个人，大家来买我的书，是因为怀念我们精工细作的影片，热爱上译厂这个团队。而对译制事业贡献最大的陈叙一厂长和邱岳峰、毕克等人却已不在人世了。因而我决心要做第二本书写写上译厂的四个老头儿——峰（邱岳峰）、华（尚华）、毕（毕克）、叙（陈叙一）。观众没有忘记他们，我更不能让他们被时间湮没。

但是，这本书没有人邀稿，朋友帮忙拉的赞助也最终落空。飞雪说：“赞助虽然没拉成，但却促使我们下决心动起来了。”就在全国范围内，广泛邀稿了。

我当时想，即使最后由我自己掏腰包，也一定要出版这本书。我的死党孙洁说：“怎么也不能让你一个人出这笔钱，我和飞雪跟你一块出。”最后，不知飞雪用了什么理由说动了文汇出版社，还是由他们支持出版了这本书。

做邮折一波三折

《峰华毕叙》我一共邀请了三十几位作者写稿。有我的同事，不单在上海的，还有远在香港的刘广宁，远在台湾的潘我源；有配音网的网友张露佳、张帆、金戈等一帮人；还有一些影迷中的社会名流，如上海女作家程乃珊、央视主持人崔永元、美术家陈丹青、作家肖复兴、上影导演黄蜀芹，复旦大学教授严锋、著名电视人曹景行等等。

关于稿费的分配，曹雷给我出了个主意，她说："现在谁也不缺那两三百块钱，不如拿稿费做一个邮折，是个永远的纪念。"我也觉得这个主意挺好。

邮折一版有十六张邮票，我想四个老头，每人都可以从年轻到年老各选四张照片。于是，兴师动众，让陈叙一、邱岳峰、尚华家的儿女们把家里几十年前的老相册都搬了来。几个老头青少年时的照片就是从这些老相簿上撕下来的。

但是，当我的邮折定稿之后，却遇到了一个大难题。因为当时找不到毕克的妻子和儿子在美国的地址，我也好，厂里也好，都不能代表毕克家属授权。因为邮票是可以在市面上流通的，没有授权，便不能发行。这一稿只能作废。

我又想以他们几个人主要作品的海报放在邮票旁，这一版真是更漂亮。可还是不行。厂里说海报的所有权属电影发行公司。发行公司说有的影片放映权早已过期，海报的所有权归原电影公司了。眼看山穷水尽了。除了放弃，别无选择。

整个夏天，我挥汗如雨，挑选照片，和邮政公司的美编一起设计封面，邮政公司的美术编辑也跟我一起白忙活了。

但是，我晚上睡在床上，心有不甘。

终于有了主意。我决定把有授权的三个老头的头像放在邮票旁，把毕克的头像放在邮折的另一面，这下终于做成了。

汶川地震后，在一次慈善拍卖会上，龙华寺主持照诚大和尚以八万元高价从曹雷手里拍去了我的书《峰华毕叙》和这个邮折。

有声版《余音袅袅》

如果说做邮折的经历是一波三折，那么我做《余音袅袅》的过程就可以说是“九曲十八弯”了。

《我的配音生涯》书中的很多故事，在未落笔前，差不多都跟飞雪、孙洁讲过。出书后，孙洁说：“那些故事排成了冷冰冰的铅字，总没有听你讲那样生动，能出个有声版就好了。”我当时听了，觉得她简直是异想天开。

没想到，居然就有人想到了。先是中央人民广播电台的王葳为我做了第一个有声版。但是她选用的所有片段，都没有加解说，没看过电影的听众，就很难听懂了。我觉得，非常遗憾。做得不太理想。

我暗暗下定决心：我要重做。

可重做是要很多条件的，要有机器，还要有人会操作，而且需要投入大量的时间和精力。几乎就是不可能的事。

二〇〇八年，汶川地震后，东方台《夜阑书香》的主持人淳子约我做一次访谈。做完节目闲聊时，我无意中提起这事，她立刻说：“我来替你做，而且请你自己做导演。”那是我们第一次见面。我想，她不了解我，怎么想也没想就满口应承要替我做。不敢相信她是认真的。后来，我给她发了一封短信，说了我的想法。她回答我说：“我怎么不了解你？我看过你的书，一直在关注你的活动，我的话当然是认真的。”上译副厂长刘风知道后，说：“你在咱们厂的棚里录吧，咱们棚的声音比他们好。而且让我们厂的录音师，来替你录。”并推荐了我厂年轻演员桂楠来做有声版的解说。

更重要的是，他提供给我许多我手里没有的影片碟片。这样一来，我书中提到的影片，几乎百分之八九十都找到了。如果没有刘风，没有淳子，便不可能有这套有声版。话说回来，如果没有最早王葳的头一版，我根本就不敢想去做有声版。这都是我遇到的贵人——同志。

淳子对我最大的帮助，就是配备给我一位编辑——志凯。我在想，这也许是我一生做的最后一件事了。淳子把权力交到了我手里，我要做到尽可能不留遗憾。

志凯是个大男孩，他没怎么看过我厂的译制片。因此要从每部影片中找出我需要的片段来，他要费很大的劲。在《警察与小偷》中找出三四个片段，就让他费了一天的工夫。

我有一个网友任红，她是个超级影迷。有一次我们一块看一部我厂出品的老片。出来一个群众角色，我说："这是我配音的。"她说不是，这是赵慎之老师。后面又有一个女的，她说："这个才是你。"这样一位"天才"，我不用她，岂非暴殄天物。于是我把她也聘为我的编辑，由她先把片段选出来，再由志凯到机器上去操作。

我从七十部影片中，选出了五十部。再从每部影片中选出三到六个片段。而每个片段差不多都要在我们三个人之间，往返修改四五个回合。

例如，戏中有动作时，没有画面，听众看不到动作，会感到停顿特别长。就需要把停顿去掉。停顿太长，听众会以为"下面没了"。而该停顿的地方不停，戏会变得没有节奏感。

再如有的一场戏当中，插了一段别的戏。如《冷酷的心》两姐妹谈话当中，插了在另一个房间开舞会的镜头，我们的碟片一般也把这种镜头删掉。否则两个人谈话时，忽然插一段舞曲，听众就会听得莫名其妙。

或者，两场戏连在一起，有画面时，观众看得很清楚，因为场景变了，人物也变了。现在，听众看不到画面，那就需要把两场戏分隔开。或者加一句解说，或者加一段音乐。如在《罗马之战》中，哥特老王死了，影片表现了各方面的反应，而且都很短。我们就在哥特老王的两个女儿争王位的一小场戏后，加一段马蹄声，表示消息传到了罗马。

我还要特别感谢任红和志凯。他们对我极其苛刻的要求——例如，某个停顿要再去掉一秒；再如，有的地方缺一个字，是需要删掉一句话，或是两句话，还是从别的地方借一句话过来，他们都会三稿、四稿的替我修改，从来没有表现过厌烦。

我这套碟片，一共做了一年零九个月。内容长达十四小时，无意中把自五十年代到八十年代所有的演员的声音都包括进去了。

我还要感谢上影集团领导，安排我在上海影城举行了《余音袅袅》的签售会，得以了却我一个最大的心愿，把这份临别礼物奉献给我的观众们。

二〇一二年六月二十五日

烛光晚餐

当《我的配音生涯》有声版《余音袅袅》，经历了数年的反反复复，终于可以在上海影城进行签售时，我的学生林栋甫说："那天我给你庆功。把帮过你的朋友都请来，到我的酒吧里聚一次餐。"他深知我这些年的辛苦，和这套MP3制作之不易，他是真的替我高兴，所以我也立刻说："好的。"

栋甫是个孝顺的孩子。其实他早已年过半百，如果他的女儿结婚早，他都可以当外公了。我叫他孩子，只因为三十多年来，他一直把我当做母亲来对待，我就也把他当做自家的孩子了。

他是一九七六年来考上译厂的。因为他的嗓音特别宽厚，是我们厂缺一门的铜锤花脸，招生小组一致主张录取他。可是当时，由于他的单位是大集体，我们是全民，无法调动。在这种情况下，我才开始辅导他学习表演的。他因为儿时患病，左脚有点瘸。既不能来我们厂，就也不能去电台。我们想当然地认为，更不可能演电影、演话剧。那么学了表演又有什么用呢？可我们又想，既然学了，就不该随便放弃，以免到将来万一有机会时，后悔当初没能坚持。直到一九八四年，他考进上海电视台业余配音班。随后他不但配音，还演了话剧，拍了电影，当了主持人，后面的路就是他自己走的了。但是这么多年，他始终还把我当做老师。

他的酒吧，顾客基本是外国人，一般八点钟才供应晚餐。可是我们那天的活动四点钟结束，我觉得大家都已经很累了，不愿拖得太晚，要求五点半吃晚饭，搞得酒吧的大厨和经理只好三点钟就来加班了。

餐厅的房间有点暗，我们一进门就看到长长的老式大餐桌上，摆了鲜花，点了蜡烛，还有闪闪发光的高脚酒杯，一股浓浓的怀旧气氛。我觉得，我好像回到“哈维夏姆小姐的家”了。而且，无论是牛肉，还是甜点，都非常好吃。但是更让大家开心的，是林栋甫和曹雷的单口相声。说当年有个北方人想在上海店里买件衬衫，售货员用上海话跟他说：“要专用券。”他想，在上海买衬衫，还要先转一圈。转回来后，售货员看他没听明白又强调说：“要纺织品专用券。”他恍然大悟道：“光转一圈还不行，还得放个屁再转一圈。”而他们的笑话都是用上海话讲的，从成都特意赶来参加活动的露佳，看到大家笑得前仰后合，却一句也听不懂。幸亏任红后来给她当翻译，她才也跟着笑开了。

欢乐感染了每一个人，其他人也抢着讲起了笑话来，没想到刘广宁还是个冷面滑稽。大家笑，她却不笑，笑话里还有用上海话骂粗话。

不知是谁先想起“文革”时，有些“造反派”的头头，没什么文化，到了台上，语无伦次。一个小头头控诉“资反路线”，想说，他老婆生孩子时，他们家冷得像到了西伯利亚。他慷慨激昂，竟说成：“我老婆生我的辰光，到了西伯利亚。”还有一个想骂那些教授是“狗屎堆”，可他不认识那个“屎”字，说成“你们这些狗米堆”，让那些“狗米堆”也忍不住想笑了。

晚餐结束，我们谢过大厨和经理。小林让司机送赵慎之回嘉定众仁花苑，嘱咐他，路上千万不要问她怎么走，把她送到家门口，她就认识了。因为她是个一级路盲。没想到，第二天一早她就打来电话，说她给自己升级。原来到了众仁花苑的院子，她竟然还找不到自己住的楼，幸亏遇到一位钟点工认出了她。因此她自愿升为“特级”。她这段“佳话”一定会成为我们下次聚会的“段子”。

二〇一一年十月十日

6

附　录

你好！苏秀老师

童自荣

我实在忍不住想写一写苏秀老师，确实出于情不自禁。或者苏秀老师会因此而怪罪于我，因为名和利这些身外之物，她看得很轻很轻。但是我敢说，苏秀老师对配音事业的那份痴迷和忠诚，爱憎之分明，目光之敏锐，以及她生命中的非凡活力，是罕见的。

说实话，按我的欣赏习惯，我是特别钟爱邱岳峰、毕克、于鼎、杨文元等老师的配音。而苏秀老师则属于“另类”。在所有女配音演员当中，她是最聪明、最富艺术悟性，能配戏又擅导演的上译厂少有的能人。不可忽略的是，追随在老厂长陈叙一先生的麾下，通过做执行导演的工作，苏秀老师为带出一批译制厂出色的配音接班人，立下了汗马功劳。

苏秀老师和邱岳峰老师一样，是戏路极宽的演员。大概除了小孩子或小少女之外，其他各类型角色都不在话下。一九七九年，我和苏秀老师合作译配了英国影片《孤星血泪》。我配男主角匹普，她配贵族老小姐哈维夏姆。这位老小姐因为结婚那天被人抛弃，感情上遭惨重打击，而滋生报复一切男人的心理。掌握老小姐那种病态的被扭曲的心理应当不是一件容易的事，苏秀老师配来却并不那么吃力。在录音现场，她配音时所传达出的那一份冷漠和尖刻，常常会让现场与她配戏的我——匹普不寒而栗。

在英国影片《尼罗河上的惨案》中，苏秀老师配一个自命不凡的黄色小说作家。这类角色自然不能配得太老实了。缺少适度的夸张，释放不出那种神神叨叨的邪劲儿，角色就配砸了。苏秀老师把这个角色刻画得活灵活现、入木三分。尤让人叫绝的是，她甚至把角色那种飘飘然、摇摇摆摆站不稳的状态都表现出来了，给人留下深刻印象。

在日本影片《华丽的家族》中，苏秀老师配铁平父亲的情妇。这个角色又迥异于上述二者。她有身份有心机，是个厉害角色。我们知道，性格外露或放荡的好掌握，而坏到骨子里就不是每个人都能表现了。而恰恰在这一点上，显示出苏秀老师极强的角色塑造能力。我们看完影片都有这样的感觉：这个女人坏透了！就是一个良好证明。而所有这些角色都不是主要角色。令人叹服的是，苏秀老师能以她深厚的艺术功底，既让人感受到角色的内心世界，又生活、流畅，不带有不该有的翻译片腔调，使一个个角色都焕发出应有的光彩。

苏秀老师是一名好配音演员，又是一个称职的好导演。是啊，提及苏秀老师导的戏，人们一定会津津乐道于她所执导的《虎口脱险》、《我两岁》、《远山的呼唤》、《砂器》、《少林寺》等等影片。如果你能置身于录音现场，你便可以见识到她的大将风度，指挥若定，光凭这个也值得人玩味和欣赏。

她执导的日本动画片《天鹅湖》是我们接触到的第一部进口动画片，新鲜、有吸引力，很能激起人的创作欲望。影片中的主人公王子，是一个标准的王子，勇敢、英俊又善良，我很喜欢。因此，当苏秀老师把这个角色安排给我的时候，我自然很感激。配动画片很容易进入一个误区，似乎只要夸张一些，不需要动什么感情。针对这个，苏秀老师一开始就要求我们要想方设法让画面活起来。领会她这样一个理念，我和配公主的刘广宁及其他伙伴儿们如同配故事片一样的全力以赴，做到每句台词都有感受，一些激情戏都拿出真情实感。努力把这个片子做成一个精品。当然，在这个戏里，我是把我趋于华丽的音色毫无顾忌、淋漓尽致地发挥了出来。

苏秀老师安排我配《少林寺》中“觉远”一角，也是一次难忘的经历。此戏正逢我配完《佐罗》不久。“佐罗”的配音留给人们印象太深。因此少林寺中的“觉远”和尚如何摆脱“佐罗”的影子就成了我面对的重要课题。正是在这一点上苏秀老师时时提醒我“当心‘佐罗’，当心雷同”。我于是在念词上、声音处理上都尽量朝李连杰靠拢，避免出现“佐罗”的那种腔调。我不必玩深沉，但我吐词需要平民化，需要朴实再朴实，而且在开头还要带有纯真的孩子气。在苏秀老师的执导下，我自始至终非常投入，坚信：心里有了，其他一切都好办了。这个角色应该是完成任务了。而给我莫大启示的是，我告诫自己，从今之后塑造角色都要切忌雷同，而且不必多顾及嗓音，功夫要下在角色的思想感情和性格特点上。这也才有了以后的我的另几部代表作：《蒲田进行曲》中的银四郎，《希茜公主》中的博克尔上校，《梅菲斯特》中的演员霍夫根。

日本影片《啊，野麦岭》中，安排我配的是令我自己也出乎意料的“监工黑木”。这个角色凶狠而又油滑，与我的个性、气质和声音条件差距真是太大了。也难怪角色名单一公布，一片惊讶声。有一位前辈演员甚至以为搞错了。其实，这倒反而激励了我。我心里暗暗决心非要把他配好不可。那些日子，我狠下功夫，反复观看原片，努力寻找日本武士道那种疯狗般的野蛮劲儿，无论是说台词还是运用声音都统一到这种心理状态中去。这部戏应当是个例外，我必须设法把漂亮的音色有意识地避开。结果全片对白鉴定之后，原来那位持怀疑态度的演员第一个跑到我面前，握着我的手说："我祝贺你!"我在心里感谢苏秀老师，因为她善于挖掘演员的潜力，大胆开拓了我的戏路。

苏秀老师退休之初，继续发挥余热。特别是在资料馆和电视台又发现和培育了一大批配音好手。其实她本可以做得更多，这跟年龄无关。但是奇怪的是，在相当长的一段时间里，苏秀老师在上译厂似乎被遗忘了，完全遗忘！人生苦短，一个艺术家一旦故去，艺术也就随之而去，损失将无可弥补。我痛心地感到，我们真的忽略了她了，非常非常可惜。

有心的读者，恐怕已经注意到苏秀老师去年曾在《文汇报》发表长文——《我的仲夏夜之梦》。去年夏天，中央电视台《基因之战》剧组来上海找到我，欲把后期配音工作由我全权负责，并指定由我配主角"莱恩医生"。我立刻就想到苏秀老师，剧组负责人也欣然同意。接这个戏，我们以为最大意义在于，实现全上海配音人才的一次大团结、大聚集。这可是多年来我们想实现的愿望。而确实也只有借助于苏秀老师的威望，才能在现在的情况下，把需要的演员一个一个请到戏里来。有上译厂在职的，有上译厂退休的和已经辞职的，有从前电视台"海外影视"剧组的，还有一些社会上的自由职业者。这是一次演习和操练。我相信，将会为上海配音事业迎来一个新时代，营造一个良好的开端。把苏秀老师请出山，一方面就像让"佘太君挂帅"一般，无疑是象征着要在整个配音界恢复老厂长陈叙一所倡导的好传统、好作风。而另一方面，这恐怕就鲜为人知了，苏秀老师脑子特别好使，思维敏捷，记忆力强劲。她很清醒地认识到，在今天这样一个新时代，配音还必须走向市场。关于这个问题，在跟她的数次交谈中，我发现她都有许许多多想法和点子。不仅如此，难能可贵的是，她还有魄力有决断。我想这和她平时密切关注改革，关心政治，注意各种素养的积累分不开的。而最主要的，还在于她那一如老厂长那般对译制事业的敬业和痴迷。人虽老，但老当益壮。依然满腔热血，依然是非分明，依然活力四射！

我们的生命是和上译厂联系在一起的。一个人活在世上能有一份终生令自己痴迷的事业是何等的快乐和幸福。对译制厂的全面振兴和改制，我们充满期待。上海乃至全国的影迷朋友们也充满了期待。

在这样一个振奋人心的形势下，在我们又做起了梦的时候，衷心地希望我们的“佘太君”——苏秀老师，你要多多保重！

二〇〇五年春

初版后记

少年时期的理想

我祖籍河北，一九二六年生于东北长春。日本帝国主义侵略东三省那一年我才五岁。那时我的父母都在中长铁路的学校当教员。“九·一八事变”后，我随父母从长春迁到了哈尔滨。他们在铁路上收入比较丰厚，到哈后还能以多年的积蓄买下一座两层的小楼，在南岗大直街上。下面租给一家小饭馆，楼上三间一厅自己住。后来父亲失业，把楼上一间也租了出去，不过，我们在物质生活上还算宽裕。

慢慢地我开始懂事了，知道我们是中国人，而不是什么满洲人，知道日本是侵略者，而不是什么友邦。我自小功课好，而且对各门功课都有兴趣，是所有老师的宠儿。可上了中学，女中只学一年数学，重点学缝纫、烹调、家政，因为日本人主张妇女要回到厨房去，所以所有大学都不收女生。这种帝国主义的愚民教育，使我切身感受到做一个亡国奴的痛苦与愤怒。

那时我最崇拜的两个偶像，一个是南宋的女词人李清照，一个是波兰女科学家居里夫人。因为她们也都和我一样有着亡国之恨；另一点她们都卓有成就，说明女性不次于男人。我认为自己只要有好的学习环境也会学有所成，这就是我当年的人生追求。

我有个音乐老师叫刘忠，他在哈尔滨广播电台（当时叫“哈尔滨放送局”）组织了一个“fy”合唱团。我上三年级时，他挑选了我和另外几个同学去参加了合唱团。最使我难忘的是我曾担任过用徐志摩的诗《海韵》谱写的合唱曲中的“女郎”的独唱。这是我曾特别引以为荣的事，至今犹记得当时的感受。这使我开始钟情于音乐，那时我看了多部音乐家的传记，热望有一天能去上海深造。我盼望着抗战胜利，那时我将能在自由的祖国学习音乐。当一名音乐家曾是我少年时代最热切的梦想。

新中国成立后，我进了上影翻译片组。未能以音乐为终身职业，始终是我人生的一件憾事。我也像所有的父母一样常常把自己未能实现的梦想寄托在孩子身上。后来我的小儿子侯牧人考进了北京中央歌舞团，凭着他在上音附小学的三年钢琴，随后经过自学进修，成了一名作曲家，也算是圆了我少年的梦。

我总不能忘记当年我在“fy”合唱团时的一位唱男低音的电台播音员，名叫洪维善，艺名陈沙。他常演广播剧，有时也作广播剧的导演。有一次，他忽然问我：“想演广播剧吗?”我说：“我不会呀。”他说：“不会，我可以教你。”就这样我就开始参加广播剧的演播了。第一次我是饰演一个小侍女，台词只有“是，太太”、“好的，太太”。不久，我就担任主角了。我至今记得我曾在一部描写西施与范蠡的广播剧中扮演过西施。那大约是一九四二年，我只有十五六岁。一九四三年我们还在哈尔滨铁路俱乐部演出过几场舞台剧，一是曹禺的《日出》，一是《沉渊》。由洪大哥扮演《日出》中的潘经理并担任导演，我和我的高一年级的同学轮流担任《沉渊》的女主角和《日出》中的小东西。我各演出过一场。我们当中很少有人受过正规训练，演戏仅是玩玩而已。

一年后，陈沙大哥忽然失踪了。全国解放后才知道他去了解放区。他不在了，我也就中止了广播剧的演播了。不久，我也离开了哈尔滨去北京读大学。但是，对广播剧的爱好，却长远地伴随了我一生。我最终选择了表演艺术作为我的终身职业，应该说也缘于此。

上海解放后，我错过了学音乐的最佳年龄，而且又有了孩子。那时最迫切的愿望是有个固定的工作，不再做家庭妇女。因此当上海人民广播电台广播剧团招考演员时，我立刻就去应试了。当时剧团有吴淞、欢子、梅村等人，我们是上海解放后的第一批广播剧演员。

我常常想，如果当年陈沙大哥不叫我去演广播剧，也许我永远不会想到以演员为职业。解放后也不会去投考广播剧团和北京电影演员表演艺术研究所，当然也不会做配音演员和译制导演了。所以，陈沙大哥应该说是我业务上的启蒙老师和人生的引路人了。

解放后，陈沙大哥在北京空政文工团歌舞团任导演，曾导演过轰动一时的歌剧《江姐》。十年“文革”剥夺了他的大好年华，“文革”后他已到了离休年龄，许多设想、抱负都只能束之高阁了。前几年，我每去北京总要去探望他。他跟妻子讲，当年我还是个小姑娘，每当录完音，他都送我回家，路上经过一爿小店，总要买点零食给我吃，冰淇淋啊、糖果啊什么的。直到七八十年代，他还像个大哥哥一样，每逢我一个人来去的时候，他一定要送我到车站，看着我上车，好像我还是当年那个需要人保护的小妹妹似的。

尽管我少年时代的理想未能实现，但我早年的向往与机遇的巧合使我成了一名译制工作者，并且热爱这一职业。

令人羡慕的蓝布列宁装

一九四九年五月上海解放了。那时我虽然已经有了两个孩子，但实足年龄尚不满二十四岁。看着满街红旗，听着那令人振奋的腰鼓声，我是多么羡慕那些剪着短发、戴着蓝布帽、穿着蓝布列宁装的女干部啊！我渴望自己也能那样地穿着，渴望着走到社会上去，渴望着工作。

一九五〇年初，我看到报上登载了上海人民广播电台广播剧团招考演员的启事，我就去报考而且考取了。可惜由于国民党飞机二月六日轰炸上海，给刚刚解放的上海在经济上又增添了新的困难，所以原定作为专业的广播剧团演员，暂时只能是业余的。但我毕竟成了上海解放后第一批广播剧团的演员。事隔三十多年，一九八七年上海电台举办"全国白玉兰广播连续剧大赛"时，我还因此被聘为评委呢。

当时我们演播过《红旗歌》，老舍先生的《方珍珠》，还演过歌剧《王秀鸾》。由我扮演王秀鸾，剧中有很多唱段，我那时真是初生牛犊不怕虎，居然也敢唱。

其实，我在广播剧团很受重用，工作得很快活，可心里总以自己不是国家干部为憾，觉得既不是国家干部就不能去穿那象征干部身份的列宁装。所以当我在报上看到北京电影演员表演艺术研究所（即北京电影学院前身）招生的时候，我就又去应考了。

但是我一直喜爱广播剧。后来，我虽进了上影翻译片组，却从未间断与广播剧的联系。参加演播，写剧本，曾与郭在精合作写过《定能重相见》，改编过《卡萨布兰卡》；搞导演，由曹雷编剧，由我导演过音乐广播剧，其中有描写俄国作曲家柴可夫斯基生平的《柴可夫斯基》，描写圆舞曲之王约翰·施特劳斯的《播种欢乐的人》。今后，如果有合适的题材，我还会再去搞的。

我终于成了一名职业妇女

报上说明表演艺术研究所是办在北京的。当时我的儿子只有三岁，女儿还不满周岁，但我为了做一名职业妇女、国家干部，还是不顾一切地去报考了。

我记得当时考场的主考人是上官云珠和卫禹平。我至今忘不了他们要我演的小品内容："一个少妇一面在窗下做针线，一面等待她的丈夫回来，天渐渐黑了，丈夫还没回来，她焦急不安起来……丈夫终于回来了。"没有道具，没有台词，也没有对手，全靠演员自己用动作和表情把这些内容表达出来。

我开始凑近窗口穿针，然后坐下来，一针一线地做起活儿来。做了一会儿，好像听到门外有脚步声，我停下针线，仔细倾听，并没有人来，不禁失望地轻轻叹了一口气，又做起了针线活。可是，天渐渐暗了，我先把针线活儿往眼前凑凑，又往窗前凑凑，缝了两针，天更暗了，一下扎到了手上，这一来完全没有心思做活儿了。停下来，皱着眉头思索，丈夫这么晚不回来会是什么原因呢。越想越着急，便骤然站起身来决心去找丈夫，可就在我打开门的时候，丈夫却站在门外，于是我长长地松了一口气，又嗔又喜地笑了。

就凭这个小品，我考取了那个研究所。可电影局管演员工作的柏李老师找我谈话说："你已经结了婚，而且还有了孩子，我看你别去念书了，到翻译片组去工作吧。"说实话，我那时根本不计较搞翻译片还是拍故事片，反正都是演员工作嘛，就欣然同意了。

一九五〇年九月七日，正好是我女儿周岁那天，我去翻译片组报到了。当时我刚满二十四岁。和我同一天去报到的还有杨文元和胡庆汉。

当时的翻译片组，只拥有一大一小两个房间。楼上的小间是剪接间。楼下的大间，约五六十平方米，既是排练厅，又是会议室和休息室。总之，除了三楼阳台上的录音棚（只在录音时候用），我们再没别的地盘了。

解放前中国没有译制片。放外国影片时有的打字幕，有的用译意风，就是每个座位旁有个小插座，租一副耳机听同步的中文翻译。但这种装置开始也只有像大光明、国泰等几家大的首轮电影院才有，后来才普及到二三轮电影院。解放后长春首先搞起了翻译片，他们是一九四九年开始的。我们上海翻译片组是一九五〇年二月才建立的。所以我也可以算是最早的一批配音演员了。当年的那些配音演员后来有的自己离开了，有的被淘汰了，一直留下来的有邱岳峰、尚华、富润生、张同凝、姚念贻、胡庆汉、杨文元和我。赵慎之、于鼎、毕克、李梓则是以后陆续进来的，但是他们也都是一九五七年我们建立译制片厂以前进来的老一辈了。

当时只看过苏联的译制片，演员说着山东味或是俄国腔的中文，其中有时还夹杂着与影片内容完全无关的旁白，像什么“请看莫斯科河两岸的风景”之类的话，有的影片还居然让那些大鼻子凹眼睛的苏联人说“今天是中秋节，请到我家来吃月饼”这种不伦不类的台词。

今天，我们终于用自己的工作赢得了社会的承认和观众的爱戴。可是当年不但有些领导认为配音演员算不上创作干部，有些人自己也觉得低人一等。认为自己形象还不错的想去拍故事片，还有的改行干了别的。我自己也曾想，在翻译片组工作能经常接触各国艺术大师们的作品，可以好好地学点东西，有朝一日我要去做故事片的导演。事实上也确有配音演员出身的人，成了很出色的故事片导演，如已故峨影导演李亚林，就曾在长影做过多年配音演员。但是一方面由于客观环境的动荡不定——一九五八年下放劳动，紧接着三年自然灾害、下乡搞“四清”、“文化大革命”，使个人的一切打算都没有了考虑的余地；另一方面，在我的主观上，也从工作中体会到，要做一个好的配音演员和译制导演，也并不是一件简单的事。做演员，要把人物配得贴切、传神、有光彩；做导演，要把戏搞得流畅、动人，不失原片的韵味，是需要不断努力去追求的。这是一个无限广阔的天地，它需要我付出毕生的精力。我干这个，并不屈才。

回首往事，我衷心感谢培养过我、提携过我的先辈和同事们，也感谢一代又一代勤勉而聪慧的年轻合作者们。因为有了大家才有我，这本书也就是对大家最好的怀念与记忆。

二〇〇五年六月

苏秀作品年表

译制导演

1951 《黄鹤的故事》(动画片)[苏联]

1952 《解放了的土地》(和邱岳峰联合执导)[匈牙利]

《森林旅行者》(动画片)[苏联]

《大家的房子》(动画片)[波兰]

《神灯》(木偶片)[民主德国]

1953 《不听话的小猫》(动画片)[苏联]

《伪装的狐狸》(动画片)[苏联]

1954 《罗马——不设防的城市》[意大利]

《奇妙的商店》(动画片)[苏联]

1957 《美妙的创作》(木偶片)[苏联]

1959 《塔娜》[阿尔巴尼亚]

《基辅姑娘(上、下)》(和富润生联合执导)[苏联]

《狼窟》[捷克斯洛伐克]

《第一提琴手》(动画片)[苏联]

《那波里来的孩子》(动画片)[苏联]

1960 《在水平线上》(和胡庆汉联合执导)[保加利亚]

《第一课》[保加利亚]

《新婚之夜》[波兰]

《父与子》(和胡庆汉联合执导)[苏联]

《达巴契上尉》[捷克斯洛伐克]

《阴谋与爱情》(和胡庆汉联合执导)[民主德国]

《毁灭的发明》[捷克斯洛伐克]

《最后一步》[苏联]

《同一条江》[越南]

1961 《查雅布拉纳》[印度尼西亚]

《生活从此开始》[民主德国]

《穷街》[保加利亚]

《冰海沉船》[英国]

1962 《锁链》[捷克斯洛伐克]

《姑娘们》[苏联]

《十八号封地》[古巴]

1963 《中锋在黎明前死去》[阿根廷]

《瞎子带路人》[西班牙]

《圣诞节的前夕》[苏联]

1965 《在十七度线上》

1971 《樱花攻击队——啊,战友》(内参片)[日本]

《天亮的时候》[阿尔巴尼亚]

《勇敢的人们》[阿尔巴尼亚]

《战斗的早晨》[阿尔巴尼亚]

《来自天空的威胁》(与孙渝烽合作)

1979 《安重根击毙伊藤博文》(上、下)(和杨成纯联合执导)[朝鲜]

《金环蚀》(和杨成纯联合执导)[日本]

《龙子太郎》（动画片）［日本］

《砂器》（和孙渝烽联合执导）［日本］

1980 《太平之甍》（和伍经纬联合执导）［日本］

《雾之旗》（与伍经纬联合执导）［日本］

《啊，野麦岭》（和杨成纯联合执导）［日本］

1981 《远山的呼唤》（和毕克联合执导）［日本］

《英俊少年》［联邦德国］

《奴里》［印度］

《天鹅湖》（动画片）［日本］

《沙鸥》（张暖忻导演）［国产片］

《少林寺》（张鑫炎导演）［国产片］

1982 《虎口脱险》［法国］

《我两岁》［日本］

《啊，野麦岭·续集》（新绿篇）［日本］

1983 《弃儿》［匈牙利］

《不朽的情侣》［美国］

《海峡》［日本］

《大海的女儿》［捷克斯洛伐克、苏联］

1984 《熊猫的故事》［中国、日本］

《少校胡巴尔》［波兰］

配音（有*者为主要角色）

1950 《怒海雄风》（舰长母）［苏联］*

《有情人终成眷属》（侍女）［苏联］*

《米丘林》（米丘林妻）（伐西耳叶夫娜，阿·伐西耳叶娃饰演）

[苏联] *

1951 《生活的光芒》(女工程师)[苏联] *

1953 《黎明前的战斗》(女电车售票员)[捷克斯洛伐克]

《不屈的城》(克里斯丁,姆罗索司卡饰演)[波兰]

《伟大的公民》(沙霍夫之母,杜尔爱饰演)[苏联] *

《彼得大帝》(叶卡捷琳娜皇后,塔腊索娃饰演)[苏联] *

1954 《卡塔琳的婚姻》(薇莉琦,叶娃·鲁特卡伊饰演;马格达,卡塔琳·别列克饰演)[匈牙利]

《祖国的早晨》(娜娃,席尼·鲍齐诺娃饰演)[保加利亚]

《妲卡》(库卡,斯拉夫卡·玛多娃饰演)[保加利亚]

《肖邦的青年时代》(肖邦恋人——康士坦莎,亚历山特娜·斯拉司卡饰演)[波兰] *

《不可战胜的人们》(舒茨妻,阿丽丝·特莱芙饰演)[民主德国] *

1955 《一个女人的新生活》(卡季,泰莱·霍娃丝饰演)[匈牙利]

《危险的货物》(别尔达,爱·杜凯尔曼饰演)[民主德国] *

《魔椅》(托维烈其·阿尼谷(女演员),基舒·玛尼饰演)[匈牙利]

《广场奇遇》(梭卡,娇·华德饰演)[波兰]

《山城春色》(娜斯嘉,Л·沙迦洛娃饰演)[苏联]

1956 《安娜·卡列尼娜》(达丽雅,叶·阿列叶娃饰演)[苏联]

《假情假意的人们》(索菲雅母,B·布特列伊科饰演)[苏联]

《锦绣前程》(玛莎,依兹维茨卡雅饰演)[苏联]

《生活的一课》(拉雅,O·阿罗谢娃饰演)[苏联] *

《做贼心虚》(卫娜[女秘书])[罗马尼亚]

《母亲》(莎霞，T·皮列茨卡雅饰演)[苏联] *
《伊凡从军记》(波丽娜，B·奥尔洛娃饰演)[苏联]
《希望之路》(舍明娜)[意大利]
《官场斗法记》(琳娜[柯比亚之妻]，多尔纳伊·克拉丽饰演)[匈牙利] *
《麦收季节风雨来》(依列史妻，芳娜·玛尔塔饰演)[匈牙利]
《记忆中的街道》[罗马尼亚] *

1957 《叛逆》(上、下)(阿母)[巴基斯坦]
《牧女的心愿》(库缪什，库尤谷娃饰演)[苏联]
《逃亡者》(汪达，西尔维阿·蒙富饰演)[法国]
《他的真名实姓》(伊烈娜，卡尔拉·伦克鲁饰演)[民主德国] *
《风山疑案》(路莎，J·斯杰马罗娃饰演)[捷克斯洛伐克]
《攻城计》[南斯拉夫] *
《马歇尔，欢迎你!》(伊劳爱莎，E·匡塔聂拉饰演)[西班牙]
《百货商店的秘密》(安德列也娃，H·密德维杰娃饰演)[苏联] *
《人和土地》(玛季尔达，B·阿尔达伊斯卡娅饰演)[苏联]
《春到田间》(沙妻，巴比夫娜饰演)[苏联]
《盗名窃誉》(柳霞，B·乌沙科娃饰演)[苏联] *
《墨西哥人》(玛丽娅，T·萨莫依洛娃饰演)[苏联]
《坚守要塞》(安娜，A·保格诺娃饰演)[苏联]
《初欢》(薇拉·伊斯维可娃，土斯涅娃饰演)[苏联]
《孤星血泪》(艾司得拉，V·霍布孙饰演)[英国] *
《称心如意》(凯米拉，苔卡·玛琪脱饰演)[匈牙利]

《第九号病房》（爱米卡，希伏·玛丽雅饰演）[匈牙利]
《十块美金》（卡托卡，加丽·洛徐饰演）[匈牙利]
《边塞擒谍》（柯季查［寡妇］，迭·康尼雅饰演）[苏联、罗马尼亚]
《警察与小偷》（小偷的妻子）[意大利] *
《如此人生·高拉蒂大爷》[意大利、法国] *
《为了苏维埃政权而斗争》（拉姆巴尔，A·伊盖南季叶夫饰演）[苏联]
1958 《漂亮的朋友》（罗莎儿［妓女］，扎凯丽娜·裘克饰演）[法国]
《红与黑》（玛季德，A·露阿丽蒂饰演）[法国、意大利] *
《雾都孤儿》（梭维贝尔太太，K·海立生饰演）[英国]
《命根子·人面兽心》（费文，L·好尔脱饰演）[墨西哥]
《不同的命运》（索尼雅，T·科纽霍娃饰演）[苏联] *
《漫长的路》（拉雅，K·伊格娜托娃饰演）[苏联] *
《保姆》（安尤特卡，H·谢缅佐娃）[苏联]
《法官》（依扎别拉，古·什米特阿莲斯饰演）[民主德国]
1959 《上任前夕》（戈里马诺夫妻，伊考诺莫娃饰演）[保加利亚]
《红莲花》（校长）[罗马尼亚]
1960 《白痴》（叶潘钦将军夫人，巴辛娜雅饰演）[苏联]
《影子部队》（彼特拉，A·伯拉肖斯饰演）[西班牙] *
《阴暗的早晨》[苏联]
《同一条江》（小怀娘，双金饰演）[越南]
《圣彼得的伞》[匈牙利]
《父与子》（费妮奇卡，依兹维茨卡雅饰演）[苏联]
《继母》（继母琪略拉，密米柯娃饰演）[苏联] *

《三宝磨坊》(列明克亚宁母，A·伏伊齐克饰演)[苏联]

《定时炸弹》(泊劳考泊妻，V·切拉莫司妥娃饰演)[捷克斯洛伐克]

1961 《大墙后面》[阿根廷]

《两头牛的故事》[印度] *

《阴谋与爱情》(索菲，C·希瓦尔来饰演)[民主德国]

《索拿大》(康恰，A·鲍帘丝塔饰演)[西班牙] *

《婴儿》(涅拉，Ю·切奥方诺娃饰演)[保加利亚]

《福玛·高尔捷耶夫》(萨莎，M·斯特里然诺娃饰演)[苏联]

《科雷德的勇士》(伯爵夫人，R·拉里昂诺娃饰演)[苏联]

《依里斯顿的儿子》(安娜，爱丽阿娃饰演)[苏联]

1962 《锁链》(文特洛娃，M·伏依洛娃饰演)[捷克斯洛伐克]

《山鹰之歌》(什普列莎，X·季莫饰演)[阿尔巴尼亚]

《阿苏卡》(里塔，帕里马甘梯饰演)[锡兰]

《勇士的传说》(尼加尔，别季尔别伊里饰演)[苏联]

《郭林的前程》[苏联]

《圣地亚哥之行》[智利]

《当我们年轻的时候》[保加利亚] *

《生活的道路》(哈琪莎，沙丽波娃饰演)[苏联]

1963 《红色宣传员》[朝鲜]

《决裂》(护士埃伐，I·舒马赫尔饰演)[民主德国]

1978 《战友重逢》[朝鲜] *

《在那些年代里》(欧仁妮)[墨西哥]

《望乡》[日本]

1979 《金环蚀》(总理夫人)[日本]

《尼罗河上的惨案》（奥特伯恩太太）［英国］ *
《雪山泪》（农奴主珠玛太太，小苍姆饰）［中国·八一厂］
1980 《凡尔杜先生》（葛萝奈太太，艾莎贝尔·埃尔森饰演）［美国］ *
《水晶鞋与玫瑰花》（太后，伊迪斯·埃米斯饰演）［英国］
《巴黎一妇人》［美国］ *
《蝙蝠》（侦探小说家）［美国］ *
《孤星血泪》（哈维夏姆小姐，玛格丽特·莱顿饰演）［英国］ *
《古堡幽灵》（夏洛特）［联邦德国］ *
《我的儿子》［朝鲜］
1981 《十四个冬春》（上、下）［朝鲜］
《走向深渊》（妈妈）［埃及］
《卡桑德拉大桥》（妮科莱）［英国、意大利、联邦德国］ *
1982 《华丽的家族》（上、下）（家庭教师高须相子）［日本］ *
《噩梦》（黑人囚犯萨拉）［美国］ *
《苦海余生》（莉莉·罗森）［德国］ *
《啊，野麦岭·续集》（新绿篇）［日本］
《阳光下的罪恶》（迈拉，西尔维尔·迈尔斯饰演）［英国］
《苔丝》（苔丝母）［法国、英国］
《女仆》［菲律宾］
1983 《蒲田进行曲》（安茨母）［日本］
《大海的女儿》（女巫）［捷克斯洛伐克、苏联］
1984 《维拉》［美国］
1986 《印度之行》（摩尔太太，佩·阿什克罗夫特饰演）［英国］ *
1988 《古宅之谜》（梅塞德斯，安·里韦列斯饰演）［西班牙］

1989 《故乡行》(瓦茨太太)[美国] *

《糊涂警官》(警官母) *

《谍岛疑云》[美国]

1990 《情海冤魂》[阿根廷、西班牙]

《二十四只眼睛》[日本]

1993 《国际女郎》(母亲)[苏联] *

1996 《101 忠狗》(老保姆)[美国]

《情归巴黎》(《新龙凤配》)[美国]

内参片配音

1957 《第四十一》(玛柳特卡)

1961 《修女院院长约安娜》(约安娜)

1971 《战争和人》(五代由纪子)

《罗马之战》(哥特女王——阿玛拉丝温塔)

《生的权利》(黑妈妈)(五彩版)

1975 《化身博士》(女招待艾维)

《春闺泪痕》(伊丽莎白)

《春闺怨》

《梅亚林》

《红莓》(柳芭)

1976 《铁道儿童》(母亲)

演播广播剧

1950 《红旗歌》(金芳)

《方珍珠》(方珍珠)

《王秀鸾》（歌剧）（王秀鸾）

导演广播剧

《定能重相见》（与郭在精共同编剧）

《柴可夫斯基》

《播种欢乐的人》

在各电视台导演的电视剧（没有注明的均为上海电视台）

1981 《姿三四郎》（与毕克联合执导）［日本连续剧］

1985 《血的锁链》［日本连续剧］

《缉私行动》［法国连续剧］

1986 《尼古拉·尼克尔贝》［英国连续剧］

《格洛丽亚》［英国连续剧］

《玛丽安娜——拿破仑的一颗明星》（与黄其联合执导）［法国连续剧］

《千利休和他的妻子们》（友好城市电视节）［日本］

《笑面人》（友好城市电视节）［法国］

《巴黎的秘密》（宁夏电视台）［法国连续剧］

1987 《旧金山女子监狱》［美国］

《巴赫》（中央台）［民主德国连续剧］

1988 《火红的夕阳》（日本电视周）［日本］

《轮椅上的新娘》（上海电视节）［日本］

《法律》（上海电视节）［美国］

1988—1989 《快乐家庭》（与曾雷联合执导）［美国系列剧］

1989 《床底下的丈夫》［美国］

《八个季节 1990》（与金琳联合执导）［匈牙利连续剧］

1990 《美国寻芳》（河南电视台）［美国］

《钻石》（与倪康联合执导）［美国］

1991 《杜布罗夫斯基》（河南电视台）［苏联连续剧］

《一样春晖》［美国连续剧］

《夜鹰热线》（与金琳联合执导）［美国连续剧］

1991—1992 《天使爱心》（与舒蓉联合执导）［美国连续剧］

1992 《生活在继续》（与舒蓉联合执导）［美国连续剧］

《棋王》（上海电视节）［日本］

《人只能活一次》（上海电视节）

《金融疑案》（河南电视台）（与林栋甫联合执导）［美国连续剧］

1993 《中奖女神——莉莉》（东方电视台）［联邦德国连续剧］

《盖布里尔的怒火》（与金琳联合执导）［美国连续剧］

《神秘女郎》（东方台）

《黑色的报复》［美国］

《别人的钱》［美国］

《莫勒警长》（东方台）［法国连续剧］

1994 《护校群芳》［美国连续剧］

《女人的胸怀》（东方台）（与倪康联合执导）［日本连续剧］

《新纳粹》（上海电视节）

1995 《难兄难弟》

《俊俏小管家》［美国连续剧］

《一个无法指正的纳粹》

《谋杀方案》［美国］

《肖像》［美国］

《家庭影院》（河南台）

1996 《海洋公园》［美国系列剧］

《名画之谜》［美国］

《塞扎尔·皮罗多盛衰记》［法国连续剧］

《高老头》［法国］

《邦斯舅舅》［法国］

1997 《成功的分量》（河南台）［美国］

《无辜者》（河南台）［美国］

2004 《基因之战》（中央台）（与李丹青联合执导）［中美合拍连续剧］

在上海音像资料馆执导的译制片

1985 《九点到五点》［美国］

《卡特琳娜·兰姆夫人》［美国］

《飞越疯人院》［美国］

《五口之家》［美国］

《普通人》［美国］

《后窗》［美国］

《普洛贝卡》［美国］

1986 《秋天奏鸣曲》［美国］

《真假公主》［美国］

《铁十字勋章》

《南北乱世情》［美国连续剧］

1987 《魔窟追踪》［美国］

《故乡行》［美国］

1988 《南丁格尔》［美国］

《浑水摸鱼》[美国]

《我选的几个丈夫》[美国]

1989 《无言的爱》(次上帝的孩子)[美国]

《孽魂镜》[美国]

《自讨苦吃》[美国]

《危险关系》[美国]

《非洲女王号》[美国]

《燃烧的密西西比》[美国]

1990 《血缘》(罗弗家的凶手)[美国]

《两个女侠客》[法国]

《月亮河》(第凡尼的早餐)[美国]

《南北乱世情》[美国连续剧]

《生逢七月四日》[美国]

1991 《最后刺杀令》[美国]

《海滩》[美国]

《丝苔拉》[美国]

《苏醒》[美国]

1992 《包法利夫人》[法国]

1993 《刺杀肯尼迪》[美国]

《心中的罪恶》

在电视台和资料馆配的角色

1985 《九点到五点》三个女主角之一

《卡特琳娜·兰姆夫人》兰姆夫人

《血的锁链》信夫的母亲——登喜

1986 《秋天奏鸣曲》钢琴家夏洛特

《真假公主》皇太后

《格洛丽亚》范德比尔太太

《巴黎的秘密》老公主

《尼古拉·尼克尔贝》尼古拉之母

1987 《故乡行》瓦茨太太

1991 《蓝天无垠》女主角（山西台）

《温莎公爵》玛丽王后（宁夏台）

1992 《为戴茜小姐开车》戴茜小姐

1995 《楼上的男人》女主角

《肖像》女主角

《一零一狗》老保姆

《来自边区的明信片》母亲

1997 《夏日消逝》姑妈

《蕾丝》姑妈

《大饭店》饭店老板

《无辜者》老管家

1998 《像我这样的人》老革命家（上海电视节最佳女主角）

图书在版编目(CIP)数据
我的配音生涯 / 苏秀著. —增订版. —上海：
上海译文出版社，2014.11 (2022.1 重印)
ISBN 978-7-5327-6745-8

Ⅰ. ①我… Ⅱ. ①苏… Ⅲ. ①苏秀—回忆录 Ⅳ.
①K825.78

中国版本图书馆 CIP 数据核字(2014)第 182367 号

我的配音生涯(增订版)
苏 秀 著

责任编辑 陈飞雪
特别支持 中国配音网

出版统筹 赵武平
装帧设计 储 平

上海译文出版社有限公司出版、发行
网址：www.yiwen.com.cn
201101 上海市闵行区号景路 159 弄 B 座
上海宝山译文印刷厂有限公司印刷

开本 890×1240 1/32 印张 12.25 插页 11 字数 194,000
2014 年 11 月第 1 版 2022 年 1 月第 2 次印刷

ISBN 978-7-5327-6745-8/K·238
定价：69.00 元